Bickel/Nordskandinavien – Der Wanderführer

Der Autor: Peter Bickel, geboren 1963 und aufgewachsen bei München, lebt in Berlin und Hamburg. Wenn er sich nicht gerade in der nordskandinavischen Wildnis herumtreibt, arbeitet er als freier Musik-, Software- und Reisejournalist sowie als Web-Designer.

Um seine »zweite Heimat« auch im Wandel der Jahreszeiten kennenzulernen, lebte er 14 Monate im hohen Norden und legte dabei 7.000 Kilometer auf Schlittenkufen, Skiern und in Wanderstiefeln zurück. Vier Monate trainierte er Grönlandhunde am Rand des Dividal Nationalparks, die restliche Zeit wanderte er kreuz und quer durch Lappland, immer auf der Suche nach den besten Routen und schönsten Hütten. Aus dem Wunsch, seine Erfahrungen anderen Nordland-Süchtigen weiterzugeben, entstand dieses Buch.

Danksagung

meiner Frau Heike für ihr norwegisch weites Herz,
den Norwegern für ihre herzerfrischende Lässigkeit,
Filou für seine penetrant gute Laune,
Bjørn für sein Schlittenhunde-Knowhow,
May und Lorry für elektrischen Strom an der Atlantikküste.

Peter Bickel

NORDSKANDINAVIEN

–

Der Wanderführer

Regenbogen Reiseführer Edition Elch

Autor und Redaktion dieses Reiseführers haben alle veröffentlichten Angaben nach bestem Wissen erstellt. Obwohl die Redaktion die Fakten mit größtmöglicher Sorgfalt überprüft hat, sind inhaltliche Fehler nicht vollständig auszuschließen. Daher besteht auf die Angaben keinerlei Garantie seitens des Verlages oder des Autors – für alle Angaben übernehmen weder der Verlag noch der Autor Gewähr.
Dieser Umstand gilt besonders auch für die Preise; denn auch nach dem Recherchieren vor Ort dauert es einige Zeit, bis ein Reiseführer produziert ist und erscheinen kann. Hinzu kommt die schwer berechenbare Inflation.
Wenn man aber auf die in diesem Buch angegebenen Preise einen Erfahrungswert schlägt, kommt man auch in den folgenden Jahren noch auf das dann herrschende Preisniveau.

1. Auflage 2000

Gestaltung: *Regenbogen All Stars*
Elch-Logo: *Petra Gran*
Fotos & Karten: *Peter Bickel*
Redaktion & Satz: *Pelle Lindholm*
S/W-Scans: *monthi., Konstanz*
Produktion: *Fuldaer Verlagsagentur*
Lizenzgeber: *Baumann & Stromer AG*

Inhalt

Lesertipps

Schreiben Sie uns, wenn Sie vor Ort Änderungen erlebt oder wenn Sie Ergänzungsvorschläge haben. Wird Ihr Tipp in der nächsten revidierten Ausgabe verwendet, bedanken wir uns mit einem Freiexemplar. Autor und Verlag freuen sich über jede Zuschrift:
Edition Elch, Hamburger Straße 70
D–63073 Offenbach am Main
Ab Frühjahr 2000 ist der Verlag mit einer Homepage im Internet vertreten. Ebenso können Sie die Homepage des Autors Peter Bickel besuchen:
http://www.nordskandinavien.de

Einstimmung

Plädoyer

FÜR EIN WENIG LÄSSIGKEIT

»Da geht jetzt nichts mehr« schnauzt mich grimmig ein Landsmann an. Erstaunt sehe ich mir den Wanderer an, der gerade ein Spiegelei in die Pfanne schlägt. Ich hatte ihn eigentlich nur gefragt, ob er auch zu einer Fjälltour in die nordskandinavischen Berge wolle oder ob er schon wieder auf dem Rückweg in die Heimat sei.

Es ist Mitte September, und wir sitzen in der Küche der Jugendherberge im schwedischen Jokkmokk am Polarkreis. Ich werde am nächsten Tag zu einer dreiwöchigen Tour durch Südlappland aufbrechen, doch der Griesgram hat es sich zum Ziel gemacht, einen zu dieser Zeit startenden Wanderer als leichtsinnigen Idioten abzukanzeln. »Jetzt fällt bald Schnee«, erklärt er gönnerhaft, »und die Fährverbindungen über die Seen sind eingestellt, weil die Sami alle auf der Elchjagd sind.«

Er irrt, doch ich habe keine Lust, mich mit ihm zu streiten. Ich müsste ihm dazu erzählen, dass ich mit sämtlichen Bootsführern auf meiner Route telefoniert und die Auskunft erhalten habe, sie würden überfahren, bis die Seen zufrieren. Ich müsste ihm weiter schildern, dass ich über viele eigene Erfahrungen verfüge, da ich seit rund 14 Monaten nonstop hier oben unterwegs bin und seitdem 7.000 Kilometer auf Schlittenkufen, Skiern und zu Fuß in den Bergen zurückgelegt habe. Und dass das bisschen Schnee zu dieser Jahreszeit das Gehen kaum behindern wird.

»Ich musste mich selbst schon mal Ende September von einer Rettungsmannschaft ausfliegen lassen, als ich vom Schnee überrascht wurde«, ergänzt der Nörgler stolz. Dezent, aber bestimmt verabschiede ich mich. Mit ihm darüber zu diskutieren, dass hier oben in fast jedem Tal andere klimatischen Bedingungen herrschen und die Wandersaison im September noch längst nicht enden muss, hätte voraussichtlich keinen Sinn.

Nicht zum ersten Mal gerate ich darüber ins Grübeln: Sind wir Deutsche ein Volk der Besserwisser und Outdoor-Profis, die allen anderen zeigen müssen, wie der Trekking-Hase läuft? Und prompt ermuntert mich ein älteres schwedisches Paar beim Aufbruch mit den Worten: »Die Jahreszeit ist herrlich für eine Fjälltour. Viel Spaß!«

Unterwegs auf dem finnischen Bärenpfad (oben); Wasserfälle, ob klein oder groß, gehören zu den eindrucksvollsten Schauspielen nordischer Natur (unten) ▶

Im vergangenen Jahr hatte ich während meiner Wanderungen viel Zeit, all die Hüttenbücher in den Berghütten zu lesen, die ich besucht hatte. »Wir kamen hier gegen 16 Uhr bei herrlichem Wetter an und fischten ein wenig im See« – so beginnt etwa ein typischer Eintrag von Norwegern. »Danach brieten wir Renfleisch und legten uns in die Sonne. Heute laufen wir weiter nordwärts, bei starkem Wind, leichtem Schneefall und Temperaturen um den Gefrierpunkt.« Nicht wenige Deutsche diskutieren in den Hüttenbüchern darüber, ob der Kungsleden für Weicheier und nur der Sarek für harte Kerle sei. Der Leistungsgedanke steht Pate, wenn man »den inneren Schweinehund überwinden muss«.

Ob diese Schwarzweiß-Malerei nicht etwas übertrieben ist? Mit Sicherheit hat mich die gut einjährige Wanderzeit im hohen Norden von den städtisch geprägten Lebensformen zu Hause entfremdet. Doch gerade dadurch, so empfinde ich es, fällt mir die häufig anzutreffende deutsche Perfektionisten-Mentalität im Kontrast zur skandinavischen Lässigkeit auf.

Norweger und Schweden genießen eher ihr FRILUFTSLIV, das Leben im Freien. Viele Deutsche wollen sich messen »im Kampf mit der Natur«, wollen Berge »bezwingen« und zum Teil als Einzelgänger ein asketisches Trapperdasein im hohen Norden fristen, wenigstens zwei Wochen lang in den Ferien. Und während sie an einem ungenießbaren Rührei herumwürgen, fabriziert mit dem Leichtgewichts-Volleipulver aus der silber glänzenden Trekkingtüte, mokieren sie sich über »dumme Norweger«, die frische Eier, Würstchen, Frischmilch und gar Wein in ihren Rucksäcken auf die Berge wuchten, um sich in der Hütte ein feines Mahl zu brutzeln.

Während Einheimische vor Ort bevorzugt Informationen über die Wegbeschaffenheit, den Zustand der Brücken, die Schneehöhe und Eisdicke austauschen, drehen sich Gespräche auf deutsch tendenziell um die besten Daunenloft-Werte, Software-Versionen von GPS-Geräten oder gar den Brennwert von Müsliriegeln.

Mal ehrlich – sind wir nicht zum Wandern aufgebrochen, um die Natur (und präsentiert sie sich bisweilen noch so steil, schlammig und von Mücken heimgesucht) zu erleben und Spaß am »Draußen-Sein« zu haben? Hat man einmal eine Rentierherde ausgiebig beobachten können oder ist man auf die Fährte eines Vielfraßes getroffen, dann erscheinen Rucksackgewichte und andere Zahlen in einem kleineren Licht. Die kann ich ein paar Monate später nur noch meinen Notizen entnehmen, während die Begegnungen mit frei lebenden Tieren und mit unberührter Natur jederzeit unvergesslich bleiben.

Vorwort

Bjørn Klauer ist als Hundeschlittenfahrer jeden Winter sechs Monate in den skandinavischen Bergen unterwegs.

RESPEKT VOR DEM GEBIRGE

»Die Entscheidung fiel eigentlich gar nicht so schwer. Schließlich war ich erst vor ein paar Tagen auf diesem Wanderweg gegangen, kannte die Strecke genau und wusste, dass die Hütte keine zwei Kilometer entfernt lag.

Und dennoch: Der anfängliche Wind hatte gehörig an Fahrt gewonnen und sich vom Starkwind zum Sturm entwickelt. Tendenz: zunehmend. Zum Glück blies er nicht direkt von vorn ins Gesicht, sondern meist in einem Winkel von 45 Grad.

Die Schneeflocken aus Nordwesten waren als solche nicht mehr zu erkennen. Ein grauweißer Brei raste über die Hochebene und klebte an der Kleidung; er schmolz zwischen Bart und Kapuze, um dort zu einer eisigen Einheit zu gefrieren. Unter dieser Eisschicht wurde es fast warm.

Mein Hund Keito hatte es nicht so einfach. Ihm vereisten die Wimpern in regelmäßigen Abständen, bis er nur noch zwinkern konnte. Dann hielt er an und rieb sich mit den Pfoten das Eis heraus, um die Augen wieder richtig öffnen zu können. Er blieb ständig dicht bei mir und stoppte zusammen mit mir im Takt der heranrasenden Böen. Sofort legte er sich in das Weiß, wenn ich etwas länger verweilte, um die nächste Wegmarkierung in 40 Metern Entfernung aus dem Schneechaos heraustreten zu sehen.

Jetzt war die letzte Chance gekommen, das Zelt noch einigermaßen sicher aufzubauen. In Gedanken spielte ich die Sache durch: Direkt nach einer heftigen Böe könnte ich die vorbereiteten Stangen in die Kanäle schieben und die drei entscheidenden Schneeheringe in den hart geblasenen Schnee drücken, um das Wegfliegen des Zeltes zu verhindern. Dann würde ich mich auf den am Boden liegenden Stoff pressen, um zu vermeiden, dass er der nächsten nahenden Böe zu viel Widerstand leistete und zerrissen würde. Flaute der Wind etwas ab, würde die Zeit reichen, um mit den restlichen Heringen das Zelt endgültig aufzurichten und zu sichern.

Das Zelt aufbauen oder die Hütte erreichen? Das war die Entscheidung, die ich in kurzer Zeit zu treffen hatte, bevor der Wind sie mir abnahm, denn denn im Sturm kann man kein Zelt aufbauen. Auch nicht das beste und teuerste.

Immerhin kannte ich den Weg. Ich wusste, dass die Markierungen durchgängig bis zur Hütte aus dem Schnee ragten, dass das Eis auf dem Fluss in der Talmitte tragen würde, sollte ich mich darauf verirren, und dass die Talform mich nur in eine Richtung lenken konnte – in die der Hütte. Außerdem war das Tal dermaßen eng, dass man nie weiter als 50 Meter an der Hütte vorbeigehen konnte. Sollte dies dennoch geschehen, so würde ich bald durch die quer laufenden Wälle der Endmoränen darauf aufmerksam gemacht werden.

Mein körperlicher Zustand war sehr gut, und mir war weder zu warm noch zu kalt. Ich musste also keinen Gedanken an das aussichtslose Vorhaben verschwenden, noch einen Pullover unterzuziehen oder mich schnell vor dem auskühlenden Wind in Sicherheit zu bringen. Ich fühlte mich geborgen und sicher unter meiner dicken Kapuze – fast so, als würde mich das Wetter nichts angehen.

Aus all diesen Gründen war für mich das Risiko, das Zelt nicht aufzubauen und die Hütte anzusteuern, recht gering. Hätte nur ein Orientierungspunkt gefehlt, hätte ich allerdings kaum eine Chance gehabt, die Hütte zu finden.

Leider verpassen jedes Jahr immer wieder Wanderer die Chance, eine Entscheidung im richtigen Augenblick zu treffen. So reizvoll, eindrücklich und intensiv sich die Natur in Nordskandinavien gibt, so gefahrvoll können sich Situationen entwickeln, wenn es an der gründlichen Vorbereitung oder Erfahrung mangelt.

Eine Wanderung im Norden soll vom Alltag abzuschalten helfen, neue Eindrücke vermitteln und in allerserster Linie Spaß bringen. Und das gelingt am besten, wenn nicht zwei Schritte gemacht werden, wo nur einer angebracht ist, und nichts überschätzt wird, was keine Überschätzung erlaubt. Rekorde sind nicht mehr zu brechen.

Mit diesen Voraussetzungen steht der Planung einer Tour beim Lesen des vorliegenden Buches nichts mehr im Wege. Die ebenso umfangreichen wie detaillierten Routenbeschreibungen, aber auch die nützlichen Tipps des Skandinavien-Kenners Peter Bickel werden dieses Buch zum Standardwerk vieler Wanderer machen.«

Fernwandern

Wer sich als Wohnmmobil-Tourist einfach nur ein wenig die Füße vertreten will, braucht nicht unbedingt einen Wanderführer. Das vorliegende Buch leistet trotzdem selbst Spaziergängern gute Dienste, da man an den Ein- und Ausstiegspunkten fast jeder Tour mehrere Möglichkeiten zu kurzen Rundwegen findet.

Doch eigentlich soll dieser Wanderführer dazu ermuntern, sich ein paar Tage Zeit zu nehmen, genügend Proviant in den Rucksack zu

Hängebrücken bewegen sich zum Teil in luftigen Höhen, damit sie während der Schneeschmelze nicht von reißenden Wasserläufen weggerissen werden (oben); das Gepäck wird gerecht auf alle Teilnehmer der Wanderung verteilt (unten) ▶

packen und ganz in die nordische Natur einzutauchen.

Mehrwöchige Fernwanderungen ermöglichen andere Erfahrungen und Erlebnisse als Kurztrips. Und wohl kaum eine andere Landschaft in Europa eignet sich dazu so sehr wie die Nordskandinaviens mit ihrer Weite, Klarheit und Einsamkeit. Mancherorts benötigt man allein schon mehrere Tage, um in das Herz eines Nationalparks und damit zu den imposantesten NATURSZENARIEN zu gelangen.

Doch die große Faszination des Fernwanderns ist eine ganz andere – eine mehr psychologischer Natur. Erst nach einigen Tagen beginnt die vertraute Berufswelt zu verblassen und einem Prozess zu weichen, den man durchaus als »Einswerden mit der Natur« beschreiben kann: Die SINNE schärfen sich und erkennen plötzlich Details, die sonst völlig außerhalb des Wahrnehmungsfeldes bleiben. Die bisherige Sicht der Dinge schiebt sich wie ein Vorhang zur Seite, und unwillkürlich setzt man NEUE SCHWERPUNKTE. Welche, das mag bei jeder/m verschieden aussehen. Bei der einen kann das einfach nur der erstmals wahrgenommene Geruch des Schnees sein, bei dem anderen kann das bis zu der Erkenntnis reichen, im bisherigen Leben vieles falsch gemacht zu haben – ohne dass solche Veränderungen an dieser Stelle bewertet werden sollen.

Der Weg ist beim Fernwandern das Ziel. So abgegriffen dieses Sprichwort auch sein mag – es trifft den Kern der Sache.

Ein weiteres Argument für lange Fernwanderungen liegt nicht zuletzt in der physischen KONSTITUTION. Die ersten Tage möchte man den viel zu schweren Rucksack am liebsten in den nächsten See werfen, und das ungewohnt lange Laufen führt nicht selten zu Muskelkater, Gelenkschmerzen und Blasen. Doch nach einer Woche fällt plötzlich alles leichter (was nicht allein am nachlassenden Rucksackgewicht liegt).

Nach zwei Wochen – also wenn für viele von uns der Urlaub wieder zu Ende ist – ist die andauernde Müdigkeit einem Gefühl gewichen, man könne ewig weiterlaufen. Selbstverständlich kommen nur wenige Menschen einmal in die Situation, ein ganzes Jahr »auf Achse« sein und den Wandel der Jahreszeiten erleben zu können. Zwei bis drei, besser noch vier Wochen eignen sich aber durchaus, etwas abzubekommen vom Reiz des Fernwanderns im hohen Norden. Wer ihn einmal erlebt hat, verfällt rasch der POLAR-SUCHT.

Das vorliegende Reisebuch ist dementsprechend auf Reisen entstanden: gekritzelt auf Notizzettel in schneeumtosten Berghütten, im Kopf gegliedert während beschaulicher Faltboottouren, in die Tastatur getippt an der französischen

Atlantikküste und in südschwedischen Sommerhäusern, jeden Morgen erneut auf der Suche nach einer freien Steckdose für den PC. FRÖHLICHES IMPROVISIEREN war ebenso gefragt wie ständiges Arrangieren mit neuen Gegebenheiten: alles Tugenden, die ich im Wesentlichen erst beim Wandern gelernt hatte. Das »Unterwegs-Sein« hilft, selbst gemauerte Hürden zu überspringen und auf die Suche zu gehen. Wonach? Wer weiß das schon beim Loslaufen?

Das Land

Vergleiche mit der nordskandinavischen Natur fallen schwer. Nicht nur das Klima, sondern auch Flora, Fauna und die Morphologie des Geländes unterscheiden sich teilweise erheblich von den Alpen. Um dem wandernden Nordland-Neuling einen ungefähren Eindruck davon zu vermitteln, was auf ihn zukommt, folgt ein Kurzportrait nordischer Charakteristika:

■ **TEMPERATUREN:** Trotz der polaren Lage fällt das Klima ziemlich mild aus. Die norwegische Hauptstadt Oslo liegt im Süden des Landes mehr als 1.000 Autokilometer südlich des Polarkreises bereits auf einer Breite mit Grönland und Alaska. Trotzdem frieren die Häfen selbst ganz im Norden Skandinaviens nicht zu und verzeichnen selbst im Winter Tiefsttemperaturen von ungefähr fünf Plusgraden. Verantwortlich dafür ist der GOLFSTROM, der sogar hoch im Norden wie eine Warmwasserheizung entlang der Atlantikküste fungiert.

Schon wenige Kilometer weiter im Landesinneren sieht es aber ganz anders aus: In der nordnorwegischen Finnmark-Tundra kann das Thermometer im Winter bis auf –50°C fallen! Andererseits sind im südnorwegischen Oslo mit seiner Inlandlage beispielsweise winterliche Temperaturen von bis zu –30°C gemessen worden, während zur gleichen Zeit in Tromsø, das zwar zwölf Breitengrade weiter nördlich oberhalb des Polarkreises, dafür aber direkt an der Küste liegt, nur –18°C herrschten.

Während im Sommer ein (wie man es auch vermuten würde) ausgeprägtes Temperaturgefälle von Süden nach Norden die Regel ist, kehrt sich dieses Gefälle im Winter von Westen nach Osten um. Das nordskandinavische Wandergebiet, das in diesem Buch vorgestellt wird, liegt überwiegend so weit von der Atlantikküste entfernt, dass es dem INLANDKLIMA zuzurechnen ist. Das bedeutet, dass es hier oben im Sommer wärmer und im Winter kälter wird als an der Küste.

■ **WETTER:** Wie in den Alpen spielt das Wetter eine entscheidende Rolle bei Wandertouren.

Obwohl das skandinavische Wetter nicht so schlecht ist wie sein Ruf, darf man die Launen der Witterung nicht unterschätzen. Der Wetterbericht gibt zwar Hilfestellung, doch WETTERWECHSEL treten viel rascher auf, als man das von Deutschland gewohnt ist. Man darf dabei nicht vergessen, dass Skandinavien mit einer Längenausdehnung von 3.500 Kilometern als Subkontinent gilt. Um sich diese Distanz klar zu machen, nehme man die norwegische Südspitze als Angelpunkt und klappe ihre Distanz zum Nordkapp nach Süden um – sie reicht bis nach Rom! Und nur weil es in Mittelschweden regnet, muss 1.000 Kilometer weiter nördlich noch lange kein schlechtes Wetter herrschen. So kommt es, dass man in Schwedens Waldgebieten nahe der Ostsee schon Anfang Juni eine Sommertour starten kann, während man im Dividal hoch im Norden noch mit Skiern über eine meterdicke Schneedecke gleitet.

■ **BAUMGRENZE:** Wegen der härteren klimatischen Verhältnisse liegt die nordische Baumgrenze im Allgemeinen bei 700–800 Höhenmetern. Um einen Vergleich mit alpinen Regionen zu ziehen, kann man etwa 1.000 bis 1.500 Meter addieren. 1.500 Höhenmeter im nördlichen Skandinavien entsprechen demnach in etwa den klimatischen und botanischen Verhältnissen von 2.800 Metern in den Alpen.

■ **MORPHOLOGIE:** Obwohl auch im Norden satte Hochgebirgstouren und Gipfelstürmerei möglich sind, folgen die Routen im Allgemeinen den Tälern und Flussläufen. Wenn Pässe zu überqueren sind, so hat man es vorwiegend mit abgerundeten Hochplateaus und gemäßigten Anstiegen zu tun, die eher an deutsche Mittelgebirge als an hochalpine Regionen erinnern. Dafür sind die Tagesetappen bisweilen lang und mühsam. Die ENTFERNUNGEN zwischen den Hütten spielen also eine weit wichtigere Rolle als die Höhenunterschiede.

Trotzdem unterscheidet sich das Landschaftsrelief regional erheblich. Von den wilden Gebirgsketten entlang der norwegisch-schwedischen Grenze über die moorigen Wälder Finnlands bis hin zur kargen Tundra Nordnorwegens reicht das Spektrum, das dem Wanderer viel REIZVOLLE ABWECHSLUNG beschert, ihm aber auch verschiedene Anforderungen abverlangt.

Für das Gebirgsprofil besitzen die Skandinavier einen eigenen Begriff: FJELL im Norwegischen und FJÄLL im Schwedischen – in von den Ländern unabhängigen Textteilen verwende ich die schwedische Variante. Obwohl Fjäll eigentlich nichts anderes als Gebirge bedeutet, macht die Verwendung des Begriffs in diesem Buch Sinn angesichts der eigenen, nur schwer vergleichbaren Gebirgsmorphologie im hohen Norden.

■ Die **STUNDENANGABEN** der Wanderetappen gelten für durchschnittlich trainierte Wanderer, die schon einmal in Skandinavien unterwegs waren. Unerfahrene »Erst-Wanderer« sollten entsprechend ihrer Kondition ein bis zwei Stunden addieren.

Die Sami

Nordskandinavien (oder *Lappland)* ist die Heimat der Sami. Ihre Siedlungen und Rentierherden sind häufig die einzigen Zeugnisse menschlicher Existenz, denen der Wanderer in der einsamen Weite begegnet. In Kontakt mit den Sami zu kommen ist trotzdem schwer und geht oft über einen oberflächlichen Wortwechsel nicht hinaus.

Die Sami selbst nennen ihr Land *sápmi*, das sich niemals an Staatsgrenzen orientierte. Denn die Sami waren (vermutlich aus dem Baltikum und aus dem nördlichen Eurasien) nach Finnland und später nach Nordschweden und Nordnorwegen gezogen, bevor die Vorfahren der Wikinger von Süden her in ihr Siedlungsgebiet kamen und im Mittelalter die skandinavischen Nationalstaaten entstanden.

Die ältesten Spuren samischer Besiedlung fand man an der nordnorwegischen Eismeerküste; sie sind rund 10.000 Jahre alt.

LAPPEN, SAMEN, SAMI

Die Urbevölkerung Nordskandinaviens empfindet die Bezeichnung »Lappen« als abwertend, ebenso wie die Inuit den Namen »Eskimos«. Da das Wort »Samen« im Deutschen schon in anderen Zusammenhängen verwendet wird, sind die offiziellen Stellen skandinavischer Länder, allen voran die Schweden, dazu übergegangen, im deutschsprachigen Raum die Bezeichnung »Sami« einzuführen. Dieser nun auch im Englischen gebräuchliche Namen entspricht zudem der Selbstdarstellung dieser Bevölkerungsgruppe.

Vor allem in der Tourismusbranche hat man diese Entwicklung bisher kaum zur Kenntnis genommen, teils aus Unwissenheit, teils aus Ignoranz, denn mit vertrautem Wortgut wie »die Lappen« lässt sich leichter Geld verdienen als mit überflüssigen Differenzierungen.

Gegen Redaktionsschluss dieses Buches strahlte ein öffentlich-rechtlicher Fernsehsender, dem man noch am ehesten eine gründliche Recherche zugestehen möchte, eine Reisereportage aus, die die Sami unverdrossen als Lappen vorstellte und die Lebensgewohnheiten einer Rentierzüchterfamilie wie eine folkloristische Urlaubseinlage präsentierte.

Die Gesellschaftsform bestand aus Großfamilien, sog. *siiddat,* die zusammenlebten und die Naturschätze gemeinsam nutzten. Eine *siida* konnte SESSHAFT sein, aber auch in unterschiedlichem Umfang ein Nomadenleben führen. Die Sami, die ihre Versorgung auf den Fischfang in den Binnenseen, Flüssen und Fjorden oder dem Meer gründeten, waren in höherem Maße sesshaft als diejenigen, welche von der Jagd oder vom Rentier lebten. Gewisse Sami-Gemeinschaften lebten auf Grund der Rentiere ganzjährig als NOMADEN. Heute leben nur noch wenige Sami, die Rentierzüchter, in Siida-Gruppen. Die große Mehrheit der Sami lebt und arbeitet wie die anderen Einwohner des Nordens.

Ebenso wie andere Ureinwohner hatten die Sami lange Zeit nichts Gutes vom »weißen Mann« zu erwarten. Wenn sie auch keine Ausrottungsfeldzüge wie die nordamerikanischen Indianer erleiden mussten, berichten viele samische Sagen von Räubern, die auf Schätze aus waren, die sie bei den Sami vermuteten. Nicht alle kamen in böser Absicht, so dass mancherorts ein Tauschhandel mit den Reisenden aus dem Süden entstand.

Als sich im Mittelalter die Nationalstaaten Skandinaviens bildeten, erhoben sie den Anspruch auf das alleinige Handelsrecht in der Heimat der Sami, nahmen ihr Land in Besitz und zwangen sie, Steuern zu zahlen, zum Teil gleichzeitig an mehrere Staaten. Die erzwungene Christianisierung war ein anderes Mittel, die Souveränität über das Gebiet der Sami zu behaupten. Verfolgung und DISKRIMINIERUNG waren an der Tagesordnung, obwohl die Kolonisation verhalten ausfiel, denn der raue Norden übte als Siedlungsgebiet keine übermäßigen Reize aus.

Große Veränderungen traten in der zweiten Hälfte des 19. Jahrhunderts ein, mit dem Durchbruch des Industrialismus, als die Staaten Naturschätze in Form von Eisenerz, Wasserkraft und Wäldern benötigten, die es in Sápmi gab.

Trotz der harten Lebensverhältnisse, die im nördlichen Skandinavien herrschen, war es den Vorvätern der heutigen Sami gelungen, eine lebensfähige KULTUR aufzubauen, die der Umwelt und den ökologischen Systemen in Sápmi angepasst war. Die Art, in und von der NATUR zu leben, ohne deren Gleichgewicht in Gefahr zu bringen, wird in großem Umfang auch von den heutigen Sami gepflegt.

ANERKENNUNG

Ihre skandinavischen Landsleute bemühen sich heute mehrheitlich um ein tolerantes und demokratisches Verhältnis zu den Sami und gestehen ihnen in ihrer nördlichen Heimat wieder lange Zeit untersagte GRUNDRECHTE zu: eigene Parlamente, Schulen, feste Sendezeiten in Rundfunkprogrammen, die Pflege ihrer Sprachen und Dialekte, die zur finnisch-ugrischen Sprachfamilie gehören. Das Recht der Sami auf ihre Kultur und ihre Sprachen geriet erst Ende der 1960er und in den 70er Jahren in den Blickpunkt, als sich die Sami international – einbezogen die Ureinwohner in Grönland, Nordamerika sowie Nordrussland – organisierten, mit deutlich mehr SELBSTBEWUSSTSEIN auftraten und vor allem in den skandinavischen Staaten, die Zeichen der liberaler werdenden Gesellschaften erkennend, mit Erfolg Rechte einforderten.

Dass das Entgegenkommen von Staat und Gesellschaft nicht allein das Überleben der Sami-Kultur gewährleisten, liegt auf der Hand. Die Jugendlichen der Sami bevorzugen die gleiche Musik wie alle anderen Jugendlichen und suchen sich Vorbilder außerhalb der Sami-Kultur. Die Sami-Schulen haben Schwierigkeiten, eine ausreichende Zahl an Schülern zusammenzubringen. Immerhin haben schwedische Sami-Schüler auch in normalen Schulen das Recht auf besonderen Unterricht in Samisch, wenn die Eltern angeben, dass die Sprache zu Hause gesprochen wird. Nur etwa die Hälfte der Kinder von Rentierzüchterfamilien aber spricht heute samisch, bei den Kindern in sonstigen Samifamilien beträgt der Anteil nur etwa 10 %. Der Druck der Massenkultur ist enorm.

PROBLEME

Trotz aller Annäherungen war und ist das Verhältnis der Sami zu den Nationalstaaten und Landsleuten nicht frei von Problemen. Die gibt es besonders in den Bereichen, in denen sich die Lebensweise der Sami von der ihrer Landsleute unterscheidet. Das trifft vor allem auf die Rentierzüchterfamilien zu.

Ein Problem ist, dass die Modernisierung der Rentierzucht im Widerstreit zu den Interessen des Umweltschutzes (Einsatz von geländegängigen Motorrädern, Hubschraubern und Schneescootern) sowie des Tourismus (Ferienanlagen in Weidegebieten) steht. Zum anderen kollidieren WIRTSCHAFTLICHE INTERESSEN mit den traditionellen Lebensweisen der samischen Rentierzüchter.

Besonders die Wasserkraftnutzung und die Forstwirtschaft haben die nordische Natur stellenweise radikal verändert. Gewaltige Staudammprojekte verwandelten rauschende Wildflüsse zu Seenketten von gewaltigen Ausmaßen, die die Wanderwege der Rentiere verbarrikadierten und die Lachswanderung verhinderten. Der Holzeinschlag hat traditionelle Weideplätze der Rentiere verwüstet und breite Rodungsschneisen hinterlassen, wobei in manchen Regionen wegen des rauen Wetters wohl niemals wieder Bäume nachwachsen werden. Sobald der Boden nämlich ungeschützt dem Dauerfrost ausgesetzt ist, können sich neue Pflanzen nur viel schwerer ansiedeln.

Die Sami haben, gemäß dem gültigen schwedischen Rentierzuchtgesetz, das Recht, Boden und Wasser für sich und ihre Rentiere zu nutzen. Die *odlingsgräns,* eine Art »Urbarmachungsgrenze«, die auch in Wanderkarten verzeichnet ist, regelt die Regionen der Rentierzucht: Oberhalb der Grenze dürfen Rentiere das ganze Jahr über weiden, während nur unterhalb davon Landwirtschaft und Wasserkraftgewinnung erlaubt sind. Die BODENRECHTE für die Rentierzucht und das damit verbundene Jagd- und Fischereirecht werden von vielen Schweden in diesen Gebieten so ausgelegt, dass die Sami eine privilegierte Minderheit sind, die auf ihre Kosten begünstigt wird. Für einen großen Teil der Bevölkerung in Nordskandinavien ist Jagd und Fischfang mehr als ein Hobby; es ist ein Lebensstil und ein nicht unwesentlicher Beitrag zum Haushalt. Jagd- und Angellizenzen werden zwar auch Nicht-Sami ausgestellt, aber sie kosten Geld und sind begrenzt. Bei der Mehrheit auf lokaler Ebene, die keine Rentierzucht betreibt, wird manchmal wenig Verständnis aufgebracht für die besonderen Rechte, die mit den traditionellen samischen Erwerbstätigkeiten verbunden sind.

Und so kommt es, dass manche Kommunen nichts dagegen unternehmen, wenn unterhalb der Odlingsgräns grasende Rentiere von Jägertrupps abgeschossen werden, während sich andererseits immer wieder Gründe für die Aufhebung des Zuchtrechts in bestimmten Gebieten finden – heute für Holz und Elektrizität, morgen vielleicht für andere Bodenschätze. Die Balance zwischen Besitz- und Nutzungsrecht ist gelegentlich fragil.

Der Einfluss der Jägerlobby auf staatliche und kommunale Institutionen ist ein Problem für die Sami. 1993 verabschiedete der schwedische Reichstag ein Gesetz, das den Jägern in bestimmten Gebieten, die bis dato allein der Rentierzucht vorbehalten waren, das Recht auf den Abschuss von Kleinwild zugestand. Nicht alle neuen sie betreffenden Gesetze sind in den Augen der Sami demnach Fortschritte.

Die Organisationen der Sami müssen ständig präsent sein, um die eigenen Interessen zu wahren. So hat Schweden bis heute nicht eine internationale Konvention über Eingeborene und in Stämmen lebende Völker in unabhängigen Ländern unterzeichnet, die deren »Eigentums- und Besitzrechte ... an dem von ihnen von alters her besiedelten Land« anerkennt. Diese Formulierungen werden von offizieller Seite als unvereinbar mit den schwedischen Rechtsverhältnissen eingestuft. Von der reinen Gesetzeslage her ist Norwegen den Sami übrigens am weitesten entgegengekommen.

Die hier beschriebenen Probleme sollten allerdings nicht überbewertet werden. In den allermeisten Fällen leben die Sami mit ihren Landsleuten in einer gegenseitigen, positiven Abhängigkeit voneinander, wobei Probleme weitgehend konfliktfrei gelöst werden. Gegen radioaktiv verseuchte Regenwolken, wie im Fall von Tschernobyl, und versauerte Seen, gibt es allerdings weder kurz- noch mittelfristige Lösungsstrategien.

DIE RENTIERZUCHT DER SAMI

Trotz gelegentlicher Unklarheiten um Boden- und Nutzungsrechte, trotz Umweltverschmutzung und trotz moderner Technik, die die Rentierzucht rationalisiert und den Lebensstandard der betroffenen Sami entscheidend angehoben hat, folgen die Wanderungen der Rentiere Jahrhunderte alten Mustern. Im Mai werden die Kälber geboren, und schon im Juli erfolgt die Kälbermarkierung in einer Sammelstelle, wie man sie auch oft im Laufe einer Wanderung passiert. Ganze Clans (oder *samebys*) arbeiten hier zusammen, um sämtliche Tiere in einer riesigen runden Umzäunung zusammenzutreiben. Wie es die Sami schaffen, in dieser wogenden Menge aus Rentierleibern ihre eigenen Jungtiere zu erkennen, einzufangen und mit einer Ohrmarkierung zu kennzeichnen, wird Außenstehenden wohl immer ein Rätsel bleiben. Wer dieses imposante Schauspiel einmal erleben durfte, wird es wohl nie vergessen.

Die SAMEBYER (Sami-Dörfer) haben wenig mit einem Dorf gemeinsam: Sie bestehen aus einer Gruppe von Sami-Familien, die auf gegenseitige Hilfe angewiesen sind und eine Zweckgemeinschaft bilden. (Nur die Sami, die der Gemeinschaft eines Sami-Dorfes angehören, erhalten übrigens die besagten Nutzungsrechte.) Jedes *sameby* trennt sein Weidegebiet durch lange Weidezäune von dem des Nachbardorfes und kann dadurch den Sommer über die Herde weitgehend sich selbst überlassen. Erst im Herbst, wenn die Tiere vom baumlosen Fjäll ins geschützte Flachland zieht, sammelt der Clan abermals die Rene und trennt sie nach den Clan-Familien.

Jede sortiert die zur Schlachtung vorgesehenen Tiere aus und versucht auf eigene Faust, die Rentiere durch den strengen Winter zu bringen. Früher folgten die Sami dazu den Rentieren in geschützte und bewaldete Täler; heute transportieren sie die Tiere mit Lastwagen zu den komfortablen Winterquartieren der Züchter. Bis auf die Sammelzeiten im Frühjahr und im Herbst stehen die alten Sami-Siedlungen im Fjäll leer – metertief verschneit und verlassen wirken die primitiven Hütten und einfachen Torf-Koten im Winter fast wie eine polare Ausgabe der unheimlichen Wildwest-Goldgräberstädte.

Wenn man sie im tiefsten Winter passiert, kann man sich kaum vorstellen, dass hier schon Ende April wieder die Rentiere und ihre Züchter das Hochland bevölkern werden. Der Grund, warum die Rentiere wieder ins Fjäll ziehen: Im Hochland finden sie frische Gräser und müssen dank kühlerer Temperaturen und höherer Windgeschwindigkeiten weniger unter der Mückenplage leiden.

MODERNE Hilfsmittel (wie Handy, Schneescooter, geländegängige Motorräder und sogar Helikopter), die die Treibarbeit um ein Vielfaches erleichtern, haben den Lebensstandard der Rentierzüchterfamilien beträchtlich verbessert. Mit der Möglichkeit, sich schnell über weite Entfernungen bewegen zu können, ist es nicht mehr nötig, über längere Zeiträume ein Nomadenleben mit wenig Eigentum und in einfachen Behausungen zu führen. Die heutigen Rentierzüchter wohnen während des größten Teils des Jahres in richtigen Häusern mit modernem Standard, die häufig durch ein einfacheres Sommerhaus oben in den Bergen ergänzt werden.

Neben den Lärmschäden für Betroffene und Natur hat die Motorisierung bzw. RATIONALISIERUNG eine weitere Kehrseite, da immer mehr Sami ihr Auskommen außerhalb der Rentierzucht finden. Sie satteln auf Fischfang um oder verkaufen Gebrauchsgegenstände wie Messer, Körbe und Felle als Souvenirs an Touristen, vermieten Hütten zur Übernachtung, transportieren Wanderer per Boot über die Seen oder wechseln in »normale« Berufe. Gleichzeitig braucht eine Rentierzüchterfamilie heutzutage mindestens 500 Tiere, Tendenz steigend, um ein übliches Auskommen zu gewährleisten.

Samische Kultur ist ohne Rentierzucht nicht vorstellbar. Obwohl die Rentierzucht starkem Druck ausgesetzt war und ist, entwickelt sie sich, gibt es heute mehr Rentiere als vor Jahrzehnten. Die Sami sind BEREIT, ihre traditionellen Erwerbstätigkeiten auch unter schwierigen Umständen zu verteidigen.

Das Licht

In der POLARNACHT sei es stockdunkel, glauben viele; nicht umsonst nenne man diese Zeitspanne, in der die Sonne nicht über den Horizont steigt, eben Polarnacht.

In Wirklichkeit ist es in Nordskandinavien zu dieser Jahreszeit heller als bei uns in Mitteleuropa. Auf der Höhe von Tromsø, mehr als 300 Kilometer nördlich des Polarkreises, steigt die Sonne Anfang November nicht mehr über den Horizont und kommt erst Mitte Januar wieder zurück. Während dieser Zeit, die die Norweger als *mør-*

ketid (Dunkelzeit) bezeichnen, beleuchten sie ihre Häuser und oft selbst die Gärten wie einen Weihnachtsbaum. Da elektrischer Strom vor Ort billig ist, schaltet man alle Lampen an und lässt diese auch bei Abwesenheit gern brennen.

Doch selbst ohne dieses Kunstlicht wird es selbst in der dunkelsten Zeit, also um den 21. Dezember herum, tagsüber mindestens so hell wie bei uns in Deutschland. Die Tageslichtspanne reicht zwar nur von halb zehn Uhr morgens bis halb zwei Uhr nachmittags, doch dafür wirken sowohl Tage wie Nächte viel heller als unsere zumeist trüben Wintertage. Zum einen liegt dies am Schnee, der jedes bisschen Restlicht mit erstaunlicher Kraft reflektiert. Und zum anderen bleibt es im Norden wegen des flachen Einfallswinkels der Sonne auch nach dem Sonnenuntergang noch lange hell. Das zeigt ein Vergleich mit der afrikanischen Wüste: Dort ist es abends und nachts viel dunkler, denn die Sonne geht hier um 18 Uhr abrupt unter. Fast von einem Moment zum anderen steht man in einer tiefschwarzen Nacht, während die nordischen Abende eher unseren bewölkten Nachmittagen gleichen.

Hinzu kommt, dass der Norden normalerweise nie so lange indifferent-bewölkte Grauperioden erlebt wie Deutschland. Wenn sich dort oben der Himmel zuzieht, wird es zwar häufig richtig dunkel, gleich einem kleinen Weltuntergang. Doch das dauert selten lange an, und oft gleiten die Wolken wieder schnell über den Himmel hinweg und lassen der Sonne genügend Platz. Sogar das Mondlicht erscheint mir viel heller als etwa in den verschneiten Alpen, so dass ich auch in der Polarnacht Nachtwanderungen unternehme. Oder wie es ein Schwede in Jäkkvik am Polarkreis treffend ausdrückte: »Ich könnte nie im Süden in Stockholm leben. Da ist es so dunkel!«

Er erzählte mir auch, dass die Sami zwölf verschiedene Namen für NORDLICHTER kennen. In der Tat zeigen sich diese einzigartigen Farb- und Lichtschauspiele in so vielfältiger Weise, dass ein Wort allein dafür nicht ausreichte. Das Nordlicht taucht bei klarem Himmel von September bis März auf; die intensivsten *nordlys*-Spektakel beobachtet man im Dezember und im Januar: Häufig in Grüntönen, doch manchmal auch in Rot oder Lila ziehen weich auslaufende Lichtschlieren mit teils erstaunlicher Geschwindigkeit über den Nordhimmel. Oft sind es auch Lichtbögen, die im Halbkreis den Nordpol überspannen und dann in feine Fäden zerfließen. Gerade die unvorhersehbaren und stets neuen Gestalten, Formen und Farben sind es, mit denen die Nordlichter in ihren Bann ziehen.

Da die Belichtungsautomatik der Fotoapparate in Anbetracht

der Nordlichter überfordert ist, hier ein TIPP FÜR FOTOGRAFEN: Die besten Resultate versprechen Belichtungszeiten zwischen 20 und 30 Sekunden bei ganz geöffneter Blende. In der sonnenlosen Dunkelzeit misslingen dagegen trotz der Helligkeit am Tag fast alle Fotos. Die Belichtungsautomatik der Kameras berechnet nämlich die Lichtmenge der flauen und konturlosen Tagesfarben falsch und beschert während der mørketid-Periode häufiger, als einem lieb sein kann, regelrechte »Nachtaufnahmen«. Von der Polarnacht einmal abgesehen, sind jedoch Filme mit 400 Asa im Norden weder angebracht noch nötig. Das Licht reicht fast immer für 100 Asa oder sogar weniger aus.

Etwa ab Mitte März bis Anfang September kehrt sich das Verhältnis von Tag und Nacht völlig um. Bei Skitouren im Mai sind auch die NÄCHTE TAGHELL, und im Juni scheint die Sonne sogar die ganze Nacht. Jetzt kommen die dicken Stoffvorhänge in den Berghütten zum Einsatz, ohne die man wohl überhaupt keinen Schlaf mehr finden könnte. Beim Wandern ist man nun nicht mehr an Tageszeiten gebunden, sondern kann je nach Lust und Laune laufen. Das Nachtwandern bietet sogar Vorteile: Die Schmelzwasser-Flüsse führen in der Nachtkälte weniger Wasser, und die Mücken sind (zumindest in der zweiten Nachthälfte ab zwei Uhr) wegen der kühleren Temperaturen weniger aktiv als während der Nachmittags- und Abendstunden.

Obwohl diese ständige Helligkeit für die Mehrzahl der Touristen mit ein wichtiger Grund für einen Skandinavien-Urlaub zur Sommerzeit sein dürfte, kann sie sehr irritieren. Denn der Rhythmus des Körpers kann sich nicht mehr dem natürlichen Tages- und Nachtwechsel anpassen, sondern muss seinen eigenen Takt finden. Es dauert manchmal eine gewisse Zeit, bis er wieder ein ausgewogenes Maß gefunden hat. Andererseits kann dieses Verschwinden der Nacht schnell süchtig machen: Wie im RAUSCH versucht man, soviel wie möglich wärmende Sonne und Licht zu erhaschen, ganz nach dem Motto: Schlafen kann ich im nächsten Monat auch noch.

Obwohl ich persönlich die Mittsommernächte mit ihren wunderbaren Abendstimmungen überaus schätze, empfinde ich die FARBSCHATTIERUNGEN des Winterlichts zwischen November und Februar als wesentlich faszinierender. Niemals zuvor habe ich so glutrote Himmelsstimmungen erlebt wie während der Polarnacht. Ebenso sucht das extrem weiche und pastellfarbene Licht der ersten Sonnenstrahlen im Januar seinesgleichen: Wegen der feinen Lichtabstufungen fühlen sich Fotografen dann im siebten Himmel.

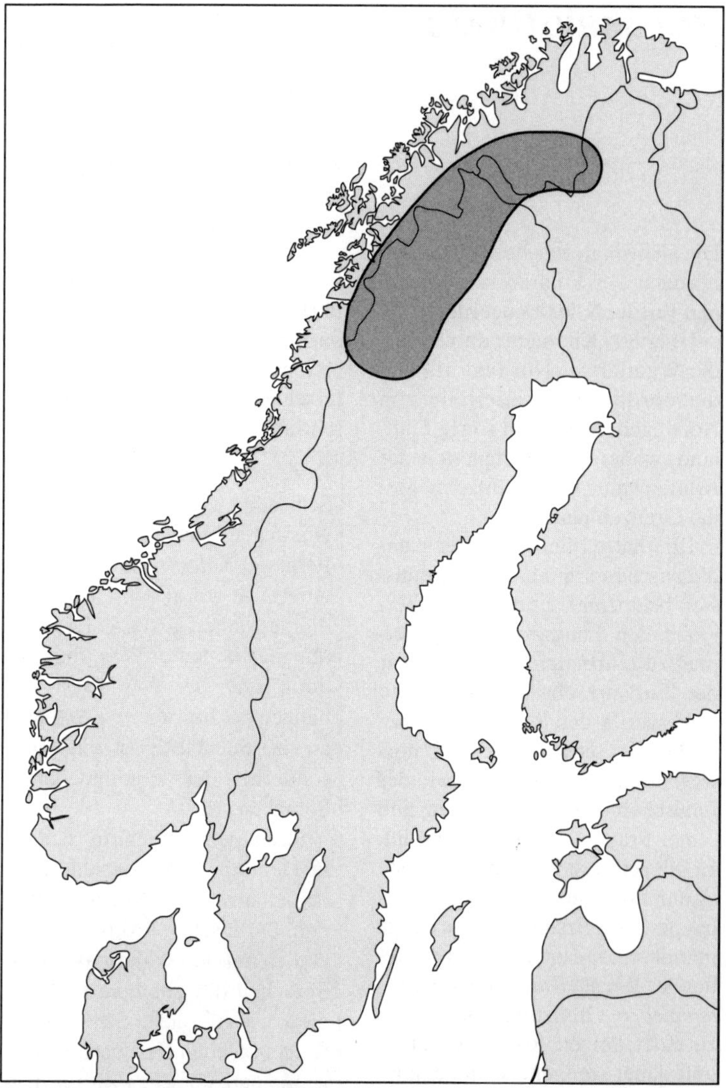

Die auf der Karte gekennzeichnete Fläche ist das Gebiet, in dem der Nordkalottleden und der Kungsleden verlaufen. Der skandinavische Subkontinent besteht geografisch zwar nur aus Norwegen und Schweden. Wegen der zum Teil gemeinsamen Geschichte, die sich in den Sprachen wieder findet, zählt man auch Finnland, Dänemark und Island zu Skandinavien.

Nordkalottleden

Die »Nordkalotte« bezeichnet den nördlich des Polarkreises gelegenen Teil der N-Halbkugel der Erde.

Über 800 Kilometer durchquert der Wanderweg Nordkalottleden die nördlichen Landesteile von Norwegen, Schweden sowie Finnland, wobei er, abhängig von der Routenwahl, etwa fünfzehn Mal die Grenzen passiert.

1977 hatte Ministerrat der skandinavischen Länder eine Kommission beauftragt, einen länderübergreifenden Langstrecken-Wanderpfad zu erarbeiten. Erst 1989 war der Entwurf abgeschlossen, und 1993 wurde der Weg – in Anwesenheit der schwedischen und norwegischen Königspaare sowie des finnischen Staatspräsidenten und seiner Frau – offiziell eingeweiht. Er gilt seither als mit der schönste skandinavische Wanderweg überhaupt. Zum Ersten, weil er einige populäre Passagen bereits bestehender Wege (*Kungsleden, Padjelantaleden,* Grenzpfad von Troms) zu einer langen Route verknüpft und dabei weitgehend unbekannte, überaus reizvolle Regionen neu erschließt, wie das Reisa-Tal, die Finnmark oder die Narvik-Berge. Und zum Zweiten, weil der Wanderer auf dieser »gesamtskandinavischen« Route typische Landschaftsformen aller drei Länder erfährt: steil-schroffe Berge in Norwegen, weit geschwungene Hochtäler in Schweden und flache Tundrasümpfe in Nordfinnland.

Erstaunlicherweise ist der Nordkalottleden bisher kaum dokumentiert, so dass der vorliegende Wanderführer die attraktive Route zum ersten Mal vollständig und zu unterschiedlichen Jahreszeiten beschreibt.

Der Nordkalotten-Weg heißt in Schweden *Nordkalottleden,* in Norwegen *Nordkalottruta* und in Finnland *Kalottireitti.* In Mitteleuropa ist vor allem der schwedische Namen geläufig. Die Endung *led* bedeutet Weg, die Endung *leden* der Weg. Das Anhängen des bestimmten Artikels an das Substantiv ist eine Besonderheit der skandinavischen Sprachen.

Streng genommen, müsste es im Deutschen der Nordkalottled heißen anstatt der Nordkalottleden. Doch selbst Profis, die tagtäglich mit den skandinavischen Sprachen umgehen, verwenden die vor Ort übliche Schreibweise, gebrauchen sie quasi als Eigennamen. Gleiches gilt für den Kungsleden (!) und viele andere Begriffe.

Selbst die Touristenbüros vor Ort können selten weiterhelfen: Dort sind weder die in den Karten noch nicht verzeichneten Etappen bekannt, noch erhält man ausreichende Informationen über Hütten und die benötigten Schlüssel.

Solche Informationslücken legten schließlich den Grundstein zu diesem Buch. Da außer diesem imposanten Fernwanderweg im Norden kaum andere nennenswerte Routen existieren, folgen in den weiteren Kapiteln die übrigen Passagen des Kungsleden mit zahlreichen Querpassagen für eigene Tourkombinationen.

Der Nordkalottleden bietet Übernachtungsmöglichkeiten in mehr als 40 Hütten und Hotels. In einigen wenigen Passagen beträgt der Abstand zwischen den Hütten jedoch 30 bis 50 Kilometer; für diese Etappen muss man ein Zelt einpacken. Da kaum jemand die 800 Kilometer am Stück laufen wird, habe ich die Wegbeschreibung in Etappen von etwa zwei Wochen Dauer eingeteilt, deren Start- und Endpunkte jeweils mit eigenem Fahrzeug oder öffentlichen Verkehrsmitteln erreichbar sind.

Das Symbol des Nordkalottleden enthält die Flaggenfarben der drei Länder, die gleichzeitig auch die traditionellen samischen Farben sind. Die geschwungene Form soll einen Wanderweg, die nordische Landschaft und das Nordlicht repräsentieren.

1. Etappe: Kautokeino – Kilpisjärvi

IM ÜBERBLICK

■ **LÄNGE:** 12 Tage, 202 km (inkl. Halti-Besteigung 221 km)

■ **ÜBERNACHTUNG:** in Hütten und Zelt.

■ **PROFIL:** anspruchsvolle Wanderung durch verschiedene Landschaftsformen: von Kautokeino bis zum Reisadal flach-sumpfiges und einsames Terrain – im Reisadal tiefe und bei Fischern beliebte Canyon-Schlucht – vom Reisadal bis Halti einsam-wilde Hochgebirgslandschaft – vom Halti bis Kilpisjärvi stark frequentiertes Fjäll mit vielen Geröllfeldern.

■ **KARTEN:** In der *Topografisk Hovedkartserie M711* (N) im Maßstab 1 : 50.000 findet man den Verlauf des Wanderwegs leider nur stellenweise.

Man benötigt zur Orientierung im Gelände die folgenden Kartenblätter:

- *Kautokeino, 1833 II* (N)
- *Siebe, 1832 I* (N)
- *Raisjav'ri, 1833 III* (N)
- *Cierte, 1733 II* (N)
- *Mollesjohka, 1733 I* (N)
- *Ráisduottarháldi, 1733 IV* (N)
- *Reisadalen, 1734 III* (N)
- Für das letzte Stück in Finnland reicht eine 1 : 100.000-Karte: *Käsivarsi* (SF)

Nordkalottleden

Kautokeino – Kilpisjärvi

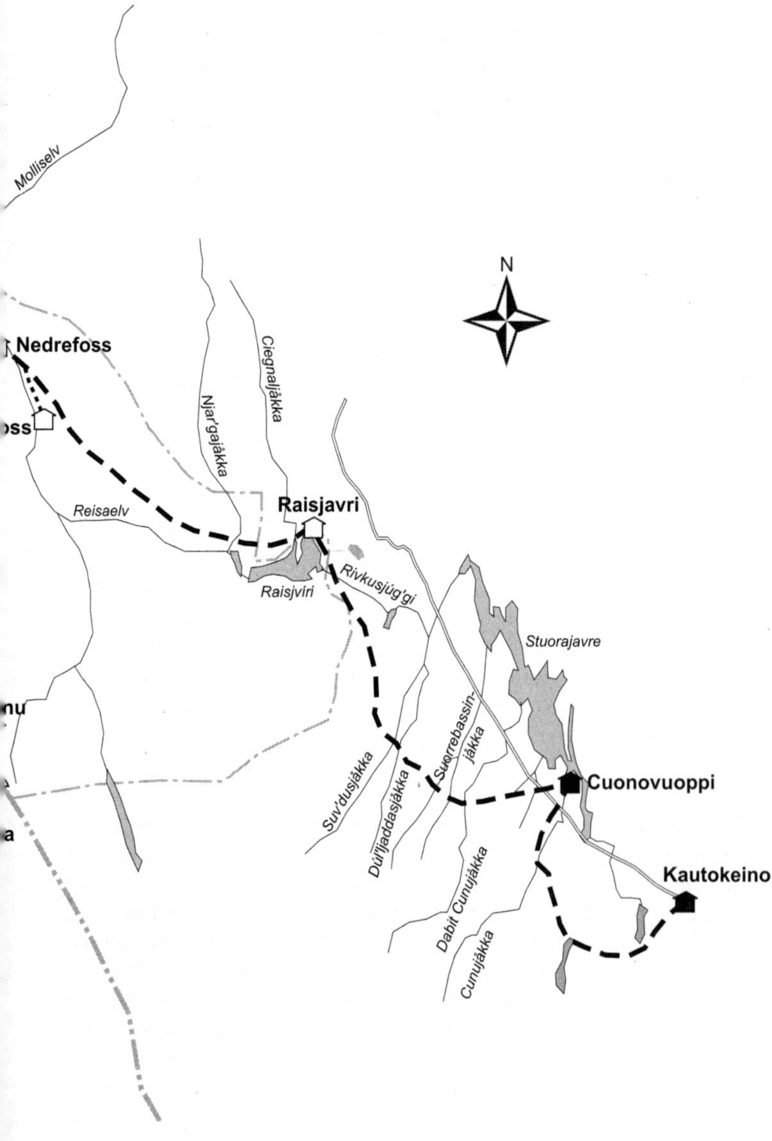

Molliselv
N
Nedrefoss
oss
Ciegnaljåkka
Njar'gajåkka
Raisjavri
Reisaelv
Raisjvíri
Rivkusjúg'gi
Stuorajavre
nu
Suorrebassin-
jåkka
Suv'dusjåkka
Dúl'ljaddasjåkka
Cuonovuoppi
a
Dabit Cunujåkka
Kautokeino
Cunujåkka

1. TAG: KAUTOKEINO – CUNOVUOPPI

Länge: 19 Kilometer, Dauer: 6,5 Stunden, Wegmarkierungen: nur für den Sommer.

Wohl kaum eine Siedlung besitzt für die Sami eine so starke Bedeutung wie Kautokeino – mit einer Gesamtfläche von 9.687 km² ist sie die größte norwegische Gemeinde überhaupt und zugleich die erste, die sich samisch definierte. 85 Prozent der 3.000 Einwohner sprechen samisch, so dass man auf Straßenschildern wie in Telefonbüchern inzwischen wieder zur traditionellen Schreibweise übergegangen ist: *Guovdageaidnu.*

Im Touristenbüro sitzt ein junger Sami, der mir bei meiner Tourenplanung allerdings kaum helfen kann. Zu neu ist der Nordkalottleden, als dass er viele Infos auf Lager hätte. Er kann mir weder sagen, wo der in den Karten nicht verzeichnete Wanderweg verläuft, noch wo die Schlüssel für einige der kommenden Hütten erhältlich sind. Macht nichts – wegen der teils langen Etappen habe ich sowieso mein Zelt dabei.

Die ersten zwei Kilometer trotte ich mit meinem Siberian Husky auf einer Landstraße bis zum »Triumf's Turistsenter«, einem Campingplatz. Ein Gespräch mit dem Besitzer *Anders Triumf* lohnt: Er kennt wiederum den Verantwortlichen für die Hütte am Raisjav'ri. Sie gehört dem Statskog – eine Art staatliche Forstverwaltung, die im Fjell auch Ranger-Aufgaben übernimmt und das *friluftsliv* (oder auf neudeutsch: Outdoor-Leben) fördert. Eine Viertelstunde später kommt der Statskog-Verantwortliche angebraust und überreicht mir gegen Bezahlung der Übernachtungsgebühr den Hüttenschlüssel. Man kann übrigens selbst telefonisch unter der Nummer 0047 – 7776 5011 die Schlüsselübergabe vereinbaren.

Hinter dem Turistsenter informiert eine Tafel mit einer verwitterten Übersichtskarte über den groben Wegverlauf des Nordkalottleden.

Der Pfad verschwindet manchmal fast im sumpfigen Tundraboden – nur sehr wenige Wanderer sind hier bisher gelaufen, und die mit roter Farbe auf Birkenstämme und Holzplanken gepinselten Markierungen verwittern schon wieder. Kein Wunder in diesem sumpfigen Terrain! Der Wanderweg ist zwar hervorragend präpariert mit Stegen aus Birkenstämmen, die allerdings schon tief ins Wasser eingesunken sind und wohl nach und nach durchbrechen werden.

Nur krüppelige Bäume bewachsen das flache Gelände. Die Orientierung fällt schwer, da markante Punkte fehlen und diese Moorlandschaft fast in zahlreichen Tümpeln und Rinnsalen ertrinkt. Ich kann trotzdem erkennen, dass die

Route in einem weiten südlichen Bogen um die Sumpfflächen des Bavvaljav'ri herum führt und schließlich auf den 40 m hohen Hügel Bœccegasvarri leitet. Endlich kann der Blick rundum schweifen und die weitere Route erahnen: Sie führt drei Kilometer nordwestlich durch ein sumpfiges Tal zum immerhin 527 m hohen Goas'kinvarri hinüber.

Wer bis hierhin schon nasse Füße bekommen hat, kann sich noch auf Schlimmeres gefasst machen: Durch 20 cm tiefes Wasser und brusthohe Schilfgräser stapfe ich der nächsten Erhebung entgegen, umkreist von zahllosen Mücken. Dummerweise hat es sich ausgerechnet so ergeben, dass ich Mitte Juni – ausgerechnet zur Zeit der schlimmsten Mückenplage – in diese Gegend geraten bin. Vor Nachahmung sei gewarnt!

Der Anstieg auf den Goas'kinvarri tut gut. Nach der schwülfeuchten Luft im Tal streicht oben eine angenehme leichte Brise über den kahlen Hang: In diesen nördlichen Region hört der Baumbewuchs schon bei einer Höhe von 480 Metern auf.

Genau nordwärts führt die Route nun hinunter zum Cunujåkka mit einer einfachen Furt. Am anderen Flussufer ist die Markierung verschwunden.

Nach einer Weile finde ich einige Meter flussabwärts die Markierung wieder: Nur noch einige orangefarbene, kaum mehr sichtbare Farbkleckse leiten mich durch moorigen Wald zunächst am Fluss entlang, dann unter der Stromleitung hindurch und über die Str. 92 hinweg.

Noch einen Kilometer weiter hält sich der Pfad dicht neben einem Feldweg entlang zur Fjellstue von Madame Bongo, die in der Karte als Cunuvuop'pi verzeichnet ist. Nein, das ist kein Druckfehler: Da die samische Sprache jahrhundertelang ignoriert und von den norwegischen Kartografen häufig missverstanden wurde, findet man denselben Namen in stark voneinander abweichenden Schreibweisen. Daran muss man sich hier oben gewöhnen.

Die alte Sami-Frau bietet einfache Übernachtungsmöglichkeiten in Zirkuswagen-ähnlichen Hütten an, die sich idyllisch an einen seitlichen Ausläufer des Balgatnjar'ga schmiegen. Grandios – eine Sauna, die ich nach diesem feuchten Wandertag in vollen Zügen genieße, hätte ich hier wirklich nicht erwartet. Anschließend leiste ich mir den Luxus eines Menüs: Anna Bongos Sohn, der als Koch im Krankenhaus von Guovdageaidnu arbeitet, verköstigt mich mit gekochtem Rentierfleisch, Kartoffeln und starkem Koch-Kaffee.

■ **CUONOVUOPPI** (privat), 380 m, 32 Betten, Sauna, warme Küche.

2. TAG: CUONOVUOPPI – ZELT

Länge: 16 Kilometer,
Dauer: 5 Stunden,
Wegmarkierungen:
nur für den Sommer.

Exakt Richtung Westen führt der schwach ausgetretene Weg an Madame Bongos »Lavvu-Gerippen« vorbei, die sie mit einer übergeworfenen Zeltbahn rasch zur wohnlichen Behausung umwandeln kann. Nach einem Kilometer kreuze ich abermals die Straße 92 und die Stromleitung, um wieder in die sich südlich davon ausbreitenden Tundraweiten einzutauchen. Noch zwei Kilometer weiter, und der schmale Pfad schwenkt wieder westwärts. Mehrmals schlängelt er sich über kleine Anhöhen – so etwa über den 529 m hohen Nord-Ausläufer des Cunucœrro.

Nordwestlich geht es weiter durch den tiefen dabit Cunujåkka (allerdings ein anderer Fluss als der gleichnamige vom Vortag) und kurz darauf durch den Suorrebassinjåkka. Von langen Sumpfpassagen wie kurz hinter Kautokeino bleibe ich heute verschont. Gottlob ist der bisher selten begangene Pfad tadellos markiert, denn ansonsten wäre er kaum zu erahnen auf dem weichen Flechtenboden.

Über federnde Moosflächen, die trotz der Mückenschwärme immer wieder zur Rast einladen, erreiche ich den nächsten Aussichtspunkt: den 543 m hohen Hügel nördlich des Dœl'ljaddas. Diese umständliche Wegführung – von Hügel zu Hügel – macht Sinn in den ewigen Weiten der Tundra: Nur so findet man sich in diesem flachen Gelände ohne markante Orientierungspunkte zurecht.

Von hier sieht man deutlich, dass sich die Stromleitung immer ein bis zwei Kilometer nördlich des Wanderwegs hält. Ein Sami berichtete mir, dass die meisten Wanderer vor der markierten Nordkalottroute exakt der Stromleitung folgten. Das funktioniert, denn die Strommasten begleiten den Weg mal dichter und mal weiter entfernt bis hinein ins Reisa-Tal. Andererseits ist es nicht gerade reizvoll, ständig unter Stahlseilen zu trotten.

Wer den Weg wiederum im Winter läuft, erhält mit dem »singenden Draht« eine ausgezeichnete Wegmarkierung. Doch Achtung: In Kautokeino regiert ein besonders strenger Winter, der regelmäßig die 40-Grad-Marke unterschreitet und heftige Stürme über die flache Tundra bläst. Besonders für die Etappe zwischen Guovdageaidnu und dem Reisadal ist daher eine gute Ausrüstung und einige Winter-Erfahrung nötig.

Noch immer stehe ich auf dem Hügel und genieße das Schauspiel der tiefschwarz vorbeiziehenden Wolken. Weit will ich heute nicht mehr kommen, und so steige ich nur noch einen Kilometer zu einem großräumigen Rentier-Sammelplatz ab. Strategisch günstig hat er sich zwischen die beiden Flüsse Dœl'ljaddasjåkka und Suv'dusjåkka gezwängt. Die löchrigen Zäune dieser Markierungsstelle sind stark reparaturbedürftig; überhaupt macht das ganze Lager einen recht verfallenen Eindruck.

Da ich weder Mensch noch Tier sehe, werfe ich einen Blick in eine der abseits stehenden Holzkoten. Gemütlich sieht sie aus, wenn nicht der Müll neben dem Eingang wäre und die wegen des undichten Daches nassen Rentierfelle bestialisch stinken würden. Nach einigem Überlegen beschließe ich, in der Kote zu übernachten. Ich verbrenne den Müll und schichte die Felle während der Nacht neben dem spitzgiebeligen »Holz-Zelt«. Es schläft sich ausgezeichnet auf dem darunter zum Vorschein kommenden Lager aus Birkenreisig.

3. TAG: ZELT – RAISJAV'RI

Länge: 18 Kilometer, Dauer: 6 Stunden, Wegmarkierungen: nur für den Sommer.

Den knallblauen Himmel und die Windstille des nächsten Morgens betrachte ich mit einem lachenden und einem weinenden Auge, denn das zahlreich besetzte Mückengeschwader attackiert nun besonders heftig. Um jeden winzigen Gipfel bin ich froh, wo ein laues Lüftchen die Stechviecher wenigstens ein klein wenig bei ihren Landeanflügen behindert.

Zuerst führt die Markierung in einem kleinen Westschlenker über den 550 m hohen Jœgeloai'vi, dann an den östlichen Ausläufern des Ribmunoai'vi entlang stramm zum RIVKUS hinauf. Nach einfachen Watpassagen durch den Stad'dejåkka und den Lulehiidjåkka stehe ich auf diesem markanten Hügelzug 600 Meter über dem Meeresspiegel. Der Blick gleitet von der sumpfigen Ebene des Ståkkasjav'ri rechter Hand und der dahinter sichtbaren Straße 92 bis hinüber zum Seengewirr des Raisjav'ri zur Linken, hinter dem mich der Weg morgen weiterführen wird.

Nach längerem Kartenstudium kann ich die Stelle ausmachen, an der die für eine Nacht gemietete Statskog-Hütte liegen muss – dort hinten in einer kaum sichtbaren Bucht, an der Mündung des aus dem Lœm'sejavrit fließenden Rinnsals. Die restlichen sechs Kilometer scheinen nur noch ein Katzensprung zu sein. Doch wieder einmal täuscht die klare Luft des Nordens, die weite Entfernungen zusammenschnurren lässt.

Über den 568 m hohen Nordhang des Rivkus, der die Grenze des Reisa Nationalparks wie auch die Bezirksgrenze zwischen Troms und Finnmark markiert, steige ich in die sumpfige Niederung des Rivkusjœg'gi ab. Als ich durch 20 cm tiefen, morastigen Schlamm stapfe, bin ich einmal mehr über meine hochschaftigen Stiefel froh.

Nun hält sich die Wegmarkierung exakt neben der Stromleitung und führt ans Ufer des idyllischen Raisjav'ri heran. In der ersten Hütte, an der Mündung des vom Njakkajavri kommenden Baches, lebt eine alte Sami-Frau. Einen Kilometer weiter stoße ich dann auf die mit einem Grasdach gedeckte Statskog-Hütte. Ich traue meinen Augen kaum, als ich die luxuriös eingerichtete Unterkunft betrete: Sogar elektrisches Licht und einen Kühlschrank finde ich hier. Gegen Mitternacht – es ist taghell – malen schwere Gewitterwolken kräftige Regenbogen auf den Himmel.

Wer will, kann die Tour übrigens auch hier beginnen, denn ein 4 km langer, holpriger Feldweg zweigt von der noch bis Bieddju vag'gi reichenden Str. 92 ab und führt direkt zur Hütte. Auf diesen ersten Wegabschnitt zu verzichten wäre aber jammerschade. Denn gerade der Wechsel von der flachen Tundra über hügeliges Fjell hinab ins majestätische Reisadal macht den Reiz dieser nördlichsten Etappe aus.

■ **RAISJAV'RI** (Statskog), 444 m, 6 Betten, elektrischer Strom.

4. TAG: RAISJAV'RI – ZELT

Länge: 18 Kilometer,
Dauer: 6 Stunden,
Wegmarkierungen:
nur für den Sommer.

Nach der Querung des Baches neben der Hütte hält sich der Weg dicht am Ufer des Raisjav'ri bis zu einem herrlichen »Südsee«-Sandstrand, den ich einfach zum Bad nutzen muss. Mit gebührlichem Abstand zum sumpfigen Flussbett folge ich diesem dann bis zu einer kleinen Trafostation, an der sich zwei Stromleitungen kreuzen. Jetzt hilft alles nichts mehr – ich muss durch das Flusstal. Zunächst stakse ich durch schilfigen Morast und dann durch das breite Bett des Ciegnaljåkka, bei dessen Querung man schon ein wenig Acht geben muss, um kein Wasser in die Stiefel rinnen zu lassen.

Als der Weg um den Ai'tevarri herumführt, passiere ich ein am See liegendes Holzhäuschen. Ich wundere mich, wer hier wohnen mag – weitab von den Straßen und eine Tagesreise von der nächsten Ortschaft entfernt. Da fällt mir siedendheiß ein, dass ich je ein großes Stück Käse und Schinken im Kühlschrank der inzwischen sechs Kilometer entfernten Hütte vergessen habe. Das kommt vom ungewohnten Luxus des Kühlschranks! Proviant habe ich zwar auch so genug im Rucksack, aber es ärgert mich schon, diese schweren Schmankerl nun drei Tage umsonst mitgetragen zu haben. Ich überwinde meine Scheu und frage die uralte Sami-Frau in dem Häuschen, ob sie mich mit ihrem Motorboot den direkten Weg über den See hin und zurück fährt. Sie willigt ein, und eine halbe Stunde später sind Inga und ich wieder zurück. Ich danke ihr mit

150 Kronen, die sie freudig annimmt.

Bei Ingas Hütte laufen so viele Pfade zusammen, dass der weitere Wegverlauf nicht eindeutig ist. Wer allerdings aufmerksam nach den roten Farbklecksen sucht, findet sie am linken Pfad. Den Steig zum Gipfel des Ai'tevarri lasse ich rechts liegen und folge dem nun bequem-ebenen Weg, der aussieht, als würden öfters die geländegängigen Four-Wheel-Motorräder der Sami durchs Gelände pflügen.

Der rechts aus dem Gebirge strömende Njar'gajåkka ist der bislang breiteste und tiefste Fluss. Nach längerem Suchen stromauf- und -abwärts kehre ich doch wieder zur markierten Furt zurück: Diese zweifellos beste Watpassage erweist sich als gar nicht so schwierig, wie sie zunächst aussah. Mit der Hilfe der Wanderstöcke und vorsichtig überlegter Schritte komme ich trockenen Fußes von Stein zu Stein ans andere Ufer.

Die nun steinige Passage erfordert gutes Schuhwerk, das einen sicheren Tritt garantiert. Durch Mücken-verseuchte Birkenwäldchen geht es ein wenig aufwärts ins kahle Fjell. Sobald ich die Baumgrenze hinter mir gelassen habe, schlage ich auf dem südlichen Ausläufer Boazoai'vi mein Zelt auf. Der kleine See hundert Meter nördlich sorgt für Trinkwasser. Aus dem Schlafsack heraus betrachte ich noch lange die tief vorbeiziehenden Wolken, die die Gipfel des Skohpicohkka und des Bávdjavarri im Westen einhüllen.

5. TAG: ZELT – NEDREFOSS

Länge: 18 km (mit Umweg zum Imofoss), Dauer: 6 Stunden, Sommermarkierung.

Ein weiteres Mal die Stromleitung kreuzend, verläuft die Route oberhalb der Baumgrenze nach Nordwesten. In der Ferne nähert sich schon ein gewaltiger Taleinschnitt – das muss das REISADAL sein. Nach dem Queren des breiten, doch flachen Miehtajohka schlängelt sich die Markierung an den Flanken des Miehtavarri und einem etwa 200 m langen namenlosen See vorbei. Die ebenen Grasflächen am Ufer bieten ideale Zeltplätze. Und tatsächlich stoße ich dort auf den ersten Wanderer meiner Tour, der neben seinem Zelt allerorten herumliegende Rentiergeweihe gesammelt hat.

Mit wunderschöner Sicht führt der Weg zunächst wieder unter die Baumgrenze ins Luvddiidvuopmi hinein. Zuerst sacht, dann immer steiler geht es in die Canyon-artige Schlucht des Reisa hinunter. Etwa auf 260 Höhenmetern – man hört schon das mächtige Tosen des Flusses – stoße ich auf einen südwärts schwenkenden Pfad, der mit einem Kilometer Umweg am Imofoss vorbei wieder zurück auf den Hauptwanderweg führt.

Dieser Umweg lohnt sich, denn der IMOFOSS ist nicht der höchste, mit Sicherheit aber einer der imposantesten Wasserfälle Norwegens. Während der hier noch schmale REISA sein Bett über eine Kaskade verschiedener Steinbecken gesucht hat, fällt von Westen her der SPANIJOHKA über eine senkrechte Felswand 80 m tief. Weiter fließt der Reisa-Fluss in einer 100 m tiefen und nur wenige Meter breiten Schlucht. Zwei Stunden lang klettere ich über die zahlreichen Terrassen hin und her und fotografiere, was das Zeug hält. Übrigens: Wer sich noch 500 Meter weiter Richtung Süden durchschlägt, stößt auf die öffentliche, doch (bisher) in keiner Karte oder Broschüre erwähnte Imohütte.

Mich aber zieht es heute noch weiter zur Nedrefosshütte. Ständig klettert der Weg abenteuerlich steil nach oben, um kurz darauf wieder abrupt über Geröllfelder und Leitern zum Reisa zurückzuführen. Mehr als einmal muss ich meinem Hund die Packtaschen abnehmen, damit er sich mit weiten Sprüngen selbst seinen Weg über die meterhohen Felsblöcke suchen kann. Wieder unten am Fluss passiere ich saftige Rasenflächen, die gemütliche Zeltplätze abgeben.

Immer im Canyon entlang, hält sich der Wanderweg eng an der Felswand, teils steil und etliche Meter über dem Fluss. Gut, dass die schwierigsten Passagen für nicht schwindelfreie Wanderer mit Drahtseilen gesichert sind! Denn Erdrutsche und Steinlawinen sind bei diesen Steilwänden keine Seltenheit: Häufiger verschwindet die Markierung einige Meter unter einem frischen Geröllfeld. Das Klettern über die mächtigen Blöcke wird manchmal zur recht kippeligen Angelegenheit.

Schließlich tauchen die Nedrefosshütten am anderen Ufer auf, geschützt in einer Bucht zu Füßen des einmündenden Dahkojohka. Eine schwankende Hängebrücke führt hinüber auf die andere Seite des Reisa-Stroms. Bis hier kann man den Fluss mit den im Norden charakteristischen Langbooten aus Holz befahren. Von nun an werde ich also nicht mehr so allein bleiben, denn viele Angler lassen sich von Sarelv oder Biltu heraufschippern und wandern gemächlich am Fluss entlang wieder zurück, unterbrochen natürlich von unvermeidlichen Angelpausen.

Doch heute Nacht habe ich die untere Nedrefosshütte des Statskog mit ihren vier bis maximal acht Schlafplätzen für mich allein. Hier unten kostet die Übernachtung angeblich nichts, während die ein paar Meter oberhalb gelegene und verschlossene DNT-Hütte mit ihren 16 Betten die üblichen Gebühren fordert. Eigenartig. Noch mehr wundert mich, dass mein Schlüssel für die hiesigen Hütten des Troms Turlag nicht recht pas-

Spektakuläres Treffen der Wildflüsse: Imofoss im Reisadal ▶

sen will – er scheint ungenau gefertigt zu sein.

■ **NEDREFOSSHYTTA** (DNT & Statskog), 150 m, 16 Betten.

6. TAG: NEDREFOSS – SIEMA

Länge: 15 Kilometer,
Dauer: 6 Stunden,
Wegmarkierungen:
nur für den Sommer.

Die nächsten zwei Tage wird der Reisaelva mein ständiger Begleiter sein. Am weniger steilen Westufer entlang passiere ich mehrere schöne Zeltplätze direkt am Wasser. Die Feuerstellen und die Holz-Zeltstangen, denen man nur noch eine Plane überwerfen muss, zeugen von den zahlreichen Besuchen der Angler.

Der wunderschöne Wegverlauf in der Canyon-artig eingekerbten Schlucht fordert Tribut von den Beinmuskeln – immer wieder muss ich bergauf und bergab über gewaltige Geröllawinen und umgefallene Bäume klettern oder durch dichtes Urwaldgestrüpp und mannshohe Farne pflügen. Die Flora hat sich mittlerweile vollständig gewandelt: Statt karger Flechten finde ich Beerensträucher und saftige Blumenwiesen, die ich hier – lediglich eine Auto-Tagesreise entfernt vom Nordkapp – nicht erwartet hätte. Das eng geschnittene Reisadal scheint den Pflanzen eine milde Witterung zu gewähren.

Nach etwa sechs Kilometern passiere ich überrascht die VUOMATAKKAHÜTTE: Dieses urgemütliche, doch sehr enge Rasthüttchen mit dem tief sitzenden Grasdach ist nicht in der Karte verzeichnet. Vier Wanderer können sich hier nahezu übereinander stapeln.

Ständig muss ich Flüsse überwinden, die sich schäumend ihre Bahn bis zur aufgefächerten Mündung in den Reisa brechen: den Vuomadatjohka, Rautusuvantojoki, Alttarinjoki und den Cissaldat. Teils balanciere ich auf glitschigen Baumstämmen über die Gewässer, teils wate ich durch die wild sprudelnden Fluten.

Besonders imposant präsentiert sich der MOLLISFOSS am gegenüberliegenden Ufer, der mehrere hundert Meter frei über die Felswand fällt und mit gischtenden Fontänen unten aufprallt. Ein guter Platz zum Rasten und Staunen, denn die in den Regenbogenfarben leuchtenden Wassermassen bieten ein beeindruckendes Schauspiel.

Nach gut sechs Kilometern immer am urwaldartig bewachsenen Flussufer entlang erreiche ich die offen stehende Siemahütte, die gerade außerhalb der Nationalparkgrenze liegt. Nur – sie postiert sich am anderen Ufer des breiten und rasant strömenden Reisaelva. Die diesseitige Hütte ist privat und offensichtlich bewohnt. Ich könnte natürlich mein Zelt hier aufschlagen, doch ich hatte mich schon auf eine weiche Matratze und das Kochen auf dem Hüttenofen gefreut.

Als ich da eine Weile am Ufer stehe und rätsele, kommt der Besitzer aus seiner Hütte. Ich erkläre ihm meine Sorgen, und prompt wirft er den Motor seines Langbootes an, um mich überzusetzen. Für den nächsten Morgen vereinbaren wir ein Pfeifsignal, nach dem er mich wieder abholen kommt.

■ **SIEMAHÜTTE** (Statskog), 110 m, 3-4 Betten.

WINTERROUTE

Wer diese Etappe im Winter begehen will, sollte das Reisadal weiträumig meiden. Wegen der steilen Felswände ist es sehr mühsam, einen Weg neben dem Fluss zu finden, und das Eis bietet wegen der schnellen Strömung kaum Sicherheit. Außerdem sind der Ab- und Anstieg ins und aus dem Tal so mühsam, dass man sich lieber in den Höhen des Fjells halten sollte.

Schon auf der Höhe der zwischen den Flüssen gelegenen Rentier-Sammelstelle zweigt man daher westwärts ab und läuft an der Nationalparkgrenze entlang bis zur Staatsgrenze. Auf der norwegischen Seite der Grenze entlang geht es dann nordwestlich bis zum Somas-See meist auf einer Höhe von 600 bis 700 Metern. Für gelegentliche Übernachtungsmöglichkeiten sorgen ein Rastschutz und zwei weitere Hütten. Da diese aber nicht oder nur undeutlich in den topografischen Karten verzeichnet sind, sollte man sich ihre Lage gegebenenfalls von den Einheimischen erklären lassen.

Ein Überschreiten der Grenze nach Finnland ist zwar theoretisch möglich und reizvoll, da eine Passage über die grenznahe Tenomuotkahütte und weiter zum Meekonjärvi eine feine Abkürzung bieten würde. Man sollte von dieser Alternative aber lieber Abstand nehmen, da Grenzüberschreitungen nur in den dafür vorgesehenen »Fenstern« erlaubt sind und geahndet werden (siehe »Grenzpassagen« im Kapitel »Auf nordischen Pfaden«).

7. TAG: SIEMA – ZELT

Länge: 19 Kilometer,
Dauer: 7,5 Stunden,
Wegmarkierungen: nur für den Sommer.

Setzten mir die Geröllfelder gestern schon zu, so steigern sich die Strapazen heute erneut: Mehr als einmal muss ich mich zwischen den mannshohen Brocken hindurchquetschen. Keine leichte Sache mit einem Rucksack, und schier unmöglich für Besitzer von Außengestellrucksäcken. Je tiefer ich ins Tal flussabwärts wandere, umso lieblicher wird die Landschaft: Sogar die ersten Fichten tauchen auf.

Etwa auf der Höhe des kleinen Tümpels zwischen Käyräniva und Furuholmen gerate ich auf die hier endende Landstraße von Sarelv.

Ob ich nur die Abzweigung der eigentlich am Flussufer verlaufenden Markierung übersehen habe oder die Straße einfach über den Wanderweg gepflastert wurde, vermag ich nicht zu erkennen.

Sechs Kilometer muss ich auf dieser langweiligen Forststraße bis Sarelv zubringen. Diese »Ortschaft« besteht eigentlich nur aus einem Hof, von dem aus die Transportboote nach Nedrefoss starten.

Ein Kilometer weiter, direkt nach der Brücke, zweigt dann endlich der ersehnte Weg nach Süden ab, der mich aus dem Reisa-Canyon wieder zurück ins Fjell führen wird. Trotz der Schönheit dieses Tals freue ich mich auf die offene Sicht in den Bergen und den Wind, der mir hoffentlich die Mücken wieder besser vom Leib halten wird. Mit typisch norwegischer Wegführung – also mit deftigem Anstieg ohne Serpentinen geradewegs den Berg hinauf – keuche ich in eineinhalb Stunden 580 Höhenmeter nach oben.

Der mächtige Wasserfall am Hurrikkabekken, den ich auf halber Höhe passiere, erscheint mir nach den Naturwundern der letzten zwei Tage nicht einmal mehr ein Foto wert. Der heutige Tag war lang, und einen besseren Zeltplatz finde ich wohl nicht mehr. Fast direkt auf dem 679 m hohen Nordgipfel des Stuoraskáidi schlage ich mein Lager auf, mit Blick auf die kleine Siedlung Bilto unter mir.

8. TAG: ZELT – SOMAS

Länge: 24 Kilometer, Dauer: 8 Stunden, Wegmarkierungen: nur für den Sommer.

Der Bursche, der hier oben den Weg markiert hat, muss besoffen gewesen sein. Im Zickzack-Kurs windet sich die Markierung an den Nordhängen des Suorrecohkka und des Skáidecohkka auf und ab, mit ständigem Blick in das 600 Meter tiefere Bunta-Tal hinein. Dabei wäre es gut möglich, einfach nur die gut sichtbaren Meahccevarri und später den Ciknavarri anzupeilen und geradeaus auf ihn zuzugehen.

Es ist frisch und schattig hier oben. So schattig, dass ich einen der Flüsse sogar bequem über eine meterdicke Schneebrücke hinweg queren kann. Die weißen Spitzen des Loapmi-Massivs ständig im Blick, passiere ich die karg bewachsenen Hochgebirgsseen neben dem Ciknavarri.

Immer gemütlich auf einer Höhenlinie wandere ich am Gulpooaivi vorbei ins Coalbme-Tal hinein. Hier, am lang gestreckten Coalbme-See auf 758 Metern, entspringt ein kleines Bächlein, das sich auf seinen langen Weg durchs Bunta-Tal macht und schließlich weit unten in den fordernden Reisaelva mündet.

Die gut geschützten und doch flachen Ufer des Coalbme-Sees eignen sich vorzüglich zum Lagern.

Viele Sami sind wohl derselben Meinung, denn der weitere Weg ist geradezu gepflastert von Feuerstellen und Überresten alter Koten. Sogar den verwitterten Rest eines uralten Zugschlittens finde ich. Mein Hund dagegen ist eher angetan von den zahlreichen Rentierknochen, vergammelten Geweihen und stinkenden Kadaverteilen.

Der Pass am Nealgecohkka auf 820 Meter bleibt mein höchster Punkt heute. Hinunter und durch die breite und flache Furt Rahpesjohk erreiche ich nach weiteren zweieinhalb Kilometern die Hütte am Somájávri.

■ **SOMASHÜTTE** (Statskog), 750 m, 4 Betten und 4 Lager auf dem Zwischenboden

9. TAG: SOMAS – PITSUSJÄRVI

Länge: 15 Kilometer, Dauer: 4,5 Stunden, Sommermarkierung im Winter oft erkennbar.

Am Westufer des Somas-Sees entlang passiert die Nordkalottroute erstmals die GRENZE. Kurz nach dem norwegisch-finnischen Grenzstein geht es durch das Gatter eines Rentierzauns geradewegs zur finnischen Hütte am Somas-See, die sich gewitzt an der Mündung des Kobmajohka postiert. Sie bietet sechs Personen Platz, kann aber den norwegischen Hütten an heimeliger Gemütlichkeit bei weitem nicht das Wasser reichen.

Auf dem diesseitigen Flusswall entlang des Kobmajohka führt die Markierung stetig bergan. Sie besteht hier in Finnland nicht mehr aus roten Farbklecksen auf Bäumen und Steinen, sondern aus in die Erde getriebenen und an der Spitze orange bepinselten Holzpflöcken. Das gibt Winterwanderern die Chance, zumindest an Stellen mit starker Schneeverfrachtung diese Enden der Pflöcke zu erkennen – sicher keine vollwertige Wintermarkierung, aber dennoch eine notdürftige Orientierungshilfe.

Dem Hauptstrom westlich folgend, machen mir weitläufige Blockfelder zu schaffen. Ein Landschaftsbild, das sich in den nächsten Tagen leider kaum verändern wird: Die teilweise rutschigen und kippeligen Rundsteine bringen mich trotz der hilfreichen Wanderstöcke manchmal zum Straucheln.

Die Talschneise öffnet sich zu den den Kobmajohka speisenden Seen. Nach der Querung des Flusses geht es zwischen den beiden größten Seen hindurch auf den Kamm des Lovttokielas. Wieder einmal ärgere ich mich, der Markierung gefolgt zu sein und nicht meinem Gefühl vertraut zu haben: Der gerade Weg am Südufer des größten Sees entlang wäre einfacher und zudem kürzer gewesen.

Vom Kamm aus leuchtet schon das dunkelblaue Wasser des Pihtsosjavri weit unten. Beim Abstieg im Rassaja-Flusstal wird ein Sami-Lager sichtbar, doch die Pitsusjärvihütte taucht erst kurz vor der Ankunft hinter einer Biegung auf. Da die Hütte in der Nähe des Halti – des höchsten finnischen Berges – liegt, hat man fast nie Aussicht auf einen freien Schlafplatz.

Dies umso mehr, da eine bequeme Flugverbindung die zwei Tagesetappen von Kilpisjärvi hierher überbrückt. Ein Helikopter mit Platz für sechs Personen kostet 1800 Finnmark, ein Flugzeug mit Platz für drei Personen 960 Finnmark. Sogar einen Kanutransport bieten die Piloten an, die man per Telefon von der Pitsusjärvihütte aus bestellen kann. Schade, dass diese Einöd-Idylle von den ständigen Lande- und Startmanövern der Wasserflugzeuge gestört wird.

■ **PITSUSJÄRVI** (FTF), 740 m, 12 Betten.

10. TAG: AUSFLUG ZUM HALTI

Länge: 19 Kilometer (hin und zurück), Dauer: 6 Stunden, Sommermarkierung.

Wahrscheinlich weil die Finnen in ihrem Land kaum nennenswerte Erhebungen vorweisen können, klettern sie mit einer nahezu manischen Besessenheit auf jeden Hügel. So gehört es fast zu den »Lebensaufgaben« aller von der Natur begeisterten Finnen, einmal den Halti bestiegen zu haben. Die mit einem Wasserflugzeug eingeflogenen »Wanderer« deponieren ihre riesigen, mit allerlei Proviant voll gestopften Außengestellrucksäcke in der Pitsusjärvihütte und müssen nur noch einige Kilometer zu Fuß bis zum Gipfelkreuz zurücklegen. Ich tue es ihnen gleich und schließe mich dem Pilgerzug an, der morgens, wie an jedem Sommertag, nordwärts zum Halti startet.

Wegen der zahlreichen Wanderer ist der breit ausgetretene Weg stellenweise morastig geworden. Doch nur bis zum Fuß des Halti – dann folgen garstige Blockfelder, die besonders den meist in Gummistiefeln wandernden Finnen einige Flüche entlocken.

Schneller als erwartet stehe ich auf dem Gipfel und blicke nach Norden in das Schneefeld-gescheckte Bergland Norwegens. Liegt nicht eine gewisse Ironie in der Tatsache, dass drei viertel des Halti-Gipfels – darunter auch der Hauptgipfel des 1361 m hohen Ráisduottarháldi – zu Norwegen gehören? Für die Norweger ist dieser »Halti-Hügel« also nur einer unter vielen.

Jeder Halti-Gipfelstürmer erhält beim Eintrag ins Gipfelbuch eine fortlaufende Nummer. Wen es interessiert – bei meinem Besuch war die Zählung bei Nummer 51.278 angelangt. Diese Nummer nähen sich viele Finnen – wie ich in den nächsten Tagen noch oft sehen werde – selbstbewusst auf Rucksack oder Wanderkluft.

Beim Abstieg raste ich in der kleinen, schnuckeligen Haltihütte am Fuß des Berges. Sie bietet vier, zur Not fünf Personen Platz und dient besonders bei winterlichen Aufstiegen als gutes »Basislager«.

In der Nacht werde ich Ohrenzeuge der Grunzlaute, mit der die Rentier-Mütter ihren Nachwuchs rufen. Eine riesige Herde mit etwa tausend Tieren zieht in einem Abstand von nur wenigen Metern links und rechts an meinem Zelt vorbei. Gut, dass ich meinen Husky an einem in die Erde gedrehten Schraubhaken gesichert habe. Er hätte sonst schon längst »nach dem Rechten gesehen«.

11. TAG: PITSUSJÄRVI – KUONJARJOKKA

Länge: 20 Kilometer, Dauer: 7 Stunden, Sommermarkierung im Winter oft erkennbar.

Morgens wecken mich die Motoren der Four-Wheel-Motorräder, mit denen die Sami ihre Herde zusammentreiben. Erstaunt stelle ich fest, dass die Fahrzeuge selbst in diesem schwierigen Berggelände relativ zügig vorankommen.

Am Ufer des Pihtsosjärvi südwärts folgt der Trail dem munter sprudelnden Fluss hinunter zum nächsten See, dem Vuomakasjärvi. Der Wasserfall Pihtsosköngäs macht auf mich nur einen bescheidenen Eindruck, da ich nun vom Reisadal verwöhnt bin. Die erste Brücke auf diesem Wanderweg kündigt an, dass nun »zivilisiertes« Wanderterrain folgt. Sie ist aber auch nötig, denn der aus dem Südende des Vuomakas-Sees weiter strömende Fluss hat schon ordentlichen Wildwassercharakter.

Rutschige Blockfelder erschweren die letzten zwei Kilometer zur offenen Meekonjärvihütte (6 Betten). Wie meist in Finnland finde ich auch hier zwei Hütten vor: Die eine ist verschlossen und muss gegen Gebühr reserviert werden. Die zweite steht offen und kostet kein Entgeld. Etwas Besonderes ist das etwas abseits am Ufer stehende Saunazelt, liebevoll ausgestattet mit einem bulligen Holzofen und Birkenreisig. Ich überlege lange, ob ich die Outdoor-Sauna in Anspruch nehmen soll. Doch es ist noch früh am Tag, und nach einer genüsslichen Rast mit Tee und selbstgebackenen Bannocks zieht es mich weiter.

Die Wegstrecke bis zur Kuonjarjohkahütte führt durch ein herbschönes Fjäll-Gebiet, das einen herrlich weiten Ausblick zu den markanten Abhängen des Saivaara gestattet. Wie ein Finger Gottes deutet kurz darauf das Ende eines Regenbogens genau in die Mitte des Siettinjärvi. Vielleicht ist ja doch etwas dran am Aberglauben, dass ein Regenbogen den Ort eines versunkenen Schatzes markiert?

■ **KUONJARJOHKA** (FTF), 850 m, 6 Betten.

12. TAG: KUONJARJOKKA – KILPISJÄRVI

Länge: 23 Kilometer, Dauer: 7,5 Stunden, Sommermarkierung im Winter oft erkennbar.

Vom Ausläufer des Kuonjarvaggi geht es hinein ins Tal und dann südwärts auf die Flanke des Kuonjarvarri. Einmal mehr öffnet sich der Blick weit, diesmal über den Saarijärvi bis hin zum Saana, meinem Etappenziel. Die 10-Betten-Hütte am See lasse ich links liegen und halte mich am Südufer des Cuaop'pejav'ri. Für zwei Kilometer betrete ich norwegisches Terrain, bevor ich nach Finnland zurückkehre. Nur je ein Schild verweist auf die Grenze; die orangefarbene Wegmarkierung bleibt finnisch.

Nach einigen morastigen Abschnitten passiere ich am Ende des Masehjavri einen Rentierzaun und bewohnte Sami-Koten. Der markierte Pfad leitet nun geradewegs hinunter zum Matkailu-Hotel. Da ich aber noch hinter dem Saana – einem heiligen Berg der Sami – entlang nach Kilpisjärvi zum Touristcenter will, verlasse ich den ausgetretenen Wander-Highway und halte nach der Querung des Flusses in gerader Linie auf den Saanajärvi zu. Vierrädrige Motocross-Maschinen haben eine regelrechte Schneise ins Gelände gefräst, die fast bis zur Saanajärvihütte führt.

Mit einer letzten Rast bereite ich mich darauf vor, bald wieder auf viele Menschen und geteerte Straßen zu treffen. Die verbleibenden vier Kilometer sind ein Katzensprung, auf dem sich zahlreiche Autotouristen mit einem Rundweg um den Saana die Füße vertreten. Der sogar mit Treppen versehene Luxusstieg mündet direkt ins Retkeilykeskus, einem Touristcenter mit Hüttenvermietung und Campingplatz.

■ **KILPISJÄRVI VANDRARCENTRUM/RETKEILYKESKUS**, 480 m, 134 Betten.

■ **KILPISJÄRVI TURISTHOTELL/MATKAILUHOTELLI**, 480 m, 67 Betten.

AUSSTIEGSPUNKTE

■ **CUONOVUOPPI BIS RAISAJAV'RI:** In 1–4 km Entfernung begleitet die Str. 92 den Pfad. Hier gibt's im Normalfall jeden Tag eine Mitfahrgelegenheit bei Einheimischen oder im Schulbus.

■ **REISADAL:** Das ganze Reisa-Tal entlang bis zur Nedrefosshütte fahren Transportboote, die bei einem Notfall auch anlanden. Von Sarelv führt eine Straße bis Bilto und weiter bis Storslett an der E6.

■ **PITSUSJÄRVIHÜTTE:** Ein per Telefon bestelltes Flugzeug fliegt bis Kilpisjärvi an der E 8. Die Route von Pitsusjärvi westwärts durch das Tal des Urtasjoki über die beiden Hütten beim Lossujärvi hinunter zu E 8 ist zwar etwas kürzer, doch anstrengender und seltener begangen.

AUSFLUG ZUM SAANA

Kein Wunder, dass der Saana aufgrund seiner Form und seiner isolierten Position als wichtiger heiliger Berg der Sami gilt. Mit entsprechender Ehrfurcht erklimme ich diesen einfachen »Tausender« am nächsten Tag. Als ich die Hälfte der Nordwestflanke hinter mir habe, ziehen die Wolken düster zusammmen. Optimistisch lege ich einen Zahn zu, um vor dem drohenden Gewitter rechtzeitig wieder unten zu sein.

Noch bevor ich das Plateau des Tafelbergs erreicht habe, bricht das Gewitter mit einer Wucht los, wie ich sie mein Leben noch nicht erfahren habe: Blitze zucken quer über den Himmel, gefolgt von einem Donner, der mir fast das Trommelfell zerreißt. Im selben Moment bricht auch noch ein Regenguss los, als ob er das Land überschwemmen wolle.

Ängstlich presse ich mich auf den Boden, um nicht Blitzableiter zu spielen. Habe ich den Berg entweiht, so dass mich nun ein Naturgott strafen will? Gedanken wie diese schießen selbst einem aufgeklärten Rationalisten durch den Kopf. Schnell mache ich mich an den Abstieg, immer die Pausen nach einem mörderischen Blitz nutzend, bevor ich auf den Boden gekauert die nächste elektrische Entladung abwarte.

2. Etappe: Kilpisjärvi – Abisko

IM ÜBERBLICK

- **LÄNGE:** 10 Tage, 172 km.
- **ÜBERNACHTUNG:** in Hütten.
- **PROFIL:** anspruchsvolle Wanderung durch wilde Gebirgslandschaft, außer im waldigen Dividal durch baumloses Terrain, mit zahlreichen Anstiegen.
- **KARTEN:** *Turkart Indre Troms* (N), 1 : 100.000. Die perfekte Karte für diese Etappe, die die gesamten Wegstrecke abdeckt.

Alternativ dazu eignen sich auch die Einzelkarten des schwedischen *Lantmäteriet* (1 : 100.000) und die *Topografisk Hovedkartserie* des norwegischen Statens Kartverk im Maßstab 1 : 50.000, die in der Summe aber teurer kommen und nicht alle Hütten und Wege beinhalten:
– *Fjällkartan Treriksröset BD1* (S)
– *Fjällkartan Råståjaure-Naimakka BD2* (S)
– *Rostadalen, 1632 IV* (N)
– *Julosvarri, 1632 III* (N)
– *Altevatnet, 1532 II* (N)
– *Salvasskardet, 1532 III* (N)

1. TAG: KILPISJÄRVI – TRERIKSRÖYSA

Länge: 10 km per Boot oder 15 km zu Fuß, Dauer: 0,5 oder 4,5 h, Sommermarkierung.

Dreimal täglich fährt in der Hochsaison das Motorboot von der finnischen Grenzsiedlung Kilpisjärvi ab. Der Bootssteg liegt direkt unterhalb des Touristcenters. Man sollte hier eine der Pizzas kosten, etwa die Pizza Halti mit Blauschimmelkäse und Rentierfleisch. Der Supermarkt ein paar Kilometer östlich bietet ausgezeichnete Möglichkeiten zum Provianteinkauf. Ich decke mich mit getrocknetem Rentierfleisch ein: leicht, lange haltbar und geeignet als leckerer Snack für zwischendurch.

Nach einer halben Stunde Bootsfahrt über den Kilpis-See erreiche ich Koltaluokta, eine Bucht, in der die Sami ein Lager errichtet haben. Ein perfekt präparierter, 2 km langer Fußweg führt zum DREILÄNDERECK – zu der Stelle also, an der die Grenzen von Norwegen, Schweden und Finnland zusammentreffen.

Allein wegen seiner Symbolkraft zieht es mich zum Dreiländerstein am Treriksröysa (siehe Kasten), obwohl der monumentale, gelb angemalte Betonblock nicht gerade eine Schönheit darstellt. Der Treriksröysa steht mitten im Wasser des Gålda-Sees; über lange Holzstege kann man direkt zu diesem markanten Grenzpunkt pilgern.

Mit meinem für drei Wochen gepackten Rucksack komme ich mir etwas deplaziert vor inmitten der »Sandalen-Touristen«, die nur den gemütlichen Wander-Highway zum Grenzstein laufen und sich eineinhalb Stunden später

STAATSTREFFEN

Am 2. September 1993 um 14 Uhr kamen am Dreiländereck Treriksrøyset die Staatsoberhäupter der drei nordischen Länder zusammen, um den Nordkalottleden einzuweihen.

Der schwedische König Carl XVI. Gustav, begleitet von seiner Frau Silvia, trug einen gigantischen Außengestellrucksack. Das Königspaar war etwas zu früh dran und musste sich noch eine Zeitlang hinter Birken verstecken, bis das offizielle Protokoll ihre Ankunft vorsah.

König Harald V. und Königin Sonja repräsentierten Norwegen, während aus Finnland Staatspräsident Mauno Koivisto mit seiner Gattin Telervo anmarschiert kam. Insgesamt nahmen rund 600 Personen an der Feierlichkeit teil, darunter Vertreter des Nordischen Rats ebenso wie aller beteiligten Kommunen. An diesem VIP-Zusammentreffen kann man erkennen, welchen Stellenwert die Skandinavier dem länderübergreifenden Nordkalottleden einräum(t)en.

wieder mit dem Motorboot nach Kilpisjärvi zurückschippern lassen.

Als Alternative zu dieser bequemen Anreise bietet sich der 15 km lange stilgerechte Weg zu Fuß an. Ein markierter Wanderweg führt am Hang des Malla-Höhenzugs entlang und gewährt die ganze Strecke eine schöne Aussicht auf den Kilpis-See. Da der breit ausgetretene Pfad ständig bergauf und bergab führt, kommt man jedoch nicht so rasch voran, wie es die Karte vermuten lässt. Wenige Meter vor dem Grenzstein passiert man eine finnische Blockhütte, die vier bis sechs Personen Platz bietet. Diese idyllisch auf einer Halbinsel gelegene Unterkunft ist leider meist belegt, da leicht zu Fuß erreichbar und – wie fast alle finnischen Hütten – kostenlos.

Die Alternative: Gut markiert führt ein Weg am Ufer des norwegischen Gålda-Sees entlang zur zwei Kilometer entfernten norwegischen Gåldahütte, die sich wie schüchtern im Wald versteckt. Wer in Kilpisjärvi aufgebrochen ist, wird hier wahrscheinlich die Nacht verbringen wollen. Die Bootsfahrer dagegen sind noch ausgeruht und wandern gleich zur Gappohütte weiter.

■ **GÅLDAHÜTTE** (DNT), 527 m, 20 Betten.

QUAL DER WAHL

Der eigentliche Nordkalottleden führt vom Treriksröysa aus über die schwedische Păltsastuga weiter zur norwegischen Rostahütte. Mir erscheint dieser Wegverlauf nicht nachahmenswert, denn es existie-

Nordkalottleden

Kilpisjärvi – Abisko

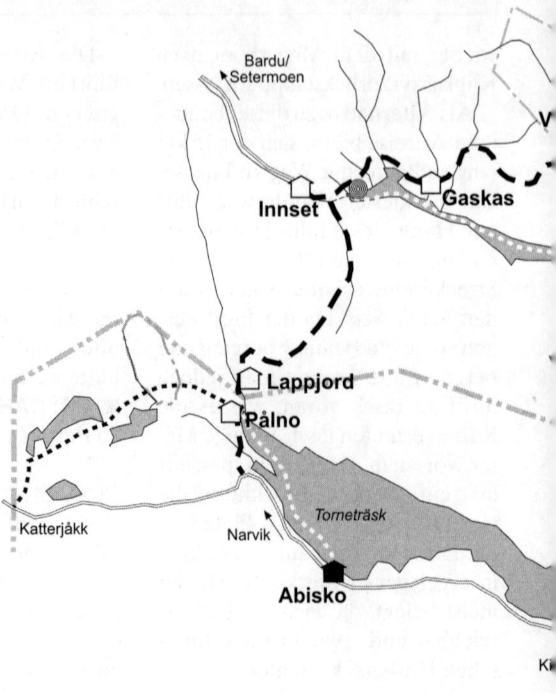

Gålda
Gappo
Kilpisjärvi
E8
Iselva
Pältsa
Rosta
Måsko
Karesuando
Kummaeno
Rostaelva
Stor-Rosta
Daerta
Frihetsli
bua
sbua
Skak'tar-
jåkka
årdbua
Dividal
Hav' gavuobmi
N
Politiodden
tevatn
Leinavatn
98

ren wesentlich reizvollere Alternativen: Zum einen liegt für Sommerwanderer die imposante Panoramatour durch das Isdal nahe, zum anderen bietet sich wegen der deutlich geringeren Steigungen eine Winterroute durch die geschützten Täler entlang der norwegisch-schwedischen Grenze bis zur Daertahütte an.

Auch Hundeschlittenfahrer sollten jene letztgenannte Winterroute wählen, auf der man übrigens bisweilen auch einheimische Hundeschlitten treffen kann. Als Entscheidung für die »offizielle« Routenwahl über die Pältsahütte mögen vielleicht die Schweden eine gewisse Rolle gespielt haben, die ihre nördlichste Unterkunft ein wenig in den Fokus der Öffentlichkeit rücken wollten.

Gleichwohl: Anschließend an die Beschreibung der Nordkalottroute folgen ausführliche Informationen über meine beiden alternativen Empfehlungen.

2. TAG: TRERIKSRÖYSA – PÄLTSA

Länge: 14 Kilometer,
Dauer: 5 Stunden,
Wintermarkierung, im Sommer benutzbar.

Der direkte Weg zur Pältsahütte sieht zunächst erschreckend steil aus, bereitet mir aber trotz der 300 Höhenmeter keine Probleme. Den südlich vor mir liegenden Taleinschnitt im Blick lasse ich schneller

FARBSEITEN 49 – 56:

Seite 49 oben:
Ende Mai am Långträsket
(Ausflug nach Arvidsjaur)
Seite 49 unten:
Wollgras am Gautelis-See
(Nordkalottleden, 3. Et., 5. Tag)
Seite 50 oben:
Hängebrücke bei Pauro
(Nordkalottleden, 3. Et., 8. Tag, S. 91)
Seite 50 unten:
E 6: Barduelv / Setermoen
(Anfahrt durch Norwegen)
Seite 51 oben:
Blick über den See Gautelisvatn
(Nordkalottleden, 3. Et., 5. Tag, S. 88)
Seite 51 unten:
Zeltlager am Tjårrok
(Nordkalottleden, 3. Et., 9. Tag)
Seite 52:
Mollisfoss im Reisa-Canyon
(Nordkalottleden, 1. Et., 6. Tag, S. 36)
Seite 53 oben:
Herbst bei Bardujord / Setermoen
(Anfahrt durch Norwegen)
Seite 53 unten:
Die Mitternachtssonne – Ausflug zum finnischen Lemmenjoki Nationalpark
Seite 54 oben:
Steilhang Reisadal, kurz vor Nedrefoss
(Nordkalottleden, 1. Et., 5. Tag, S. 34)
Seite 54 unten:
Farndickicht am Ufer des Reisaelva
(Nordkalottleden, 1. Et., 6. Tag, S. 36)
Seite 55 oben:
Blick vom Skierfe aufs Rapadelta
(Kungsleden, 2. Et., 2. Tag)
Seite 55 unten:
Komfortable Hütte am Raisjav'ri
(Nordkalottleden, 1. Et., 3. Tag)
Seite 56 oben:
Vom Gletscherrand zum Tarfalajaure
(Kungsleden, Ausstieg Kuopervagge)
Seite 56 unten:
Die Tarfalahütte Ende August
(Kungsleden, Ausstieg Kuopervagge)

Herstellung: Fuldaer Verlagsagentur

als erwartet die Baumgrenze hinter mir zurück und steige westlich am Pälkesvare vorbei bis auf gut 800 Meter auf. Der Blick öffnet sich immer mehr auf das mächtige MARKUSFJÄLL im Westen.

Die Wintermarkierung bleibt rechts des Bächleins und trifft oben am Sattel auf ein Schild, an dem der direkt vom Bootsanleger kommende Weg einmündet. Der bisweilen etwas anstrengende Weg über die Hochebene führt zwar oft in kleine querlaufende Täler hinein, aber die liefern mit ihren auch im Sommer vereisten Schmelzwasserseen gute Orientierungspunkte. Schon auf der Anhöhe des Lakkonjåsvare kann ich in das mächtige Pältsa-Tal hineinsehen, an dessen Ende die STF-Hütten liegen.

Wer im Winter auf Skiern die Abfahrt durch das kleine Birkenwäldchen scheut, entschärft die Steigung durch einen weiten Westbogen entlang des Pallutjjåkkå und gelangt so bequem zur Hütte.

Manche Skifahrer sind schon auf der Hochebene genau Richtung Süden ins Lakkon-Tal hineingefahren und haben sich dann nach einem scharfen Westschwenk unterhalb des Lakkonjåsvare am Hang entlang bergab gemogelt – ebenfalls eine reizvolle und die vielleicht einfachste Alternative. Während der Saison heizt der Hüttenwart auf Wunsch die Sauna an.

■ **PÄLTSA** (STF), 590 m, 30 Betten, Sauna.

3. TAG: PÄLTSA – ROSTA

Länge: 12 Kilometer,
Dauer: 6 Stunden,
Wegmarkierungen: nur für den Sommer.

Die ersten Meter folge ich noch der Wintermarkierung nach Vurvejåkkå. Doch schon nach der Querung des Pältsanjåkkå halte ich mich fast durchwegs auf gleicher Höhenlinie an die Sommermarkierung Richtung Südwesten, die an der Flanke des Måskanvarri entlang in das Tal des Rosta-Flusses einschwenkt. Fünf Kilometer weiter, an der Grenze nach Norwegen, wechselt die Markierung: Statt orangefarbener Kleckse auf Steinen und Holzpfählen kennzeichnen rote Felsbrocken den Weg. Nach den deftigen Steigungen des gestrigen Tages erscheint die heutige Strecke als Kinderspiel.

Die Troms-Tourkarte schweigt sich über den weiteren Wegverlauf bis zur Rostahütte aus, und in der schwedischen Fjällkarte ist er zu weit südlich verzeichnet: Nicht am Rostaelva, sondern fast unmittelbar am Südufer des Mås'kanjav'ri entlang führt die Markierung gen Westen. Sie kreuzt den Iselva kurz vor der Einmündung in den Rostaelva – eine unangenehme und gefährliche Watstelle, da man selbst in regenarmen Sommern bis zum Bauch durch das Wasser stakt.

Meine Empfehlung: am Nordufer des Mås'kanjav'ri entlang zur Måskohütte des Statskog. Sie bietet vier Wanderern Platz für eine Übernachtung und eignet sich ausgezeichnet zur Mittagsrast bei garstigem Wetter.

Auch auf der Folgestrecke hält man sich besser zwei Kilometer nördlich des Nordkalottleden. Am kleineren Mås'kan-See und seinem Ausfluss entlang folgt man einem unmarkierten Rentierpfad und gelangt so zu einer breit aufgefächerten Furt, die problemlos durchwatet werden kann. Nach weiteren 300 Metern stößt man auf den aus dem Isdal kommenden Wanderweg und folgt ihm die restlichen zwei Kilometer bis zu den beiden Rostahütten.

■ **ROSTA** (DNT), 460 m, 20 Betten.

Alternativroute im Sommer: Treriksröysa – Gappo – Rosta

TRERIKSRÖYSA – GAPPO

Länge: 17 Kilometer,
Dauer: 5 Stunden,
Wegmarkierungen: nur für den Sommer.

Am Ufer des Gålda-Sees entlang passiert man nach zwei Kilometern die im Wald versteckte Gåldahütte. Durch Moore leitet der Weg allerdings rasch und sorgfältig verstegt wieder ans Ufer zurück, und über den einfließenden Bach am Westende des Gåldajav'ri führt eine Planke.

Auch direkt vom Grenzstein des Dreiländerecks am Südufer des Gåldajav'ri kann man übrigens auf einem kleinen Trampelpfad hierher wandern. Dieser Weg ist zwar nicht so komfortabel zu begehen, erspart aber den knappen Kilometer Umweg über die Gåldahütte.

Beim gemütlichen Aufstieg auf 640 Meter am markanten Gåldahaugen vorbei bleibt die Baumgrenze rasch zurück. Der Wanderweg biegt nun genau nach Westen und führt immer am Hang und der norwegisch-schwedischen Grenze entlang in das Stordal hinein. Direkt im Blick ragt der spitze PARAS auf, dem besonders finnische Gipfelstürmer gern einen Besuch abstatten.

Die Querung der breiten und tief eingeschnittenen Bachläufe – wie beim Övre Skaerdalen – bereitet selbst nach schneereichen Wintern keine Probleme. Nach dem Schwenk am Kappåive entlang ins Skjaerdal erscheinen schon die Gappohütten im Blickfeld.

Das letzte kleine Hindernis bildet der Gappujåkka, der sich sein Bett tief in die Felsen eingeschnitten hat.

Achtung: Trinkwasser darf nur aus diesem weit unterhalb der Hütten fließenden Bach geschöpft werden. Der kleine See direkt neben der Hütte gilt, da ohne Zu- und Abfluss, als verunreinigt.

■ **GAPPO** (DNT), 706 m, 20 Betten.

Fortsetzung Sommervariante:
Treriksröysa – Gappo – Rosta
GAPPO – ROSTA
Länge: 19 Kilometer,
Dauer: 6 Stunden,
Wegmarkierungen:
nur für den Sommer.

Diese Tagesetappe beschert einen Höhepunkt im wahrsten Sinne des Wortes – die Durchquerung des ISDALS, eines Hochgebirgstals von majestätischer Schönheit.

Doch bis dorthin dauert es: Zunächst steigt der Weg weiter bergan, bis auf einen kleinen Sattel von etwa 800 Höhenmetern. Dort kreuzt er die schwedische Staatsgrenze, doch noch vor dem Isdalpass geht es schon wieder zurück nach Norwegen. Bei schönem Wetter ist der nun folgende Blick auf die spiegelnde Wasserfläche des Njärrejaure überwältigend. Oft weiden auch Rentierherden am See. Die Route führt an ihm vorbei und immer entlang des gemächlich entgegenfließenden Stromes, der aus dem Isdal herabplätschert. Seine Querung nach etwa zwei Kilometern erfolgt an einer seichten Stelle.

Sanft, aber stetig geht es nun bergauf, das mächtige Massiv des ISDALSFJELLA immer im Blick. Und schließlich taucht auch der imposante GLETSCHER westlich im Blick auf, der bis in einen großen See hineinragt. 1.000 Höhenmeter – in diesen polaren Breiten bedeutet das, dass selbst im Hochsommer die Seen größtenteils vereist bleiben: ein majestätischer Anblick, der die Wildheit der Landschaft vor Augen führt.

Kein Krüppelgewächs, ja sogar kaum Moose wachsen hier mehr. Über Geröllhalden stolpert man weiter südwärts durch das Isdal. Plötzlich, wie an einer Kante abgeschnitten, bricht dieses Hochtal ab und öffnet den Blick auf das Rostadal. Ein kurzer, heftiger Abstieg über Geröllfelder führt nach unten, vorbei an Wasserfällen, die sich rauschend in den Iselva ergießen.

Mit Blick auf das gewaltige Måsko-Massiv linker Hand geht es immer tiefer in das Tal des »Eisflusses« hinab, den man kurz darauf an einer flachen, doch mitunter reißenden Furt durchwatet. Während der Iselva rauschend weiter nach unten stürzt, hält sich der Weg etwa 500 Meter oberhalb und leitet nun am Hang entlang westwärts ins Rostadal hinein.

■ **ROSTA** (DNT), 460 m, 20 Betten.

4.TAG: ROSTA – DAERTA

Länge: 18 Kilometer,
Dauer: 6 Stunden,
Wegmarkierungen:
nur für den Sommer.

Kleinen Leuten verlangt die Brücke über den Rostaelva einiges ab, denn auf der gegenüberliegenden Seite muss man mit einem gewaltigen Sprung das Ufer erreichen.

Der Grund: Die abtauenden Eisplatten des Rostaelva würden sonst im Frühjahr stets die Brücke mit sich reißen. Im Winter sollte man die Eisdecke des Flusses sorgfältig prüfen, denn die ist wegen der starken Strömung nicht an jeder Stelle sicher.

Nun gilt es, die Markierung genau im Auge zu behalten: Durch das Weidengeflecht ziehen mehrere Rentierpfade, die leicht auf die falsche Spur führen können. Zwischen dem Lågligga zur Rechten und dem Aslakvarri zur Linken folge ich der Markierung an einigen kleinen Seen vorbei – gute Zeltplätze! – geradewegs zum Gassevagge-Plateau hinauf.

Obwohl noch nicht am Gipfel, lohnt sich bereits hier ein Blick zurück, der vom Isdal über das MÅSKA-Massiv hinweg bis hinüber zur schwedischen Grenze reicht. An den im Hochsommer Mückenverseuchten Seen vorbei muss ich noch einmal ganz ins Gassevaggi-Tal hinab, um dann stramm auf das Hochplateau des BUOSSIR emporzusteigen.

Auf über 1.000 Meter Meereshöhe wandere ich mit grandioser Fernsicht in alle Richtungen über wackelige Geröllfelder und betrete am höchsten Punkt den ØVRE DIVIDAL NATIONALPARK. Ein Kilometer weiter folgt ein Abstieg, der im Winter sogar gute Skifahrer vor Probleme stellt und unterstreicht, dass man diese Route nur im Sommer wählen sollte – selbst jetzt muss ich noch konzentriert laufen, um beim Herabklettern über wackelige Geröllplatten nicht den Halt zu verlieren – ein beachtliches Gefälle von 120 Höhenmetern auf 300 Meter Längendistanz ist zu bewältigen.

Am Boden des Sackgassen-Tals angelangt, muss ich noch zwei Kilometer dem Bach folgen, um die einladend am Talausgang wartenden Daertahütten zu erreichen. Ich entscheide mich, das Spielchen der Wegmarkierung nicht mitzumachen und mehrmals über den Bach zu wechseln. Stur am Ostufer gelange ich geradewegs zur älteren und charmanteren Südhütte. Die Nordhütte allerdings liegt am anderen Ufer des Baches.

■ **DAERTA** (DNT), 730 m, 20 Betten.

Alternativroute im Winter: Kilpisjärvi – Treriksröysa – Gålda – Gappo – Pältsa – Stor-Rosta – Daerta

KILPISJÄRVI – GÅLDA

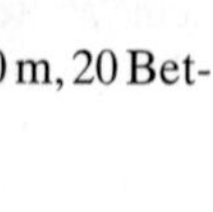

Länge: 13 Kilometer, Dauer: 4 Stunden, keine Wegmarkierung vorhanden.

Der lange Marsch über das Eis des Kilpis-Sees gestattet einen geruhsamen und ebenen Tourenstart, bei dem man sich gut an die Ski und das Rucksackgewicht gewöhnen kann. Meist findet man sogar eine mit Zweigen gesteckte Markierung vor, die vom Wanderercentrum bis in die Koltaluokta-Bucht am Ostende leitet. Auch wenn man keine weiteren Scooter- oder Skispuren der zahlreichen Tagesausflügler vorfindet, trifft man im licht bewaldeten Tal problemlos nach zwei Kilometern auf die finnische Rasthütte. Von dort leuchtet schon der gelbe Grenzstein durch die Birken. Weiter auf dem Gåldajavri ostwärts sieht man zwei Kilometer später die Gåldahütte auf einem Hügel thronen. Vom See aus und ohne die dicht belaubten Birken findet man diese Hütte wesentlich leichter als im Sommer.

Fortsetzung Wintervariante:
Kilpisjärvi – Treriksröysa – Gålda – Gappo – Pältsa – Stor-Rosta – Daerta
GÅLDA – GAPPO
Länge: 10 Kilometer,
Dauer: 4 Stunden,
keine Wegmarkierung oder sommermarkiert.

Mühsam werden die einleitenden 500 Meter des Anstiegs auf den Gåldahaugen, sofern man selbst durch den tiefen, weichen Schnee im Wald spuren muss. Je nach Schneelage mag es besser sein, genau auf Osten zuzuhalten, da man dort weitgehend nur durch leichte Bewaldung läuft. Nach dem Überwinden des tief eingeschnittenen Bachbetts beim Gåldavuobmi steigt man unterhalb des Gåldahaugen schräg zum Hang auf und erreicht noch vor dem 668 m hohen Nachbar-Berg wieder den Sommerweg.

Fortsetzung Wintervariante:
Kilpisjärvi – Treriksröysa – Gålda – Gappo – Pältsa – Stor-Rosta – Daerta
GAPPO – PÄLTSA
Länge: 11 Kilometer,
Dauer: 3 Stunden,
Wegmarkierungen: nur für den Winter.

Auf der Alternative via Gappohütte muss man im Vergleich zur Direktroute (Beschreibung siehe Sommervariante) mit wesentlich geringeren Steigungen kämpfen. Danach sollte man aber im Winter nicht durch das meist sturmdurchtoste Isdal klettern, sondern gemütlich über das Eis des Kappåijaure Richtung Südsüdost die Pältsahütten ansteuern.

Der einfache Gang durch das Gebirgstal verfügt über eine Wintermarkierung und bietet zudem reizvolle Ausblicke auf die westlich liegenden Gebirgsmassive des Pältsa und Måskokaise. Allerdings kostet dieser Abstecher (bei Übernachtung in der Gappohütte) einen Tag mehr Zeit als der direkte Weg ins Pältsa-Tal.

■ **PÄLTSA** (STF), 590 m, 30 Betten, Sauna.

Fortsetzung Wintervariante:
Kilpisjärvi – Treriksröysa – Gålda – Gappo – Pältsa – Stor-Rosta – Daerta
PÄLTSA – STOR-ROSTA
Länge: 20 Kilometer,
Dauer: 7 Stunden,
keine Wegmarkierung vorhanden.

Achtung: Im Winter nutzen die Schweden das fünf Kilometer südlich der Pältsahütte beginnende Gebiet als Testgebiet für Raketenabschüsse. Die folgende Wegbeschreibung führt zwar nicht durch dieses Areal, doch es empfiehlt sich trotzdem, das Hinweisschild neben der Pältsahütte zu studieren. Dort findet man die Jahreszeiten mit den meisten Raketenabschüssen und eine Telefonnummer, unter der man nähere Auskünfte erfragen kann.

Die ersten Meter zur Stor-Rostahütte sind noch identisch mit dem weiter oben beschriebenen Nordkalottleden: an der Flanke des Måskanvarri in das Tal des Rosta hinein bis zum Ostzipfel des Mås'kanjav'ri. Dann jedoch ist ein harter Schwenk nach Süden nötig, um nach zwei Kilometern zum Knie des Rostaelva zu gelangen.

Genau an diesem Knie, mit dem der südwärts fließende Rostaelva um 90 Grad nach Westen abknickt, steht ein aus blanken Steinen aufgeschichteter Windschutz für zwei Personen. Sogar ein uralter Ofen ist vorhanden, aber kein Brennholz. Man muss allerdings selbst im Sommer ganz genau hinschauen, um diesen Notunterschlupf inmitten der kargen Steinlandschaft zu erkennen. Im Winter wird es noch schwieriger, da er oft halb eingeschneit ist. Immerhin: ein gammeliger Schlafsack, Notproviant in einer Tüte und ein wenig Birkenrinde können im Notfall Menschenleben retten.

Die weitere Strecke bis zur Stor-Rostahütte ist nur ein gemütlicher Spaziergang: Im Tal östlich des Flussbettes sanft bergan steigend erreicht man nach acht Kilometern den weit gestreckten RÅSTAJAV'RI, der bis weit über die Grenze nach Schweden reicht. Idyllisch am Nordostufer gelegen, wartet die kleine, urgemütliche Hütte, allerdings mit nur vier Betten.

Im Sommer lagern hier oft schwedische Angler, die sich mit einem Wasserflugzeug bis zum Fischercamp Baikkasnjárga fliegen lassen und dann die 15 Kilometer bis zur Hütte laufen. Im Frühwinter hat man diese schnuckelige Unterkunft meist für sich allein. Besonders um Ostern pilgern dann wieder zahlreiche Eisfischer zum Råstajav'ri.

■ **STOR-ROSTAHÜTTE** (Statskog), 680 m, 4 Betten

Fortsetzung Wintervariante:
Kilpisjärvi – Treriksröysa – Gålda – Gappo – Pältsa – Stor-Rosta – Daerta

STOR-ROSTA – DAERTA

Länge: 12 Kilometer,
Dauer: 4 Stunden,
keine Wegmarkierung vorhanden.

Im Sommer müsste man mühsam zwei Kilometer den Weg des Vortages zurückmarschieren, um eine gute Watstelle hinüber zur Westseite des Rosta-Flusses zu finden.

Lassen Sie sich genügend Zeit zum Suchen nach einer geeigneten Stelle, denn sonst sind nasse Hosen vorprogrammiert. Die Stelle auf der Höhe des Kartengitters 7637 eignet sich nach meiner Erfahrung dafür am besten.

Im Winter lächelt man nur über derlei Schwierigkeiten: Auf dem Eis des Stor Rosta gleitet man zwei Kilometer südwärts und zweigt dann nach Westen in das Daerta-Tal ab. Die weitere Orientierung bereitet keine Probleme: Im Talboden gelangt man automatisch nach etwa neun Kilometern zu den Daertahütten. Die gefrorenen Seeflächen des Harveshiob'balat und des Harvesjav'ri – im Sommer erfolgversprechende Angelgewässer – erleichtern das zügige Vorankommen.

Wer diese Route allerdings im Sommer wandert, muss sich hier durch störrisches Weidengeflecht kämpfen und immer wieder kleinen Sumpfflächen ausweichen. Obwohl in der Karte ein kaum zu erahnender Wildwechselpfad am Südrand des Daertavaggi verzeichnet ist, empfehle ich, die Daertahütten am weglosen Nordufer anzusteuern. Man erspart sich dadurch zwei größere Flussquerungen, und auch das Weidengestrüpp ist hier nicht so verfilzt.

Besonders heftig setzen winterliche Schneestürme übrigens den exponiert gebauten Daertahütten und den weiter unten erwähnten Vuomahütten zu. Wie alle Berghütten sind auch sie samt der Klohäuschen mit dicken Stahlseilen an allen vier Ecken im Erdboden verankert. Zusätzlich hat man der südlichen der beiden Daertahütten etwas in den nordskandinavischen Bergen fast Einmaliges spendiert: ein Plumpsklo, das sich innerhalb der Hütte befindet.

Das typische »Outhouse« – ein kleines, oft weit abseits der Hütte stehendes Häuschen von nicht mal einem Quadratmeter Grundfläche – sucht man hier vergebens. Wer hier also ein dringendes Bedürfnis verspürt, muss im Winter nicht dick eingemummt durch meterhohe Schneewehen in die Eiseskälte hinausstapfen, sondern nur gemütlich zur rechts neben der Eingangstür gelegenen Toilette flanieren. Eine unbedeutende Kleinigkeit, die im Winter bisweilen Leben retten kann: Tatsächlich haben sich Wanderer schon beim Gang zum Klohäuschen im Schneesturm verirrt und sind, nur wenige Meter von der schützenden Hütte entfernt, jämmerlich erfroren.

Was sich eher wie ein Scherz anhört, sollte beherzigt werden: Sobald das Vuoma-Klohäuschen (oder ähnliche) bei Sturm nicht mehr von der Hütte aus sichtbar ist, spannt man vorsichtshalber eine Leine, an der entlang man sich zur wärmenden Hütte zurückhangeln kann. Eine etwa 20 m lange Reepschnur, die man auch zum Sichern beim Queren der Flüsse oder als Wäscheleine zum Trocknen der Kleidung nutzen kann, leistet dafür gute Dienste.

■ **DAERTA** (DNT), 730 m, 20 Betten.

Tipp: Aus der offiziellen Nordkalottroute sowie den beiden Sommer- und Wintervarianten kann man ausgezeichnet einen drei- bis zwölftägigen Rundweg zusammenstellen.

5. TAG: DAERTA – DIVIDAL

Länge: 25 Kilometer,
Dauer: 8 Stunden,
Wegmarkierungen: nur für den Sommer.

Wegen der langen Tagesetappe breche ich – zumindest für meine Verhältnisse – früh auf: um 9 Uhr. Von den in mancher Literatur genannten 30 Kilometern sollte man sich nicht abschrecken lassen. Es sind und bleiben »nur« gut 25 Kilometer. Dennoch wird dieser Tag anstrengend, worauf man sich einstellen sollte. Hinunter zur Talsohle und durch das seichte Flussbett führt die Markierung am Fuße des Harvesbak'ti entlang. Eine 3 km lange Passage durch Blockfelder fordert äußerste Konzentration.

Wer die knackige Tagesetappe halbieren und mit einer Zeltübernachtung am Skak'tarjåkka entschärfen will, kann mit einen Umweg von drei zusätzlichen Kilometern die Blockfelder umgehen. Von den Daertahütten führt ein sommermarkierter Weg westwärts zur Sami-Siedlung am Gaedjajav'ri. Inmitten des kleinen Dorfes steht auf einem kleinen Hügel am Abhang zum See eine Hütte, deren beheizbarer Eingang als Notraum dient. Obwohl das Holzhäuschen nicht gekennzeichnet ist, kann man es durch Ausprobieren leicht finden: Es ist die einzige unverschlossene Hütte der Siedlung.

Ein unmarkierter Trampelpfad (in der Turkart eingezeichnet) führt südöstlich durch die Furt beim Cievcasjav'ri und am Jalguhas entlang zum Hauptwanderweg zurück. Die Passage bis zum Sattel des Jalguhas zieht sich hin, trotz der bei klarem Wetter schier endlosen Sicht bis zu den Lyngen-Bergen. Dann aber, am Bumanns-Berg vorbei, ändert sich die Kulisse: Der markante stuor Nam'na taucht auf, und noch vor ihm die beiden kleinen Seen, deren sumpfige Furt ich nach einem kurzen und heftigen Abstieg passieren werde.

Nach einer beinahe halbkreisförmigen Umrundung des großen Nam'na an seinen karstigen Südhängen entlang leitet der Weg sanft zum weiten Skatar-Tal hinab. Hier – nach gut der Hälfte der heutigen Wegstrecke – empfiehlt sich eine Rast, wenn nicht gar eine Übernachtung auf den ebenen Grasflächen am Flussufer.

Ich entschließe mich nach einer Pause mit Tee und Rentierfleisch für das Weiterlaufen, obwohl mir die steilen Hänge des Jer'ta ein wenig den Mut rauben. Doch zunächst gilt es, den breiten Strom des Skak'tarjåkka zu überwinden. Es lohnt sich, je nach Jahreszeit oberhalb der Markierung nach einer besseren Watstelle zu suchen. Die flache Passage ist nicht schwer, doch langwierig – zehn Minuten benötige ich, um auf glitschigen Felsblöcken balancierend mit trockenen Füßen durch das Wasser zu stelzen.

Langsam und gemächlich keuche ich auf nur zwei Kilometern Wegstrecke 340 Höhenmeter nach oben. Doch es lohnt sich: Vom Sattel zwischen dem Jer'ta und seinem kleinen Bruder, dem Jer'taloabmi, öffnet sich der Blick weit nördlich ins Tal des KARASELVA hinein.

Das Schlimmste ist geschafft: Nur noch sanft bergan wandere ich weiter an den Hängen des litle Jer'ta, während sich nun wiederum Richtung Süden ein weiter Rundblick auftut: zunächst nur in die sumpfigen Grasflächen des Julusvag'gi hinein mit den hier oft weidenden Rentierherden, dann auch immer mehr Richtung Westen ins Dividal.

An der gut 900 m hohen Kante, ab der die Route nun wieder mit saftigem Gefälle nach unten kippt, erlebe ich den Aussichts-Höhepunkt der gesamten Etappe. Hoch über dem bewaldeten Dividal stehend – dem Herz des Nationalparks – reicht das Panorama kilometerweit ins westlich abzweigende ANJAVASSDAL hinein. Eigentlich mag ich mich nicht mehr lösen von diesem Anblick, doch ich kann schon die Dividalshütten erahnen an der Baumgrenze zwei Kilometer unter mir. Und ich sehne mich danach, die Füße hochzulegen nach dieser Mammutetappe.

Also los – noch ein letztes Mal für heute muss ich abwärts, diesmal 260 Meter. Teilweise auf sandigem Geröll rutsche ich nach unten und erreiche schnell die Baumgrenze. Aus dem beinah urwaldartigen Bewuchs, der fast das ganze Sonnenlicht schluckt, trete ich schließlich auf die Lichtung mit den beiden DNT-Hütten hinaus.

■ **DIVIDALSHÜTTE** (DNT), 640 m, 20 Betten.

6. TAG: DIVIDAL – VUOMA

Länge: 19 Kilometer,
Dauer: 6,5 Stunden,
Wegmarkierungen: nur für den Sommer.

Kurz nach den Hütten zweigt ein Weg nördlich ab, der gemächlich über die beiden Hütten Fossbua und Vetlenesbua bis nach Frihetsli zur Straße leitet: ein 13 km langer und bequemer Einsteig, den viele Norweger für einen Wochenendtrip ins Dividal nutzen. Ich aber will weiter zur Vuomahütte und spaziere durch Birken- und Kiefernwälder hinab zum Divielva.

Ab August kann man für gewöhnlich den Divielva ohne weiteres durchwaten und mit dem Pfad auf der anderen Seite bergauf wieder zur »offiziellen« Markierung zurückkehren. Ich entscheide mich für die andere Variante und folge dem Fluss eineinhalb Kilometer abwärts bis zur Hängebrücke. Wer schon eine regengeschützte Rast benötigt – einige hundert Meter weiter flussab käme nach der privaten Anjavasshütte die Ole-Nergård-Bua mit Platz für zwei bis drei Personen.

Nach der Brücke steil aus dem Flussbett heraus leitet die Nordkalottroute ins Anjavass-Tal hinein, wo kurz darauf auch der von der Watstelle kommende Pfad einmündet. Immer ein wenig auf und ab folgt nun eine recht sumpfige Wegstrecke am Anjavasselva entlang bis zur Stahlseil-Hängebrücke über Vuomajåkka.

Möglich wäre es, hier am Südosthang des Blåfjell entlang nach oben zu steigen und damit ein wenig abzukürzen. Man muss sich jedoch unbedingt möglichst weit oberhalb des Vuomajåkka halten, um den zahlreichen Teichen und Sumpfniederungen auf Höhenmeter 674 auszuweichen. Im Winter ist diese Alternative auf jeden Fall der weiteren Waldstrecke vorzuziehen; im Sommer dagegen bringt die unmarkierte Abkürzung keinen Zeitvorteil.

Langsam arbeite ich mich das nasse und sumpfige Anjavass-Tal hinauf, das immer mehr von seiner wilden Schönheit preisgibt: Die tief eingeschnittenen Canyons und die Wasserfälle bieten genug Material für ausgiebige Foto-Sessions. Zwischen dem Gai'bagai'si und dem Njunis hindurch kann ich sogar fast bis zur Mündung im vergletscherten Maddagai'si blicken.

Dort hinten endet auch die Grenze des Øvre Dividal Nationalparks, der noch bis 1751 Grenzgebiet ohne feste Staatszugehörigkeit war. Als die Bauern dann das Dividal als Jagd- und Fanggebiet nutzten, kam es zu ständigen Konflikten mit den samischen Nomaden. Die Sami unterlagen schließlich (wie so oft), doch die Ernennung zum Nationalpark schränkte die Jagdrechte stark ein, so dass die Rentiere auf ihre angestammten Weideflächen zurückkehrten.

Auch Wanderer profitieren von dieser Entscheidung, denn das Øvre Dividal stellt heute eine der ursprünglichsten und wildesten Regionen Norwegens dar: Von den urwüchsigen Wäldern bis hinauf zu den Gletscher-bedeckten Bergen findet man da noch Tierarten, die anderswo selten geworden oder gar ausgestorben sind: Elche, Luchse, Vielfraße, sogar Bären.

Am Nordwestende des scharfkantig abfallenden Blåfjell steigt der Weg mit einem Südknick an und führt auf die oft sehr windausgesetzte Hochebene des Vuomajav'ri hinauf. Die Bäume bleiben rasch zurück, und eine Stunde später stehe ich vor dem von Bergen eingerahmten, tiefblauen See. Die Hütten liegen einige Meter oberhalb in Ufernähe.

■ **VUOMAHÜTTE** (DNT), 720 m, 20 Betten.

Alternativroute im Winter: Daerta – Hav'gavoubmi – Vuoma

DAERTA – HAV'GAVOUBMI

Länge: 27 Kilometer, Dauer: 9,5 Stunden, keine Wegmarkierung vorhanden.

Wer nicht masochistisch veranlagt ist, sollte zumindest in den letzten Winterwochen eine Alternativroute wählen. Der Grund: die im Mai meist milde Witterung in den Dividal-Senken und die deftigen Steigungen hoch zum Jer'ta, hinunter ins Dividal und wieder hoch zum Vuoma-Plateau.

Ein Aspekt, den ich leider außer Acht ließ, als ich Ende Mai mit Skiern unterwegs war: Je tiefer ich bei frühlingswarmen Temperaturen in das bewaldete Dividal abstieg, desto pappiger und klebriger wurde der Schnee. Obgleich es bergab ging, musste ich meinem Husky immer wieder mit einem Seil helfen, die fest gefahrene Pulka aus den absinkenden Schneemulden zu wuchten.

Unten bei der Furt des Sommerwegs angekommen, suchte ich einen passierbaren Weg über das brüchige Eis des Flusses. Vorsichtig mit dem Skistock tastend, ging ich voran. Der Seitenarm, über den ich mich dem Hauptstrom näherte, hatte die Eisdecke aufgeweicht. Ich wusste, dass das Wasser dieses Nebenarms nur flach ist, und schritt beherzt voran. Und schon stand ich bis über die Knöchel im Fluss, das Wasser drang im Nu in meine Telemarkstiefel ein.

Beim großen Divielva musste ich vorsichtiger sein. Der Strom kann in diesem Talabschnitt ziemlich tief sein. Ohne Hast suchte ich mir eine der noch verbliebenen Schneebrücken aus und öffnete meine Rucksackgurte und Skibindungen, um mich im Notfall dieser hinderlichen Teile entledigen zu können. Es ging gut – noch bevor ich mein Herzklopfen richtig spürte, stand ich schon auf der anderen Seite des Flusses. Nun rief ich Filou, der bis jetzt hatte warten müssen. Gelassen trabte er mit seiner Pulka über die Schneebrücke.

Was danach folgte, übertraf meine schlimmsten Erwartungen: Beim Erklimmen des Hangs brach bei jedem meiner Schritte ein etwa acht Quadratmeter großes Schneebrett bis zu einem Meter nach unten weg und begrub meine Skier. Das Gewicht der Schneemassen war so gewaltig, dass ich ständig meine Bretter abschnallen musste, um sie mit den Händen wieder auszugraben. Auf diese Weise schafften Filou und ich gerade einmal 100 Meter in der Stunde anstatt der üblichen fünf Kilometer.

Acht Stunden waren wir nun unterwegs. Jetzt aber schnell raus aus dem Schneematsch des Anjavass-Tales und zurück in die Hochtäler. Denn je länger ich hier herumtrödeln würde, desto mehr würde der Schnee bei diesen warmen Temperaturen aufweichen. Filous Kondition war aufgebraucht – obwohl er sich mit aller Kraft nach vorn warf, schaffte er es nicht mehr, die Pulka aus den pappigen Schneemassen zu befreien. So musste ich immer zwei Meter vorangehen und ihn dann mühsam Ruck für Ruck mit einem Seil zu mir heranziehen.

Dieser ständige Gewaltakt forderte Tribut: Langsam, aber stetig lockerten sich die Schrauben meiner Skibindung, begannen bei Filous Geschirr die Nähte zu platzen. Als ich im Vuoma-Tal die Baumgrenze überschritt, war das Gröbste geschafft: Die eisig überfrorene Schneefläche hier oben ermöglichte wieder gemütliches Gleiten.

Also: Schon am stuor Nam'na hält man sich besser weiter südlich, und durch das hier weit geöffnete Skak'tardal hindurch gelangt man östlich des Jer'ta in ein Tal hinein, das im Vergleich zur Sommerroute geradezu paradiesisch sanft ansteigt: 100 Meter auf eine Weglänge von etwa sechs Kilometern!

Am Boessetjav'ri hat man dann zwei etwa gleich lange Alternativen zur Wahl: entweder ins Julusvag'gi westwärts hinein und dann in einem sanften Südbogen um den Julusvarri herum noch drei Kilometer zur Hav'gavuobmihütte.

Oder man hält sich östlich am Julusvarri vorbei und anschließend im Westbogen mit einer schrägen Hangabfahrt zur Hütte. (Im Julusvag'gi sind gute Zeltmöglichkeiten für die doch sehr lange Tagesetappe.) In beiden Fällen bildet der etwa bei 630 Höhenmetern einsetzende Waldstreifen das einzige Hindernis, das allerdings im Vergleich zur Route über die Dividalhütte kaum der Rede wert ist. Die genaue Position dieses Zwei-Bett-Hüttchens, in der eine überdimensionale Mausefalle an der Wand hängt, ist leicht zu finden: Oft erspäht man sie schon vom Hang aus. Falls nicht, so hilft der knapp oberhalb der Hav'gahütte verlaufende Rentierzaun. Da er eine Öffnung exakt an der Hütte hat, muss man ihm also nur – je nachdem, ob man ihn zu weit nördlich oder zu weit südöstlich erreicht – in der entsprechenden Richtung bis zum Gatter folgen.

■ **HAV'GAVOUBMI** (Statskog), 500 m, 2 Betten.

Wintervariante, Fortsetzung 1.a
HAV'GAVOUBMI – VUOMA
Länge: 23 Kilometer,
Dauer: 8 Stunden,
keine Wegmarkierung vorhanden.

Der große Vorteil dieser Route liegt auf der Hand: Das Dividal liegt hier noch 200 Meter höher als bei der Brücke des Sommerwegs. Da das Tal zudem wegen der breiten Öffnung sturmanfälliger ist, hält der Winter hier oben länger an als in den nördlichen Niederungen. Manchmal hat man Glück und findet die Spur eines Scooters oder eines Hundeschlittens durch das Dividal südwärts. Da dieses Tal noch zum Nationalpark gehört, darf eigentlich nur die Parkaufsicht einen Scooter benutzen – oder die Sami nach dem 1. Mai.

Doch auch ohne Trail bereitet die Orientierung hier noch keine Probleme: Immer im breiten und nur locker bewaldeten Talboden entlang, achtet man auf den Doarruvarri rechter Hand, hinter dem man (knapp zwei Kilometer nach der Nationalparkgrenze) westlich abzweigen muss. Hier trifft man ebenfalls manchmal auf eine Scooter- oder Hundegespannspur hoch zum Sami-Lager am Doarrejav'ri. Sanft ansteigend am Doarrejåkka lässt man die Koten und Hütten links liegen und sollte nicht versäumen, noch einmal in das weite Dividal zurückzublicken. Die gemütliche Route führt weiter über den Hel'vetjav'ri, und sobald man nach etwa zwei Kilometern an der Kante zum Vuoma-Tal steht, tauchen schon die Hütten im Blickfeld auf – ganz am Ende des Tals. Zum Vergleich: Manche Winterwanderer, die von der Dividalhütte aus der offiziellen Route folgten, waren 18 Stunden unterwegs!

■ **VUOMAHÜTTE** (DNT), 720 m, 20 Betten.

Wintervariante, Fortsetzung 1.b
HAV'GAVOUBMI – POLITIODDEN – ALTEVATN

Führt eine Scooterspur weiter südlich im Dividal entlang (ansonsten wäre die Orientierung sehr schwierig), ist eine weitere Route möglich: Der Spur über hügeliges Terrain folgend landet man gewöhnlich am Ostende des Altevatn und muss nun nur zwei Kilometer westlich auf dem Eis laufen, um unterhalb des unna Skoabmihas eine ehemalige Grenzschutzhütte am Ufer zu finden. Früher stand dieses Statskog-Hüttchen jedermann offen; heute muss man leider erst vor der Tour den Schlüssel organisieren. Ansprechpartner ist Inge Walør, Tel.: 0047 – 7718 4512. Ohne Scooterspur kann es jedoch mühsam sein, einen Weg durch das unübersichtliche Gelände und immer dichtere Geäst des Divielva-Oberlaufs zu suchen.

Mit einem Zelt im Rucksack kann man nun auf dem Altevatn zur gut 30 Kilometer entfernten Gaskashütte weiterlaufen oder über den Leinavatn und das Sami-Dorf Vuoskojaure direkt zum Torneträsk und Abisko abkürzen. Gerade in diesem bergigen, doch nicht zu steilen Gelände nördlich von Abisko bieten sich zahllose Wintertouren mit eigenen Routen an.

■ **POLITIODDEN**, 490 m.

7. TAG: VUOMA – GASKAS

Länge: 20 Kilometer,
Dauer: 6 Stunden,
Wegmarkierungen:
nur für den Sommer.

Zeitsprung: Es ist Anfang Februar, und die ersten zaghaften Sonnenstrahlen beenden das strenge Frost-Regiment der Polarnacht. Wieder einmal bin ich im Dividal unterwegs. Von der Vuomahütte bergan steigend auf der rechten Seite des Vuomajåkka, wandere ich auf den Gai'bagai'si zu. Die durch die tiefen Temperaturen fest gepresste Schneedecke ermöglicht mir schnelles Ski-Skaten im Hochtal des Vuomajåkka.

Von 10 bis 17 Uhr reicht die Helligkeit des Tages – genug, um bequem die nächste Hütte zu erreichen. Die flach stehende Sonne malt Pastellfarben auf die schneebedeckten Berge und wärmt noch kaum: Selbst mittags herrschen minus 30 Grad.

Die zahlreichen Seen linker Hand kann man jetzt nur erahnen. Auch ohne Wintermarkierung fällt die Orientierung hier oben – zumindest bei gutem Wetter – leicht: Westnordwestlich steigt das imposante Hochgebirgstal bis auf eine Höhe von etwa 950 Meter an. Der Pass ist erreicht, und von nun an muss ich nur noch dem tief eingeschnittenen Gaskasjåkka in einem weiten Südwest-Bogen um den Coal'bmoai'vi folgen. Doch Vorsicht bei schlechter Sicht: Dann haben selbst ortskundige Einheimische wegen der hohen Lage Respekt vor diesem Gebirgstal!

Man sollte darauf achten, sich immer einige Meter südlich von den gefährlich steilen Kanten des Flussbettes zu halten. Da der pulvrige Schnee nicht vereist ist, tauche ich nach einer herrlich sanften Abfahrt mit Blick auf den Gaskasvarri vor mir in die Baumgrenze ein. Durch Krüppelbirken folge ich weiter dem Flusslauf und sehe sogar ab und zu einen sommermarkierten Stein aus dem Schnee aufblitzen.

Kurz vor der Hütte muss ich noch durch das tiefe Bett des Gaskasjåkka: zuerst einige Meter steil hinunter und dann wieder auf der anderen Seite ebenso steil hinauf. Im Sommer hilft ein schmales Brückchen bei der Überquerung des Baches.

■ **GASKASHÜTTE** (DNT), 560 m, 10 Betten.

8.TAG: GASKAS – INNSET

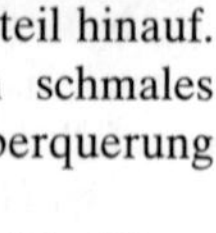

Länge: 15 Kilometer,
Dauer: 4,5 Stunden,
Wegmarkierungen:
nur für den Sommer.

Im Winter wird der weitere Weg zum Kinderspiel: Durch lichte Bewaldung geradewegs zum Altevatn hinunter skate ich auf die gegenüberliegende Uferseite, wo die zu ihren Ferienhütten fahrenden Norweger meist eine Scooterspur gelegt haben und das Eis sicherer ist.

Die 60 Höhenmeter abwärts reichten aus, um mein Thermometer bis an die Grenze der Skala zu kitzeln: Wie auch während der Polarnacht hält sich die kalte Luft zu dieser Jahreszeit noch unten in den Niederungen, so dass ich auf dem Altevatn-Eis bei frostigen 40 Minusgraden laufe. Erst im März beginnt sich dieses Verhältnis langsam umzukehren, wenn die Sonne Kraft genug hat, auch die Täler aufzuwärmen.

Bequem am Altevatn-Südufer entlang erreiche ich schon eine Stunde später den Staudamm am Westzipfel dieses riesigen Sees: Dort muss man aufpassen, denn am nördlichen Ende des Staudamms sorgt das unterirdisch abfließende Wasser dafür, dass das Eis an dieser Stelle nie ganz sicher ist. Also steige ich schon 300 Meter vor dem Damm das Nordufer des Sees hoch und laufe durch die zahlreichen Wochenendhäuschen.

Im Spätwinter sichert eine Absperrung das Eisloch. Dann führt eine Scooterloipe am Südende des Damms nach oben und weiter nach Innset – dies ist ebenfalls eine Variante, um dem Loch auszuweichen. Im Sommer dagegen kann der Abschnitt von der Gaskashütte bis zum Damm zur Quälerei werden: Die Hüttenbucheinträge zeichnen ein anschauliches Bild davon, dass der Weg unterhalb des Luodnavarri, je nach Saison und

Wasserstand, häufig sehr morastig wird. Im Großen und Ganzen ist er aber bequem mit Stegen ausgelegt und ab der Querung des Koievasselva frei von Hindernissen.

Manchmal wird die Brücke von der Schneeschmelze weggerissen. In diesem Fall findet man oberhalb – fast am Ausfluss aus dem Koievatn – gute Bedingungen zum Waten. Alternative: Einige Meter flussabwärts, wo der Fluss breiter und flacher wird, bin ich ebenfalls immer gut durch den Koievasselva gekommen.

Anschließend führt der Pfad zwei Kilometer gut sichtbar über baumlose Fjellhänge bis zum Ende der von Bardu / Setermoen kommenden Landstraße. Ihr folgend, erreicht man das Ende des Altevatn und nach drei weiteren Kilometern bergab die Siedlung Innset. Jetzt im Frühwinter kann ich mich noch an der rasanten Abfahrt freuen, da die Straße erst ab März geräumt und gestreut wird. Als ich in Innset an Bjørn Klauers Hof ankomme, vollführen die 45 Grönlandhunde ein Höllenspektakel. Kein Wunder – die letzten vier Monate trainierte ich hier Bjørns Hunde für die beginnende Tourensaison. Wegen einer einmonatigen Mammutfahrt durch mehrere Nationalparks (siehe die Literaturliste) war es wichtig, seinen Hunden eine gute Kondition zu verpassen.

Dieses ständige Draußensein bei jeder Witterung und Bjørns Tipps halfen mir, mich langsam in den nordischen Winter einzugewöhnen und Risiken wie Möglichkeiten richtig einzuschätzen.

Bjørn ist ursprünglich Deutscher, doch er lebt seit zehn Jahren in Norwegen und bietet geführte Hundeschlittentouren für Touristen an. Ebenso finden Wanderer in seinen Hütten ganzjährig ein Bett und eine warme Dusche. Zudem kann man bei Bjørn tageweise einen Husky mieten – wahlweise mit Pulka im Winter oder mit Packtasche im Sommer. Die für ihren Job trainierten Hunde können dem Wanderer bei schwerem Gepäck enorm helfen (siehe unter »Lastenhund und Gespann«). Bjørn Klauer hilft bei der Einweisung und verkauft das benötigte Hundefutter.

Ansonsten hoffe ich hier ein für allemal das Missverständnis ausräumen zu können, dass man in Innset Cafés und einen Kiosk findet. Selbst in neuer Literatur wird das immer wieder behauptet. Die Autoren scheinen lange nicht mehr bzw. nie in Innset gewesen zu sein, denn jener Kiosk ist seit vielen Jahren geschlossen. Tatsächlich gibt es in Innset ein »Villmarkssenter« mit Hüttenvermietung, doch das hat nur unregelmäßig und daher unvorhersehbar geöffnet.

■ **BJØRN KLAUER** (private Hütten), 300 m, ca. 22 Betten, Sauna.

9. TAG: INNSET – LAPPJORD

Länge: 25 Kilometer,
Dauer: 8 Stunden,
Wegmarkierungen:
nur für den Sommer.

Geübte Winterwanderer können von der Gaskashütte gleich zur Lappjordhütte weiterwandern und damit den Schlenker über Innset auslassen. Das spart immerhin sechs Kilometer Wegstrecke.

Am Südende des Staudamms steige ich in südwestlicher Richtung die Hänge des Salvasskardfjell empor und schwenke genau südlich ins Tal Salvasskardet ein. Oberhalb des Flusses führt der Weg bis zum Talende auf 950 Meter. Den Sattel bildet das lang gezogene Lai'revag'gi, in dem ich das Samilager am Vannskillet (der Wasserscheide) passiere. Mit den vergletscherten Hängen am Ruov'doaivit rechter Hand fahre ich ins Rik'sujåkka-Tal ab, um bei 800 Höhenmetern auf die Westseite zu wechseln. Im Sommer hilft hier eine Brücke. Wem die Tagesetappe zu lang wird, findet hier – kurz vor der Brücke und noch im Schutz der Berge – oder kurz vor dem Sami-Lager geeignete Zeltplätze.

Nach dem Pass zwischen dem mächtigen Cap'pesbak'ti und dem 200 Meter niedrigeren Ganesbak'ti hindurch folgt eine alpine Abfahrt. Eine Serpentine, die beim Sommerweg einen Westschlenker ins Sørdal hinein vollführt und dann wieder südlich zum Torneträsk zurückkehrt, entschärft die Steigung ein wenig. Dennoch muss ich mich als nur mittelmäßiger Skifahrer quälen, um den steinigen Steilhang mit den vielen Spitzkehren zu meistern. Wegen des kniffligen, unübersichtlichen Geländes komme ich außerdem nicht umhin, der steilen Sommermarkierung zu folgen. Als krüppeliger Baumbewuchs einsetzt, tauchen dann die Hütten endlich im Blickfeld auf.

Falls der Schnee im Baumgürtel am Altevatn nicht zu weich ist, bietet sich im Winter die Route über das Krokdal als reizvolle und bisweilen schnellere Alternative an: Geradewegs über den See hinweg hält man auf den Einschnitt des Krokdal zu. Sobald man die etwa 120 Höhenmeter durch den Wald überwunden hat, hat man ein leichtes Spiel: Zunächst noch kräftig, dann nur noch sanft bergan läuft man durch die gewaltige Hochebene des Salvasvag'gi mit dem steil aufragenden Skaddjoaivit linker Hand. Kurz vor dem Sami-Lager am Pass mündet die Route dann in den sommermarkierten Weg ein.

■ **LAPPJORDHÜTTE** (DNT), 540 m, 14 Betten.

10. TAG: LAPPJORD – ABISKO

Länge: 9 Kilometer,
Dauer: 5 Stunden,
Wegmarkierungen: nur für den Sommer.

Nach einem Kilometer am Grensevatnan vorbei erreiche ich schon die Grenze nach Schweden. Doch das hügelige und dicht baumbestandene Gelände erschwert das Vorankommen im Winter: Nach vielen Stürzen habe ich eineinhalb Stunden später endlich die Bucht Pålnoluokta erreicht. Während der Sommerweg auf die Westseite des Pålnovarasj führt, empfiehlt es sich im Winter, östlich zu bleiben und nach dem Grenzdreieck am Rentierzaun entlang abzufahren. Denn hier findet man immerhin einen etwa 2 m breiten, gerodeten Streifen vor.

Nach der heimeligen Lappjordhütte stellt sich die schwedische Pålnohütte als eine herbe Enttäuschung heraus. Dreckig, heruntergekommen und ungemütlich steht sie direkt am Ufer im Wald. Doch es ist glücklicherweise eh noch zu früh für eine Übernachtung!

Die verbleibenden zehn Kilometer nach Björkliden – in Tornehamn halten leider nicht alle Züge – lege ich schnell, doch eher gelangweilt auf dem Eis des Torneträsk in Ufernähe zurück. Der Blick auf die gewaltigen Berge rund um Abisko und auf die »Lappenpforte« entschädigt für die öde zu gehende Strecke über das Eis.

Im Sommer existiert eine Bootsverbindung zur Abisko Fjällstation. (Vorher sollte man sich dort nach den wechselnden Fahrzeiten erkundigen!) Der Bootstransfer ist eine Empfehlung wert, da der restliche Wanderweg nach sechs Kilometern durch leicht bewaldetes Hügelland an der Straße 98 endet. Die elf verbleibenden Kilometer bis Abisko muss man also leider auf einem parallel zur Straße verlaufenden Weg trotten. Alternativ kann man auch mit dem Bus oder der Bahn fahren. Beim Bus muss man nur den Daumen heraushalten; zur Bahnhaltestelle Tornehamn geht es einen Kilometer über die Straße hinweg und weiter geradeaus.

■ **PÅLNOHÜTTE** (STF), 350 m, 4 Betten.

■ **ABISKO-FJÄLLSTATION** (STF), 370 m, 300 Betten.

ALTERNATIVROUTEN IM WINTER UND SOMMER

Das fehlende Wegstück nach Abisko sowie der zur Hochsaison überlaufene Kungsleden ändern meine Pläne, so dass ich, jetzt im Winter, Katterjåk nahe an der schwedisch-norwegischen Grenzstation ansteuere. Zunächst Richtung Westen halte ich auf den Kuokkel zu, dann knapp oberhalb der Baumgrenze an dessen Nordhang auf den überfrorenen Vuolip Njuorajávri. Um über diesen hinweg und am Rutströmselets Sami-Dorf vorbei meinen Weg durch das bewaldete Hügelgelände zu finden, ist ein gelegentlicher Blick auf den Kompass unvermeidlich.

Am Vássejávri, nahe der Straße, kann nichts mehr passieren, denn an dessen Ende erkennt man bereits die Hotels bei Lapplandia.

Zur Sommerzeit muss man diese Seen nördlich umlaufen und sich mühsam den Weg an der Baumgrenze des Njunjis und Vádvecohkka suchen. Man durchquert dabei den einsamen und pfadlosen Vadvetjåkka Nationalpark, um anschließend am Nordufer des Vuolip Njuorajávri entlang auf eine Brücke zuzuhalten. Diese überquert an einem Windschutz den Ausfluss aus dem Ostende des Bajip Njuorajávri. An dessen Südufer weiter muss man bis zum anderen Ende des Sees und stößt dort auf einen bequemen Spazierweg, der genau südlich nach Lapplandia führt.

Erst in der Landenge zur Halbinsel Kerikas und in der nordwestlichen Bucht der großen Viepmatluokta findet man schließlich wieder Notunterkünfte. Besonders die letzte – eine stabile Holzkote – liegt dermaßen malerisch zwischen einer Brücke und dem Ufer des Vássejávri, dass es schwer fällt, dort nicht zu nächtigen.

Sowohl das Sommer- wie auch Winterwegstück von Pålno hinüber nach Riksgränsen empfehle ich allerdings nur fortgeschrittenen Tourengängern. Im Winter ist die Orientierung nicht ganz einfach, und im Sommer kann die weglose Route sumpfig und dadurch sehr anstrengend sein.

AUSSTIEGSPUNKTE

■ **GAPPOHÜTTE:** Ein sommermarkierter Weg leitet südlich am Paras vorbei ins gut 10 Kilometer entfernte Rognli. Von dort führt eine Straße durchs Signaldal an die E 6.

■ **ROSTAHÜTTE:** Etwa zwölf Kilometer westlich liegt das über einen sommermarkierten Weg durch das Rostadal erreichbare Tverrelvmo. Von dort führt eine Straße über Øvergard und Skjold bis an die E 6.

■ **DAERTAHÜTTE:** Der Ausstieg von der Daertahütte zu Frihetsli im Dividal ist mühselig und mit insgesamt etwa 19 Kilometern auch recht lang: Ein sommermarkierter Weg führt durch das Daerta-Tal an der Sami-Siedlung Gaedjajav'ri vorbei geradewegs nach Westen. Nach dem breiten Karaselva folgt ein Anstieg aufs Stor-Fjellet hinauf, anschließend eine steile Wegstrecke am Bacheinschnitt des Kvernelva bergab ins mächtige Dividal hinein. Ist die Baumgrenze erst erreicht, verbleiben zwei Kilometer harter Abstieg bis zur Straße.

■ **DIVIDALHÜTTE:** Ein sommermarkierter Weg führt sanft bergab sechs Kilometer entlang des Divielvas direkt zur Siedlung Frihetsli. Wieviele Wanderer diese Zufahrt als Ein- oder Ausstieg für eine Tour in den Dividal Nationalpark nutzen, wird an den zahlreichen Schutzhütten deutlich: Die Vetlenesbua und die Fossbua liegen direkt am Wanderweg, die Ole-Nergård-Bua einen Kilometer abseits des Weges an der Mündung des Anjavass-Flusses.

■ **INNSET:** Da derzeit noch schulpflichtige Kinder in Innset leben, fährt während der Schulzeit täglich ein Schulbus die 35 Kilometer bis Bardu an der E6. Auch sonst findet man aber meist Gelegenheit, bei einem der dort lebenden Norweger im Auto bis zur nächsten Stadt mitzufahren.

3. Etappe: Riksgränsen/Katterjåkk – Vaisaluokta/Ritsem

IM ÜBERBLICK

■ **LÄNGE:** 12 Tage, rund 200 Kilometer.

■ **ÜBERNACHTUNG:** in Hütten und Zelt.

■ **PROFIL:** teils leichte, teils aber auch recht anspruchsvolle Wanderung durch baumloses Fjäll – lange Tagesetappen und zahlreiche Steigungen – trotz Nähe zum Kungsleden wesentlich einsamer und landschaftlich wilder.

■ **KARTEN:** Zu bevorzugen sind die schwedischen Fjällkarten:
– *Fjällkartan Abisko-Kebnekaise-Narvik BD6* (S)
– *Fjällkartan Sitasjaure BD7* (S)
Achtung: Stellenweise kursiert noch eine alte Ausgabe der identisch geschnittenen *Sitasjaure 29GH* (S), in der der Verlauf des Nordkalottleden noch nicht eingezeichnet ist!

Da man mit den beiden schwedischen Fjällkarten gut auskommt, gibt es keinen Grund, die zum Teil veralteten Kartenblätter aus der *Topografisk Hovedkartserie* des norwegischen *Statens Kartverk* zu kaufen. Sie sind zwar im Maßstab doppelt so ausführlich, berücksichtigen aber nicht alle Wanderwege und Hütten. Wer die sechs Blätter zusätzlich im Rucksack mitschleppen will, benötigt für das norwegische Gebiet folgende Ausgaben:
– *Bjørnfjell 1431 I* (N)
– *Skjomdalen, 1431 III* (N)
– *Narvik 1431 IV* (N)
– *Frostisen, 1331 II* (N)
– *Björntoppen, 2230 I* (N)
– *Hellemobotn, 1532 III* (N)

1. TAG: KATTERJÅKK – STUOR-KÄRPEL

Länge: 14 Kilometer,
Dauer: 4,5 Stunden bis Stuor-Kärpel,
Wintermarkierung.

Der Nordkalottleden verläuft hier eigentlich auf den Spuren des populären Kungsleden. Da ich diesen noch in ganzer Länge vorstelle, möchte ich hier eine landschaftlich wesentlich reizvollere und im Anschluss logischere Wegvariante vorstellen: eine etwa 15 Kilometer westlich vom »Königsweg« verlaufende Marschstrecke durch die Narvik-Berge, mit empfehlenswerten DNT-Hütten in Tagesabständen. Mag sein, dass die Routenplaner des Nordkalottleden diese ihnen sicher bekannte Variante nicht berücksichtigten, weil der gesamtskandinavische Wanderweg sonst zu »Norwegen-lastig« geworden wäre.

Wie dem auch sei: Es ist Mitte März, und während sich die Wanderer nun auf dem Kungsleden beinahe auf die Skier treten dürften, laufe ich hier hier im NARVIKFJELL weitgehend allein.

Da nicht jeder Zug auch an der Haltestelle Katterjåkk hält, musste ich notgedrungen zwei Kilometer weiter bis Riksgränsen mitfahren. Fluchend keuche ich durch das extrem hügelige Gelände wieder die soeben mit dem Zug gefahrene Strecke zurück. Auf dem Bahndamm oben wäre es eben, aber da traue ich mich trotz der Kenntnis der Fahrzeiten nicht hoch. Erleichtert atme ich auf, als ich eine Stunde später bei Katterjåkk endlich ins Tal einbiegen kann.

Abisko und Riksgränsen sind nicht nur bei Skiwanderern, sondern auch bei Abfahrtsläufern beliebte Ziele. So muss ich wohl oder übel an zwei Skiliften entlang im Tal des Gatterjohkka aufsteigen. Die Liftfahrt kommt nicht infrage, denn mit meinem Husky Filou, der unsere 25-Kilo-Pulka mit reichlich Proviant für die nächsten zwei Wochen zieht, könnte ich den Lift sowieso nicht benutzen.

Die letzten Tage hatte es viel geschneit, also kommen wir nur langsam voran. Ich muss durch 30 cm tiefen und lockeren Schnee spuren, damit Filou folgen kann. Während die Lifte weiter nach oben führen und die Spitze des Gatternjunnii erklimmen, quere ich das enge Flusstal und wechsle auf die Westseite. Nach weiteren zwei Kilometern stehe ich vor dem weitflächigen Gatterjávri und der leider privaten Katterjaurehütte. Wegen der ungünstigen Zugverbindung nach Riksgränsen bin ich erst spät nachmittags aufgebrochen, und so geht die Sonne bereits über dem Gatterjávri untergehen. Da es um diese Jahreszeit dennoch lange hell ist, muss ich mir wegen des Lichts keine Sorgen machen.

Auch ein norwegisches Pärchen mit zwei Hunden ist noch unterwegs. Als geübte Skiläufer überholen sie mich im Nu. Ich freue mich, denn nun kann ich komfortabel in ihrem Trail laufen. Quer über den Gatterjávri und ins Tal Dossagevággi hinein folge ich ihnen. Für knapp zwei Kilometer wechsle ich auf norwegischen Boden. Es wirkt paradox: Obwohl der Pfad nur wenige Meter westlich der Grenze verläuft, setzt die Wintermarkierung für dieses kurze Stück aus. Ob die Schweden hier auf fremdem Terrain nicht weitermarkieren wollten oder durften? Egal – im kleinen Tal südwärts kehre ich schnell wieder nach Schweden und seiner vorbildlichen Wintermarkierung zurück. Am Ostufer des seenartigen Flusses führt mich die Markierung ständig sanft bergan.

Am Tåssakenvarasj traue ich meinen Augen kaum: Aus dem Hoiganvággi linker Hand kommt eine Gestalt herunter: Elch, Rentier? Doch dann folgt noch eine, und noch eine. Am Ende stehen etwa hundert Gestalten vor mir: schwedische Soldaten, die hier ein MANÖVER abhalten. Mit Dieselgeknatter rasseln 20 Kettenpanzer aus dem Dossagevággi – meinem angepeilten Tal. Eine absurde Si-

Nordkalottleden

Riksgänsen – Ritsem

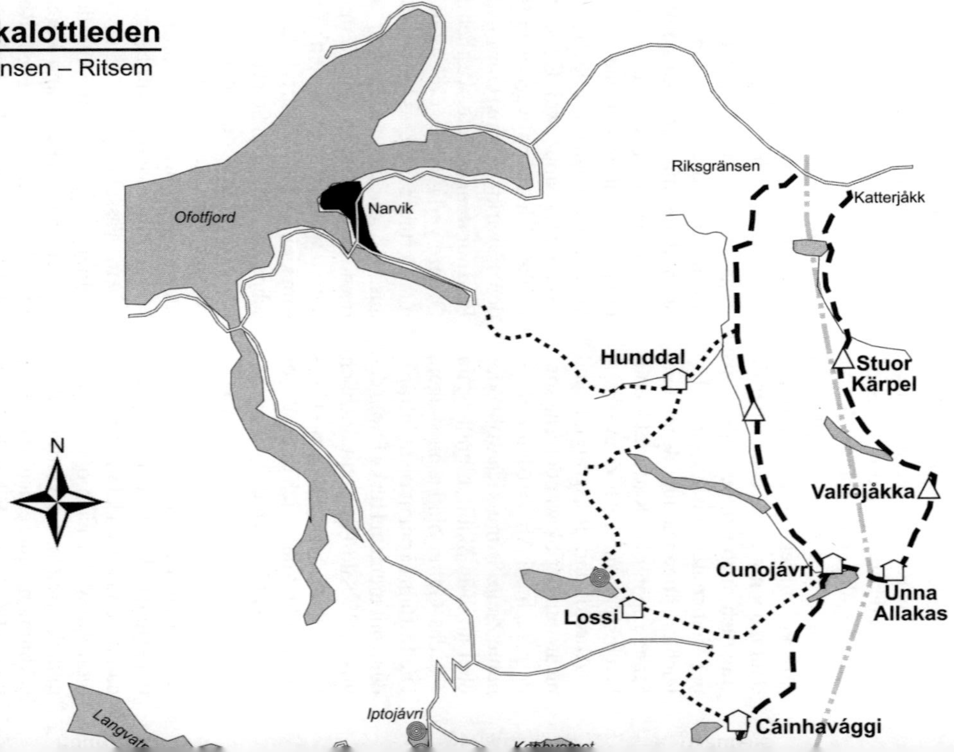

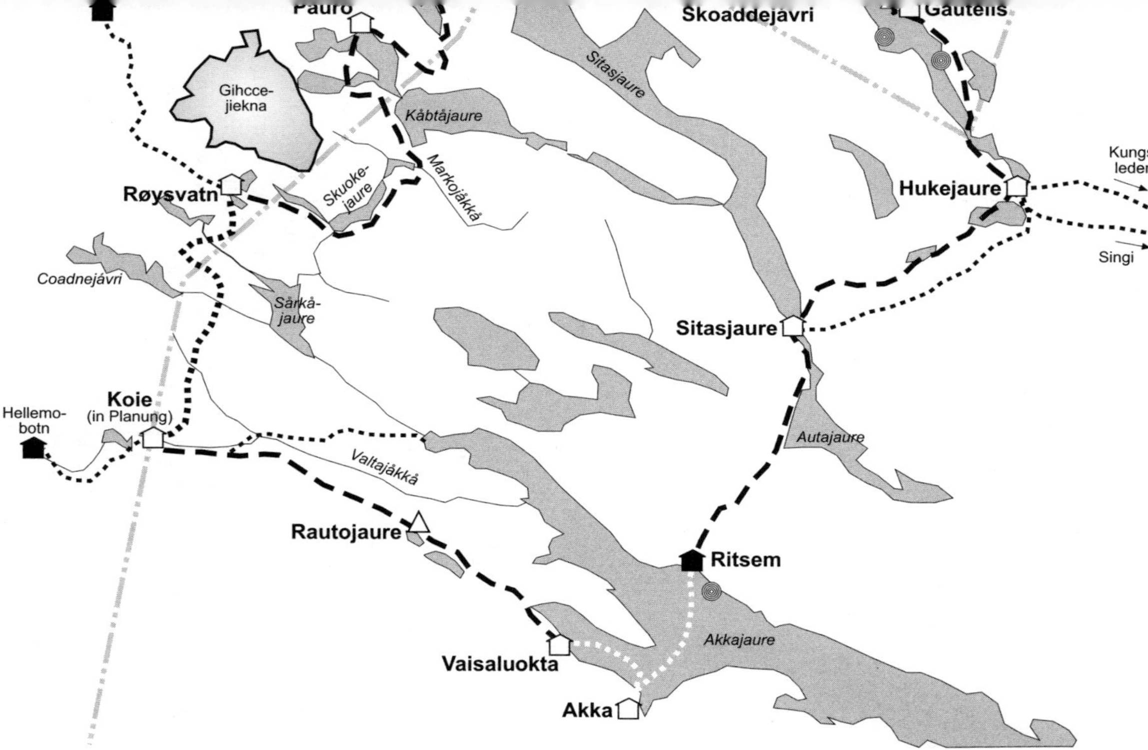
Skoaddejávri
Gihcce-
jiekna
Sitasjaure
Kåbtåjaure
Markojåkkå
Skuoke-
jaure
Røysvatn
Hukejaure
Kungs-
leden
Singi
Coadnejávri
Sårkå-
jaure
Sitasjaure
Koie
(in Planung)
Hellemo-
botn
Autajaure
Valtajåkkå
Rautojaure
Ritsem
Akkajaure
Vaisaluokta
Akka

tuation, wie im Film: Um zehn Uhr nachts, im einsam-wilden Narvikfjell, läuft eine Hundertschaft weiß getarnter Soldaten an mir vorbei und schmettert mir fröhlich ein hundertfaches »Hej« entgegen. Danach folgen etliche Panzer, die mit ihren Ketten zwei metertiefe Spuren in die Schneedecke fräsen. Beglückt bin ich nicht darüber, denn in dem engen Tal kann ich diesen gigantischen Kettenrillen bisweilen kaum ausweichen.

Zehn Minuten später stehe ich schon am Windschutz von Stuor-Kärpel. Eigentlich sind diese spitzgiebeligen Mini-Hüttchen nur im Notfall zum Übernachten vorgesehen. Doch was soll's? Es ist spät, und ich habe keine Lust, hier mein Zelt neben einer Notunterkunft aufzustellen, aus deren Kamin schon Rauch aufsteigt. Drinnen wärmen sich die beiden Norweger mit ihren Hunden sowie zwei deutsche Pfadfinder am Ofen. Alle machen uns bereitwillig Platz. So vollbringen wir das Kunststück, zu fünft mit drei Hunden in einer Zwei-Personen-Notunterkunft zu nächtigen.

2. TAG: STUOR-KÄRPEL – UNNA ALLAKAS – CUNOJAVRI

Länge: 18 km bis U.A., 22 km bis Cunojávri, Dauer: 6 bzw. 7 h, Wintermarkierung.

Am nächsten Morgen überzeugt mich winterliches Bilderbuchwetter früh aufzubrechen. Nach zwei Kilometern weiter ins Dossagevággi hinein habe ich das Gefühl, in eine Sackgasse geraten zu sein. Am Ende führt dann doch ein kurzer und heftiger Anstieg auf den 1000-Meter-Sattel hoch und auf der anderen Seite wieder zu den Valffujávrrit-Seen hinab. Um die drei möglichen Sommer-Watstellen – die südlichste ist die beste – brauche ich mich jetzt nicht zu kümmern, so dass ich schon eine Viertelstunde später den Valfojåkka-Rastschutz erreiche. Allein die Sonne hat den Innenraum durch das große Fenster so gut aufgeheizt, dass ich bei wohliger Wärme eine Suppe köcheln kann.

Nachdem ich den Aufstieg auf den Sjangeli hinter mich gebracht habe, kann ich mich auf eine lange Abwärtsstrecke freuen: zuerst gemütlich zum Skángalanjávri hinunter, an dessen Ostufer die Sami ein Lager errichtet haben. Die anschließende Abfahrt bewältigt weitere 200 Höhenmeter und führt rasant über eine kleine Schleife ins Ruovssuk-Tal zum Plateau des Unna Allakas hinab. Unten angekommen, erkenne ich abseits des Wegs das letzte Nachtlager der Soldaten: An zwanzig verschiedenen Stellen haben sie aus großen Schneequadern Schutzmauern errichtet sowie Schneehöhlen gegraben. Nach einem weiteren Kilometer erreiche ich dann die schwedische STF-Hütte.

Doch schon fast in Griffweite steht die kleine Hütte am Cunojávri. Die zwei Kilometer bis zum Grenzstein 263 und die zusätzlichen zwei über den See bis zur DNT-Hütte sind nur noch ein Katzensprung. Als ich dort eintreffe, transportieren gerade Scooter-Sanitäter eine Skiläuferin mit einem angeknacksten Knöchel auf ihrem Anhänger ab. Während ich nachts einen Fuchs um die Hütte schleichen sehe, beobachte ich die drohend aufziehenden Wolken.

■ **UNNA ALLAKAS** (STF), 720 m, 18 Betten.

■ **CUNOJAVRI** (DNT), 710 m, 13 Betten.

3. TAG: CUNOJAVRI – CAINHAVAGGI

Länge: 12 Kilometer,
Dauer: 3,5 Stunden,
Wegmarkierungen: nur für den Sommer.

Am nächsten Tag hat sich daraus ein ausgewachsener Schneesturm entwickelt. Mit mulmigem Gefühl beobachte ich, wie der Wind den dichten Schnee fast waagerecht durch die Luft treibt. Obwohl ich in der mit Drahtseilen verankerten Hütte nichts zu befürchten habe, schleicht sich angesichts dieser Gewalten und der Einsamkeit doch eine gewisse Unsicherheit ein.

Nach der Anfeuerphase mit Holz wird der Ofen weiter mit Kohle beheizt – wohl eine Besonderheit hier in den Narvik-Bergen. Wenn ich Kohlenvorrat aus dem 15 Meter entfernten Schuppen hole, muss ich meine volle Wandermontur anziehen und eine kurze Atempause des peitschenden Sturms abwarten, um »Peilung zu nehmen«. Denn schon kurz darauf sehe ich nichts mehr und stolpere nur noch in die weiße Wand in Richtung Kohlen-Häuschen. Die Sicherung durch eine Schnur bewährt sich.

Bei diesem Sauwetter habe ich genug Zeit, die in den Bücherregalen ausgelegte Geschichtsliteratur über die Berghütten zu studieren: Hier am Cunojávri stand schon in den Dreißiger Jahren eine häufig besuchte Hütte mit 30 Betten. Während des Zweiten Weltkriegs diente sie als wichtiger Stützpunkt für Flüchtlinge, die sich vor den Deutschen nach Schweden in Sicherheit brachten. Norwegische Nazi-Sympathisanten brannten sie deswegen nieder. Als man nach dem Krieg den Wiederaufbau beginnen wollte, startete ein kleines Wasserflugzeug mit Baumaterial für eine neue Hütte. Das konnte aber auf dem kleinen See nicht landen und setzte das Material dann einfach am Gautelis-See ab, wo daraufhin die Gautelishütte entstand. Den nächsten Versuch für einen Wiederaufbau begannen die Norweger im Winter mit einigen »Wieseln«, den Kettenpanzern der Armee. Dies glückte letztendlich, obwohl einer der Wiesel dabei durch das Eis brach und versank.

Am nächsten Morgen hat der Sturm seine Kraft zumindest so weit verbraucht, dass ich an Aufbruch denken kann. Von der Hütte aus kann ich schon den Einschnitt des Cáinhavággi erkennen. Das samische Wort Cáinhavággi bedeutet übrigens Specht-Tal (siehe auch »Samische Ortsnamen« im Kapitel »Auf nordischen Pfaden«); möglicherweise ist dieser Name ein Hinweis darauf, dass sich hier früher Wald erstreckte?

Bei immer noch stürmischem, doch wolkenzerfetztem Himmel halte ich direkt auf das Tal zu, da ich nicht die zwei Kilometer Sommer-Umweg zur Brücke hinunter mitmachen muss. Viel schneller als erwartet stehe ich nach einem Aufstieg entlang am Südosthang des Cáinhavarri vor den Hütten. Das frühe Eintreffen erweist sich als nicht zu unterschätzender Vorteil, denn nachmittags wird der Sturm ein weiteres Mal seine Muskeln spielen lassen.

Die traumhafte Lage der beiden Hütten kommt im Sommer besonders zur Geltung: Wie bei einem Wasserspiel fließen drei Seen in ein jeweils 100 Meter tiefer gelegenes Becken. Die Hütten haben sich malerisch am Abfluss des mittleren Gewässers postiert; die größere speist übrigens aus einer Solarzelle Strom für die elektrische Beleuchtung im Inneren.

■ **CAINHAVAGGI** (DNT), 1.000 m, 12 Betten.

SOMMERROUTE FÜR DEN AUFBRUCH VON KATTERAT:

Die Berge fallen steil ab zum Ofotfjord bei Narvik. Wer Hochgebirgspanoramen liebt sowie dafür selbst deftige Steigungen in Kauf nimmt, fährt also mit der Bahn Richtung Narvik und steigt in Katterat aus. Man läuft dann entweder gemächlich auf einem kleinen Sträßchen südlich ins Sørdal oder steigt stramm zum Hunddalstopp auf. Dort geht es mit gradiosem Blick auf einem Höhenrücken über den Langrygg und den Raudtind entlang, wo der Panoramaweg wieder in das Sträßchen mündet. Knappe zwei Kilometer weiter erreicht man die von mächtigen Berghängen umschlossene Hunddalhütte (14 Betten).

Der einfache Weg nach Cunojávri führt zunächst mit einem kleinen Nordschlenker um den Ristacohkka herum und dann weitgehend eben im reich bewässerten Oallavággi südwärts. Mehr Ausblick, aber auch deutlich mehr Kilometer garantiert die Route zum Sealggasjávri, die nach einer Hochgebirgsetappe an den Gletscherfeldern des Rienatcohkka entlang zum Lossivatn leitet. Am Südostzipfel des Sees steht eine DNT-Hütte mit 10 Betten.

Nur ein Stück hinunter geht es ins Norddal, dann zunächst auf einer Landstraße und später am sich verbreiternden Cunojohkka zur

Hütte ostwärts. Da dieser Abstecher zum Conojávri eigentlich abseits des Weges liegt, kann man am Ende der Straße beim See Vuostagorzi südlich ins Smailerienpas-Tal einsteigen. Dort, eingekeilt zwischen dem Cáinhavarri und dem vergletscherten Njuorjjovárri, leitet der sommermarkierte Stieg über einen 1.100 m hohen Pass direkt zur Cáinhavággihütte.

4. TAG: CAINHAVAGGI – GAUTELIS

Länge: 12 Kilometer,
Dauer: 4,5 Stunden,
Wegmarkierungen: nur für den Sommer.

Blauer Himmel – das Unwetter ist endgültig vorüber. Der Kessel-artige Aufstieg zum 90 Meter höheren und letzen der drei Cáinhavággi-Seen macht meinem Hund zu schaffen. Obwohl wir schon möglichst schräg in den Hang hineinlaufen, versinkt Filou im Neuschnee, der sich im Windschatten meterhoch angesammelt hat. Nach 20 Minuten gemeinsamen Wuchtens haben wir die Pulka auf den Pass gezerrt.

Zwei Kilometer wandern wir in der Talsenke entlang, bevor der Weg langsam wieder nach unten kippt. Hier kann man sich schon entscheiden, ob man geradewegs weiter zur Hütte am Skoaddejávri läuft oder der am Gautelis-See einen Besuch abstattet. Zwei Engländer, die mich mit freundlichem Gruß überholen, haben die erste Variante gewählt und peilen daher hier das Nordende des Gautelis-Sees an. Ich leiste mir aber den Luxus einer kurzen Tagesetappe und halte mich weiter östlich.

Die Entscheidung, jetzt im Winter der Sommerroute gefolgt zu sein, bereue ich schon bald. Zwei Stunden quäle ich mich mühsam durch das hügelige und verwirrende Oberland des Sees. Als Lohn für meine Mühe bei der Orientierung erreiche ich immerhin punktgenau die Hütte.

Alle, die es besser machen wollen, folgen dem Hochtal bis hinunter in die östlich ausladende Bucht des Gautelis-Sees und genießen dabei den Spaß der einfachen Abfahrt. Dann muss man nur noch dem Ufer gute drei Kilometer südwärts folgen.

Das Eis entlang dieser Route gilt zwar als sicher. Doch der Wasserpegel des aufgestauten und zur Stromgewinnung genutzten Gautelis-Sees schwankt stark. Das ist wohl der Grund, warum man bei zwei riskanten Flussmündungen aufpassen muss. (Ich habe diese Punkte sowie alle anderen durch die Nutzung der Wasserkraft bedingten Gefahrstellen in den Übersichtskarten markiert. Weitere aktuelle Informationen dazu liegen in den DNT-Hütten aus.)

In manchen älteren Karten findet man hier noch drei Seen und die Gautelishütte am Westufer postiert. Das dokumentiert die geografische Situation, wie sie ursprünglich bestand: »Gouaudelisjavrre« heißt übersetzt »der See zwischen zwei anderen Seen« (siehe auch »Samische Ortsnamen« im Kapitel »Auf nordischen Pfaden«). Als die Norweger das Seensystem zur Energiegewinnung aufstauten, entstand aus den drei Seen ein einziges großes Wasserreservoir.

Diese Entscheidung verfluchten nicht nur die Sami, sondern auch die Verantwortlichen für die Gautelishütte. Schon während eines Winters in den 50er Jahren verschwand die einst mit einem Wasserflugzeug aufwendig in die Berge transportierte Hütte (vergleiche den Abschnitt über Cunojávri oben) spurlos. Lediglich den gusseisernen Ofen fand man im Frühjahr einige hundert Meter entfernt auf dem Eis des Sees. Da die Stürme durch den Taleinschnitt bei der Hütte wie durch einen Windkanal fegten, hatten sie die Hütte einfach mit sich gerissen.

Etwas geschützter errichtete man die Unterkunft erneut – bis die drei Seen aufgestaut wurden und den zweiten Standort überschwemmten. Heute steht sie am gegenüberliegenden Ufer und damit wesentlich günstiger für Wanderer, die hier nach Schweden zum Kungsleden überwechseln oder die Tour beenden wollen.

■ **GAUTELIS** (DNT), 870 m, 20 Betten.

Alternativroute im Sommer: Ausstieg zum Kungsleden
GAUTELIS – HUKEJAURE
Länge: 14 bzw. 17 km,
Dauer: 4 Stunden,
Wegmarkierungen: nur für den Sommer.

Wie zu Beginn dieser Etappe erwähnt, verläuft der Nordkalottleden exakt auf dem Kungsleden. Im Tjäktjavagge verlässt er den Königsweg und schwenkt nach Hukejaure hinüber, dann weiter über den Gautelis-See und nach Skoaddejávri, wo er mit meiner weiteren Nordkalottleden-Beschreibung wieder zur Deckung kommt. Dieser Seitenweg kann anders herum auch als Ausstieg dienen: Hinüber zum Kungsleden und weiter nach Nikkaluokta benötigt man zwei bis vier Tage. Ebenso wäre der Rückweg auf dem Kungsleden nördlich bis nach Abisko/Riksgränsen denkbar – man hätte so eine schöne einwöchige Rundtour.

Dafür steigt man von der Gautelishütte wieder ein wenig ins Oberland zurück hinüber zum Vuolip Coarvejávri. Denn nur dort findet man eine Hängebrücke über den Zufluss zum Gautelis-See. Wieder zurück zum See, der hier den Namen Vanasjávri trägt, passiert man die Furt direkt beim Grenzstein »Ivarsten« 259. (Gegebenenfalls Watschuhe anziehen. Die Brücke war bei meinem Besuch zerstört und die Stangen der Wintermarkierung waren abgebaut.)

Markanter Grenzstein am Gautelis-See (oben); das Graben einer Schneehöhle erfordert eine Menge Zeit, selbst ohne militärische Präzision (s.S. 80). ▶

Wer keine nassen Füße bekommen will, kann auch umständlich den steigungsreichen Nord-Umweg hoch über den Vanas und den Huvki wählen. Die dazwischenliegende Furt des Gearbiljohka überspannt eine Brücke.

Alle anderen laufen bequem am sumpfigen, jedoch gut verstegten Südwestufer des Vanasjávri und Huvkijávri entlang. Erst wenige Meter vor der Hukejaurehütte taucht diese plötzlich hinter einem Hügel auf.

Im Winter läuft man einfach und komfortabel quer über den See. Vorsicht muss man nur bei zwei Flussmündungen walten lassen – der eine Fluss kommt westlich herunter vom Jorbesjávri, der andere vom Vuolip Coarvejávri oder unna Guoadelisjávri, wie er in den norwegischen Karten heißt. Beide Mündungen überfrieren im Winter nicht vollständig!

Vor der Hukejaurehütte staune ich: Wenn er zum Eisangeln geht, benutzt der Hüttenwart als Skier grobe Holzlatten mit einer selbst gebastelten Lederschlaufe als Bindung. Er wirkt scheu, doch freundlich mit seinem gefütterten Overall, dem langen Pferdeschwanz, einem Lappenmesser am Gürtel und den traditionellen Winterschuhen aus Rentierfell.

■ **HUKEJAURE** (STF) 870 m, 20 Betten.

Fortsetzung Sommervariante: Ausstieg zum Kungsleden
HUKEJAURE - SINGI
Länge: 23 Kilometer,
Dauer: 8 Stunden,
Wegmarkierungen:
nur für den Sommer.

Der »normale« Weg (16 km bis Kungsleden) schwenkt um den Huvkijávri herum und zweigt am Rentierzaun entlang ins Cuhcavaggi ostwärts ein. An den kargen Seeflächen des Baijmus Cuhcajávri vorbei führt der markierte Pfad immer tiefer ins Tal hinab, stets mit dem markanten Drakryggen jenseitig des Kungsleden im Blick. Obwohl die Markierung hier manchmal aussetzt, kann man nicht vom Weg abkommen.

Je nach Wasserstand kann eine Querung des Cuhca-Seen-Flusssystems ein oder drei Kilometer unterhalb der in der Karte eingezeichneten Stelle einfacher sein. Auch die »offizielle« Watstelle ist nicht so schwer, wie sie zunächst aussieht. Über saftige Wiesenhänge weiter hinab mündet der Pfad zwischen Sälka- und Singihütte auf den Königsweg (mehr darüber in der ersten Kungsleden-Etappe). Den breiten Tjäktjajåkka überspannt an dieser Stelle eine luxuriöse Hängebrücke.

Lust auf einen weit einsameren Höhenstieg? Dann folgt man ab Hukejaure der Sommermarkierung zum Kaisejaure hinunter und zweigt noch vor der Brücke über

Ráktasjohka östlich ab. An diesem entlang führt der Weg acht Kilometer lang aufwärts bis zur Abbruchkante am Matertjåkka.

Am Hang entlang wandert man in das Neasketvággi hinein und sieht schon die Singihütten vor sich liegen. Das Waten durch den Tjäktjajåkka funktioniert an dieser stark aufgefächerten Stelle recht gut, doch wozu? Denn auf der Höhe des Rentierzauns am anderen Ufer erwartet den Wanderer wieder eine Hängebrücke.

Bei gutem Wetter kann ich diese 20-Kilometer-Route übrigens auch Skiläufern nur ans Herz legen. Die steile Kante kann man mit einer Hangfahrt nämlich ohne weiteres entschärfen, wenn man den Matertjåkka ein wenig auf mögliche Lawinengefahr hin im Auge behält.

Alternativroute im Winter: Ausstieg nach Ritsem über Sitasjaure

HUKEJAURE – SITASJAURE

Länge: 18 Kilometer, Wegmarkierungen: für den Sommer und für den Winter.

Der Norkalottleden ab Gautelis südwärts hat es im Winter durchaus in sich mit seinen zahlreichen Steigungen, die die Wanderer mehrfach dazu zwingen, vom Sommerweg abzuweichen. Verständlich, dass manche hier ihre Wintertour lieber sanft ausklingen lassen wollen.

Gemütlich leitet für all jene eine Stangenmarkierung über den Kaisejaure durch vereinzelte Sami-Hütten am Gaiccajohka. Weiter über den Guojujávri hinweg und wieder durch eine Sami-Siedlung geht es in das Lithijohka hinab und in einer weiten Kurve zu den Sitasjaurehütten. Der Sommerweg hält sich stets ein bis zwei Kilometer weiter östlich in höheren Berglagen und passiert dabei einen etwa 930 m hohen Sattel am Tjuolak.

Ab dem Sami-Dorf am Guojujávri kann man sich aber ebenso im Winter auf dem Verlauf des gut mit Bohlen verstegten Sommerwegs halten. Denn diese zwar nur sommermarkierte, dafür jedoch einfach zu findende Abkürzung durch relativ ebenes Gelände verringert die Wegstrecke um immerhin drei Kilometer.

Nur das letzte Stück vom Ainavarto hinunter, das selbst schlechte Skiläufer ohne weiteres mit einigen Schrägfahrten meistern können, wird steil. Der Ausblick auf den Stausee Sitasjaure und die unschönen Strommasten raubt leider jegliche Illusion von unberührter Natur.

An der Hütte empfing mich übrigens der ehemalige Manager und Besitzer einer größeren schwedischen Hotelkette, der genug vom »Geldverdienen« hatte und nun als Hüttenwart sein Leben genießt.

■ **SITASJAURE** (STF), 610 m, 30 Betten.

Fortsetzung Wintervariante:
Ausstieg nach Ritsem
SITASJAURE – RITSEM
Länge: 20 Kilometer,
Dauer: 5 Stunden,
Wegmarkierungen:
Strommasten entlang der Straße.

An der Sitasjaurehütte herrscht meistens reger Betrieb. Zum Ersten liegt das an der Straße von Ritsem, die im Sommer viele Kurzwanderer und im Winter viele Scooterfahrer an den Sitas-See bringt. Und zum Zweiten kommen aus Norwegen gelegentliche Skiwanderer über den lang gestreckten See.

Eigentlich ist das ein recht bequemer Einstieg, denn auch bis zur norwegischen Sitashütte am anderen Ende des Sees führt eine Straße. Was im Sommer also furchtbar langweilig werden kann – ein 20-Kilometer-Marsch auf einer öden Bergstraße oder auf dem überwucherten Pfad knapp oberhalb der Straße – kann bei gutem Schnee *knallbra* (norwegisch für klasse) sein: Immer leicht bergab geht es dann auf einer durch Scooter gut präparierten Loipe.

Wenn der Hüttenwart gut aufgelegt ist, fährt er im Sommer die Wanderer mit seinem privaten Fahrzeug gegen ein geringes Entgeld nach Ritsem hinunter.

■ **RITSEM FJÄLLSTATION** (STF), 460 m, 40 Betten.

5. TAG:
GAUTELIS – SKOADDEJAVRI

Länge: 17 Kilometer,
Dauer: 4,5 Stunden,
Wegmarkierungen:
nur für den Sommer.

Jahreszeit: Ende Juli. Zum dritten Mal, und wieder zu einer anderen Jahreszeit, bin ich an den Gautelis-See zurückgekehrt. Um von der Gautelishütte ans Nordufer des Stausees zu gelangen, muss ich über die hundert Meter höher gelegene Landzunge hinübersteigen. Eine Mühe, die sich lohnt – trotz des Staudamms behauptet sich der GAUTELISVATN majestätisch inmitten scharfkantiger Berge.

Einen Vorteil für den Wanderer hat der Damm immerhin: Statt langwierig zu waten, kann man den abfließenden Nuorjjojohka ganz gemächlich auf dem Betonwall überschreiten. Hier endet die aus dem Skjomdal kommende Straße. Die folgenden drei Kilometer verlaufen also leider auf diesem Landsträßchen, zuerst am See entlang auf das Gautelifjell zu, dann mit einem 90°-Knick nach rechts.

Aufgepasst: Einen Kilometer nach dieser Kurve zweigt der Wanderweg nach Westen ab. Ich erreiche zunächst sanft bergan zum ebenfalls aufgestauten Kjörisvatn, dann steiler über gut begehbare Geröllfelder an einem namenlosen See auf 1032 Metern vorbei den 1.110 m hohen Pass. So karg sieht es hier oben in dieser zersplitterten

Steinlandschaft aus, dass das Klima sehr rau sein muss. Noch ein letzter Blick nordwärts zum Gautelisvatn und dem dahinter aufsteigenden Trehakfjell, dann steige ich am Juovvacorru-Hang nun wieder 100 Meter hinab zum Skoaddejávri oder Skåddåivejaure (wie er in den norwegischen Karten heißt).

Fast ein wenig versteckt stehen die beiden Hütten am Nordostufer. Als ich auf der Veranda der höher gelegenen Vier-Bett-Hütte sitzend den Sonnenuntergang beobachte, erreichen drei Norweger die größere Hütte. Sofort nach ihrer Ankunft hissen sie die norwegische Flagge am neben stehenden Fahnenmast.

■ **SKOADDEJAVRI** (DNT), 1.000 m, 14 Betten.

6. TAG: SKOADDEJAVRI – SITAS

Länge: 22 Kilometer,
Dauer: 6 Stunden,
Wegmarkierungen: nur für den Sommer.

Der karge Charakter einer Mondlandschaft bleibt weiter bestehen, als ich durch eine seichte Furt hindurch den Skoaddejávri hinter mir lasse. Auf dem hügeligen Hochplateau leitet mich die Markierung mit einigen Hundert Metern Abstand zur Grenze. Kurz nach dem Grenzstein 256 stehe ich an einer harten Abbruchkante. Obwohl der Blick über den demnächst zu umrundenden Muohkiris bis weit hinter zum Filtind reicht, bin ich skeptisch: Da soll ich hinunter? Doch was von oben als mörderischer Abstieg durch eine mit Felsblöcken gespickte Wand aussieht, bereitet keine Probleme. Geschickt jedes flache Stück und jede Kehre ausnutzend, leitet die Markierung sicher nach unten. Nur manchmal sind die Schritte abwärts so hoch, dass ich lieber meine Stöcke zu Hilfe nehme.

Auch wenn geübte Skifahrer diese Abfahrt schräg zum Hang meistern werden, sollte man im Winter eine andere Route wählen. Vom Skoaddejávri immer südwestlich gelangt man an einem weit harmloseren Hang hinunter zum Sitasjaure. Der auf einer Halbinsel gelegene Perka gibt die ungefähre Richtung vor.

Unten am See angekommen, läuft man am Ufer unter der Stromleitung entlang bis zur Einmündung in die Sommerroute. Achtung: Obwohl das Eis an dieser Stelle normalerweise sicher ist, muss man auf dem Sitasjaure auf der Hut sein, da er von den Schweden als Stausee genutzt wird. Lieber am Ufer halten! Notorisch unsichere Stellen sind in der Karte verzeichnet.

Wenn man mit kompetenten Norwegern Rücksprache über die Eisdicke gehalten hat, kann man die Sitashütte auslassen und vom Perka ab gleich westlich quer über den See zum Ruonasjávri hinüberlaufen. Von dort weiter an den Nordufern des Kåbtåjaure und Bovrojávri entlang gelangt man zur Paurohütte. Diese etwa 30 km lange Etappe verlangt aber den meisten Skiläufern wohl noch eine zusätzliche Nacht im Zelt ab.

Von der Paurohütte zurück zum Kåbtåjaure und weiter bis Røysvatn kann man sich grob am Verlauf des Sommerwegs (siehe unten) orientieren. Mit einem Unterschied: Natürlich läuft man auf dem dicken Eispanzer über die Seeflächen des Bovrojávri, Kåbtåjaure, Spadnejaure, Skuokejaure und Svartijaure. Nur die Zu- und Abflüsse bei Seensystemen, die hohes Gefälle überwinden, sollte man sicherheitshalber weiträumig meiden.

Unten im Tal angekommen, stoße ich auf eine ebenfalls aus dem Skjomdal abzweigende Bergstraße. Was nun folgt, wird eine arge Quälerei: dreizehn Kilometer ödes Latschen auf einer staubigen Straße, die noch zweimal kurz auf schwedisches Territorium führt. Zumindest im Sommer führt daran kein Weg vorbei, denn wegen der steilen Hänge rund um den Sitasjaure gibt es keine Ausweichmöglichkeit.

Jammerschade, dass die traumhafte Schönheit des Nordkalottleden durch diese Straßenpassage etwas gedämpft wird. Wer Glück hat, findet einen Autofahrer mit Herz für einen armen Wanderer. Doch spätestens sechs Kilometer weiter beim Kjårdavatn ist auch damit Schluss: Eine Schranke sperrt die Straße für weitere öffentliche Durchfahrt.

Die restliche Hälfte der Straßenstrecke ermöglicht zwar eine teils schöne Aussicht auf das Wanderterrain der bevorstehenden Tage, doch der um einige Meter abgesenkte Stausee stört die Naturidylle. Die Behaglichkeit der direkt an der Straße liegenden Sitashütten entschädigt im Gegenzug für diesen letzten Wegabschnitt.

■ **SITAS** (DNT), 620 m, 12 Betten.

7. TAG: SITAS – PAURO

Länge: 24 Kilometer,
Dauer: 7 Stunden,
Wegmarkierungen: nur für den Sommer.

Nach eineinhalb Kilometern kann ich der staubigen Straße entfliehen. Zunächst an einer Kraftwerksstation vorbei auf einem von Geländefahrzeugen malträtierten Weg steige ich in das Tal südlich des Filtind hinauf. Obwohl mich immer noch eine Stromleitung begleitet, wird es ab dem 820-Meter-See am Taleingang wieder wilder und abgeschieden.

Weiter im Einschnitt zwischen Filtind und Baugefjell steige ich über Geröllfelder bis auf 900 Höhenmeter. Dort, bevor es wieder hinab zur Senke des 802-Meter-Sees geht, schwenkt der Weg südwärts und lässt die Strommasten hinter sich. An der Kuppe des Baugefjells angelangt, lasse ich für die nächsten drei Tage endlich alle Spuren elektrischer Kraftgewinnung hinter mir. Ein letzter Blick zurück zu den Strommasten und zum ebenfalls abgesenkten Stausee Langvatn – dann geht's zum lang gestreckten Baugevatn hinab.

Schon jetzt versuche ich mich damit abzufinden, dass es die nächsten Tage durch kraftaubendes Gelände gehen wird: Immer quer zum Weg wechseln sich fjordartig eingefurchte Seen mit ausgedehnten Gebirgskämmen ab. Das wird mir mühsame Steigungen und kurvige Umwege bescheren, dafür aber auch einmalige Naturszenarien in Gletschernähe. Zum Beispiel wären es nur vier Kilometer Luftlinie zur Paurohütte, doch dazu müsste ich erst quer über den See Baugevatn schwimmen, um anschließend über den zu steilen und vergletscherten Geittind zu kraxeln.

Also auf zur etwa dreifach längeren Gehstrecke: erst am Ufer entlang bis zum Ende des Baugevatn und einem herrlichen Sandstrand, der mich trotz der Mücken zum Bad einlädt. Einige Meter weiter überspannt abenteuerlich auf vier Meter Höhe eine Hängebrücke den Fluss. Es schwankt schauerlich, und meinem die Leiter hoch getragenen Husky ist gar nicht wohl da oben. Doch eben nur bei derartiger Bauweise haben die Brücken überhaupt eine Chance, der Frühjahrsschmelze standzuhalten.

In der schwedischen Fjällkarte wechselt der Pfad erst an der Grenze über die Brücke – diese Information ist falsch. Überhaupt wird der aufmerksame Beobachter feststellen, dass sich der Wegverlauf an manchen Stellen nicht mit der Karte deckt.

Zunächst am Fluss entlang, dann mit einem steilen Anstieg über matschige Schneefelder umrunde ich die Nase des Paurofjells. Von 780 Meter auf 900 Meter leitet mich die Markierung. Bevor ich wieder zum 686 m hohen BOVROJAVRI absteige, überwältigt mich der Ausblick gen Süden: auf den Kåbtåjaure unter mir und hinüber auf das dominante MARKO-Massiv.

Nach drei Kilometern am Bovroufer entlang stehe ich endlich vor den noch recht neuen Hütten, die in der Bucht nahe einer weit in den See ragenden Halbinsel ein geschütztes Plätzchen gefunden haben. Abermals stimmt die Lage der Hütten in der Karte nicht mit der tatsächlichen Position überein.

Vom Fenster aus betrachte ich die Zungen des sechs Kilometer entfernten GIHCCEJIEKNA – eines Gletschers mit gewaltigen Ausmaßen, der mich morgen zu einem weiteren langen Umweg zwingen wird.

■ **PAURO** (DNT), 690 m, 16 Betten.

8. TAG: PAURO – RØYSVATN

Länge: 25 Kilometer,
Dauer: 8 Stunden,
Wegmarkierungen:
nur für den Sommer.

Dank der 700 Meter weit ins Wasser reichenden Landnase neben der Hütte muss ich den Bovrojávri nicht wieder komplett umrunden. Denn vom anderen Ufer ragt ebenfalls eine schmale und 500 m lange Halbinsel entgegen. Nur 15 Meter trennen diese beiden Nasen voneinander. Wieder überspannt eine Hängebrücke diese Distanz, die den letzen Winter allerdings nicht so gut überstanden hat: Eines der vier Stahlseile ist gerissen, so dass sich alle Planken zu einer Seite neigen. Eine große Eisscholle treibt langsam unter mir vorbei, als ich über die federnde Brücke wanke.

In Richtung des Gletschers sehe ich einen einsamen Kajakfahrer. In der Tat bietet diese über den Sitasjaure erreichbare Gewässerkette ideale Paddelmöglichkeiten, so dass ich schon jetzt beschließe, das Areal irgendwann mit dem Faltboot näher zu erkunden.

Wieder abweichend von der Karte führt der Weg geradewegs zwei Kilometer südlich über einen flachen Bergrücken zum nächsten See – wie auch zur nächsten abenteuerlich anmutenden Hängebrücke: Wild strömend entwässert hier der vom Gletscher flaschengrün gefärbte Noaidejávri in einen zwei Meter tieferen See und von dort 32 weitere Meter tiefer in den Lavzejávri, einem südlichen Ausläufer des Bovrojávri. Und der wiederum fällt kurz und heftig zum Kåbtåjaure ab, dem ich mich nun am Hang des Nåitetjåkkå entlang zuwende. Wirklich ein interessantes Paddelrevier!

Von der auf der Karte eingezeichneten Brücke finde ich lediglich noch die Fundamente. Schade, denn man könnte mit dieser Brücke den – wenn auch lohnenden – Schlenker über die Paurohütte auslassen. Die Markierung führt nun zum Grenzstein 252 hinauf und fällt danach wieder ab. Ich kann keinen anderen Grund entdecken als den, dass der Grenzstein Wanderern als zusätzlicher Peilungspunkt dienen soll.

Immer 200 Meter oberhalb des Kåbtåjaure wandere ich nun an beschaulichen Sandbuchten sowie prächtigen Zeltplätzen vorbei zu einer weit südlich ausladenden Bucht, an der eine verschlossene Hütte der Rentierzüchter steht. Nach einem kurzen, sanften Anstieg liegt der Spadnejaure vor mir, abermals mit ebenen Grasflächen zu einer Zeltnacht einladend. Der Weg passiert den See östlich mit einer Furt durch den Markojåkkå, der hier in ein weit aufgefächertes Delta mündet. Trotz der zahlreichen Seitenarme führt der Fluss reichlich Wasser und erfordert im Frühsommer viel Konzentration beim Waten.

Mit einem weiten Schwenk um den See weg steige ich nach dem Pass westlich des Spadnetjåkkåtjah 100 Meter stramm zum SKUOKEJAURE ab. Verzaubert liegt er in diesem lang gezogenen Talkessel, mit hellen Sandstränden, wie man sie eher in der Südsse erwarten würde. Fünf Kilometer bis ganz zum anderen Ende des Sees muss ich nun, leider über gelegentlich kräftezehrende Grashügel. Der Brücke über den abfließenden Svartijåkka bin ich außerordentlich dankbar, denn das Waten wäre an dieser Stelle unmöglich.

Im rechten Winkel geht es fortan ins immer enger werdende Tal zwischen dem Skuoketjåkka und dem Svatitjåkka hinein, an einem sprudelnden Fluss entlang aufwärts. Schließlich erreiche ich den Svartijaure, der sich mit seiner dunklen Wasserfläche zwischen den Bergen ausbreitet. Am anderen Ende sehe ich schon den Aufstieg, der abrupt aus diesem Kessel herausführt. Um die kommende heftige Steigung etwas abzuschwächen, verlasse ich nach zwei Dritteln der Strecke am See die Markierung und steige sanft im Hang auf. Hier auf diesem Geröll macht es sowieso keinen Unterschied, ob man auf dem Weg läuft oder nicht. Im sanften Schwung kehre ich oben am Kesselende, etwa bei der Grenze, wieder zur Markierung zurück.

Erneut auf norwegischem Terrain sind es nur noch weitere zwei Kilometer westlich bis zum Bjørnvatn. Hier oben, im Gewirr von Schmelzwasserseen und Schneefeldern, achte ich genau auf die Markierung, die sogar manchmal über kleine Tümpel führt, die in schattigen Buchten noch dicke Eisreste bedecken.

Die Lage der beiden Hütten ist einzigartig: Im Norden direkt hinter dem Bjørnvatn steigt der Bjørntopp und dahinter der gewaltige Gihcce-Gletscher auf, den ich heute um nahezu 180 Grad umrundet habe. Zur anderen Seite liegt der 15 Meter tiefere Røysvatn mit der Silhuette des Beassegáma im Hintergrund.

800 Meter Höhe über dem Meeresspiegel reichen in diesem Hochgebirgsklima aus, um die Landschaft in der eisigen Umklammerung des Winters zu halten: Neben der kleinen Hütte fließt der Bjørnvatn (Biertnajávri) durch einen Tunnel unter meterdicken Schneebrücken hinab zum Røysvatn (Muvrajávri). Dort sollte man übrigens Trinkwasser schöpfen – anstatt in dem Schmelzwassertümpel zwischen den beiden Hütten, der zum Waschen dient!

Wie streng hier oben der Winter regiert, das kann man sich anhand der Schneeschaufeln vorstellen: Sie hängen am Giebel der großen Hütte in drei Meter Höhe, um möglichst nicht verschneit zu werden. Manchmal hilft auch das nichts, da beide Røysvatnhütten bei besonders starkem Schneefall komplett unter der Schneedecke verschwinden.

■ **RØYSVATN**, (DNT), 810 m, 14 Betten.

9. TAG: RØYSVATN – ZELT

Länge: 12 Kilometer, Dauer: 7 Stunden, da keine Wegmarkierung vorhanden.

Von hier ab zum Valtajåkkå musste ich mich noch 20 Kilometer ohne Markierung durchschlagen. Dieses bisher unmarkierte Wegstück des Nordkalottleden stand während meiner Wander- und Recherchezeit noch »under construction«, könnte aber zum Erscheinungstermin dieses Buches schon mit einer Markierung ausgestattet sein.

Auch eine Hütte mit dem »Arbeitstitel« *Koie* soll vermutlich an der Abzweigung nach Hellemobotn errichtet werden und so eine reine Hüttentour ermöglichen. Bis zur Einweihung der Hütte muss bzw. musste man also auf jeden Fall noch ein Zelt für die nun folgende Etappe mitführen.

Der Grund für diese »unfertige« Passage: Die Norweger hatten zum Zeitpunkt meiner letzten Begehung noch nicht entschieden, ob das Grenzland bei Hellemobotn zum Nationalpark erklärt werden soll. Je nach Ausgang dieser Entscheidung wäre der Wegverlauf ein wenig anders. Die Schweden allerdings wollten nicht so lange warten und haben eine Wegroute erarbeitet, die auch mir nach dem Vergleich mit einigen Alternativen als die beste erscheint. Wer den genauen Verlauf dieser Route in seine topografische Karte einzeichnen will, kann diese in der Fjällstation von Ritsem einsehen oder sich an mich wenden. Ich gehe davon aus, dass genau diese nachfolgend beschriebene Route auch die »offizielle« Markierung erhalten wird.

Die fast vollständig auf schwedischem Gebiet verlaufende Route ergibt sich fast von selbst aus dem Gelände, zumindest auf den ersten fünf Kilometern: Den Røysvatn umgehe ich östlich über zahlreiche Schneefelder. Als Peilungspunkt dient mir die ganze Zeit über der markante Grenzstein 251 auf der Røyshøgda. Man sollte tatsächlich den kleinen Umweg bis zu diesem Grenzstein laufen, da man sich weiter westlich -- und ich habe den Fehler gemacht – kräftezehrend durch querlaufende Schluchten und über Felsgrate mühen muss. Den nächsten Hügel umlaufe ich mit einer leichten Westkurve, die nicht weiter als etwa 300 Meter von der Grenze weg führen sollte.

Nun scheiden sich die Geister: Ich selbst bevorzuge die weitere Umrundung dieses Berges, die mich etwa 300 Meter nordöstlich des nächsten Grenzsteins 250 A zurück nach Schweden bringt und ziemlich genau auf der gedachten Linie zwischen dem Rikkek-Gipfel

Im Sommer unerreichbar, im Winter manchmal trotzdem zugeschneit: Schneeschaufeln am Giebel einer Berghütte ▶

und dem Äparitjårro zum Flussufer hinunterführt. Vorteil dieser Route: Der einfache Abstieg verläuft parallel zu den Felsbändern und damit relativ komfortabel.

Die Querung des breiten und fast knietiefen Stromes bereitet mit hochschaftigen Stiefeln kaum Probleme, kann aber im Frühsommer zu schwierig sein. In diesem Fall sollte man sich an die »schwedische« Alternative halten: weiter südwestlich und hinter dem großen See am Grenzstein 250 A vorbei. Man umrundet diesen See also nordwestlich und muss dabei zwei kleinere Watstellen bewältigen – eine in seiner Nordwestbucht und eine in der Westbucht. Danach folgt ein Schwenk um 90 Grad nach Osten und an den Rikkek-Hängen entlang auf den Sårkåjaure zu. Man umrundet den Rikkek östlich immer auf der Höhenlinie 600 – hier mündet der oben beschriebene Routenvorschlag ein.

Wenn man nun kaum merklich auf eine Höhe von 650 Meter ansteigt, erreicht man die beste Watstelle durch den Rikkekjåkkå. An dem Fluss findet man günstige Zeltmöglichkeiten vor. Noch schöner ist es aber an dem kleinen, in der Fjällkarte deutlich erkennbaren See nur einige Meter südwestlich dieser Watstelle: Auf einer in den See ragenden Landzunge eignen sich geschützte Grasflächen direkt am Wasser trefflich zum Übernachten.

10. TAG: ZELT – ZELT

Länge: 12 Kilometer, Dauer: 7 Stunden, da keine Wegmarkierung vorhanden.

Es scheint ein Jahrhundertsommer zu werden. Als ich am Morgen aus dem Zelt krieche, präsentiert sich der Himmel ebenso wolkenlos wie an den letzten drei Tagen. Um acht Uhr morgens zeigt das Thermometer an meinem Rucksack sogar im Halbschatten geradezu sensationelle 32 Grad! Eigentlich ist dieses Tropenwetter, das sich tagsüber wieder auf 40 Grad steigern wird, viel zu heiß zum Wandern. Selbstverständlich ziehe ich das für Nordskandinavien ungewohnt heiße Wetter dem Regen vor.

Auf einer Höhe wandere ich am Osthang des nächsten 992-Meter-Bergs entlang. Leider wird die Suche nach einem Weg nun sehr mühsam. Immer quer zur Marschrichtung verstellen meterhohe Felskämme den Weg. Ständig auf und ab durch diese Waschbrett-Landschaft kraxelnd, arbeite ich mich zu den östlichen Ausläufern des Jeknajauratj vor. Bevor ich nun nach Westen einschwenke, blicke ich noch zurück auf den weit ausgefransten Sårkåjaure tief unter mir. In den fruchtbaren Talsenken stehen viele Sami-Koten, sogar auf der Insel mitten im See.

Das Schlimmste habe ich inzwischen hinter mir: Auf Schneefeldern überschreite ich die östlichsten Ausläufer des JEKNAJAURATJ, während vor mir die gigantischen Felsabbrüche des Stuorcohkka in den Himmel ragen. Auf drei Seiten rahmen 250 m hohen Felswände den See ein – ein Hochgebirgskessel mit wahrhaft gigantischen Ausmaßen. Mir ist schleierhaft, wie auf norwegischer Seite ein Weg verlaufen könnte.

Gemütlich über glatt geschliffene Felsplatten steuere ich Richtung Süden auf die schmale Schneise ins Skaite-Tal zu: Sie verläuft nur ein kleines Stück östlich des in der Karte mit 826 Metern verzeichneten Höhenrückens. Am matschiggrauen Flechtenbewuchs kann ich erkennen, dass hier noch bis vor kurzem Schnee lag.

Kurz und heftig steige ich zu dem Zwischensattel ab, aus dem drei Seen ihr Wasser in den Skaitejåkkå abgeben; in norwegischen Karten heißt er Kaisemirrjåkkå. Will man nicht in einem Halbkreis alle drei Zuflüsse durchwaten, sollte man erst noch ein paar Meter auf dieser Flussseite absteigen. Etwa auf Höhenlinie 680 finde ich die geeignetste Furt für die Überquerung hinüber zum Westufer.

Der weitere Abstieg, am besten etwa 50 Meter vom Fluss entfernt, führt aus der kargen Steinblock-Landschaft zu den vergleichsweise lieblichen Seen auf Höhenmeter 600. Die Aussicht öffnet sich hier schon weit zum Valta-Tal, in dem ich übermorgen meine Tour bei Vaisaluokta beenden werde. Doch zunächst wandere ich wieder exakt auf dieser Höhe am Rücken des Skaitevare entlang und schwenke am Ende in Richtung Westen. Als Peilungspunkt dient der Tjårrok.

So lange wie möglich sollte man sich hier oben am Hang halten, um den gewaltigen Sumpfflächen unten beim Valtajåkkå auszuweichen. Schließlich steige ich zu dem Fluss auf 570 Metern ab – mein Ziel ist es, den in Kürze wieder markierten Weg in etwa auf der Höhe der eingezeichneten Brücke zu erreichen.

Es gelingt: An einem Mäanderbogen des Valtajåkkå finde ich eine einfache, aber tiefe Kieselfurt durch das kaum spürbar strömende Gewässer. Die Schuhe muss ich aber trotzdem – das erste und einzige Mal übrigens – ausziehen. Da das Laufen durch unmarkiertes Gelände viel Zeit kostet und ich genug Proviant dabei habe, schlage ich schon hier auf den ebenen Flussterrassen mein Zelt auf.

11. TAG: ZELT – RAUTOJAURE

Länge: 19 Kilometer,
Dauer: 8 Stunden,
Wegmarkierungen: nur für den Sommer.

Nach 300 Metern südwärts stoße ich endlich auf den markierten Weg, der von Hellemobotn herauf bis nach Vaisaluokta führt (Beschreibung siehe unter »Ausstiegspunkte«).

Falls die Brücke über den Suollakajåkkå zerstört sein sollte, kann man einige Meter oberhalb relativ leicht waten. Knapp auf 600 Meter leitet die Markierung nun an den Rautåive-Nordhängen genau nach Osten. Mit respektvollem Abstand zur Baumgrenze und erst recht zum moorigen Tal des Valtajåkkå läuft es sich bis auf die ersten sumpfigen Meter mühelos.

Viele durch die Schneeschmelze zerstörten Brücken liegen noch in Trümmern. Der STF scheint die Brücken nicht jährlich instandzusetzen. Ein Zeichen für geringe Wandererzahl? Egal – mit hochschaftigen Schuhen kommt man problemlos trockenen Fußes durch alle Gewässer.

Etwa auf Höhe des Unna Rautovare laden wieder ebene Wiesenflächen zum Zelten ein. Doch ich will noch weiter, zum einsamen Windschutz am Rautojaure.

Eigentlich ist das Übernachten in einem Windschutz nur in Notfällen vorgesehen. Da ich jedoch kein Brennholz benutze und somit dem STF keine Kosten verursache, setze ich mich ruhigen Gewissens über diese Bestimmung hinweg.

Denn die Lage ist einfach herrlich: Der Sandstrand unterhalb des Windschutzes fordert geradezu zum Baden auf, während man die wuchtig dahinter aufsteigende Flanke des ÅJETJÅKKÅ bewundern kann.

12. TAG: RAUTOJAURE – RITSEM

Länge: 10 Kilometer,
Dauer: 4 Stunden,
Wegmarkierungen: nur für den Sommer.

Am Rautojaure südwestlich entlang stolpere ich durch steinigen Wald zur Brücke über den Rautojåkkå. Man merkt die Nähe zum populären Padjelanta-Weg: Gelegentliche Moorpassagen und selbst kleine Bäche sind nun gut verstegt, wenn auch stellenweise durchgebrochen. Zwei komfortable Hängebrücken überqueren die beiden in die Vaisa-Bucht einmündenden Flüsse.

Während allmählich der AKKA-Gletscher im Blickfeld auftaucht, wandere ich am Ufer des Akkajaure entlang der STF-Hütte entgegen. Sträucher sind in den steinigen Weg so dicht eingewachsen, dass sich heute kein einziger schöner Platz zum Zelten anbietet.

Auf der ganzen Tour bin ich niemandem begegnet, doch als ich an der Hütte zum Bootsteg hinuntersteige, stoße ich auf eine Gruppe von etwa 50 Wanderern. Sie kommen alle aus dem Sarek Nationalpark und dem Padjelanta, durch den die folgende und letzte Etappe des Nordkalottleden führt.

Doch zunächst setze ich mit dem mehrmals täglich fahrenden Boot über den Akkajaure nach Ritsem über – einer hässlichen, doch komfortablen Fjällstation. Den Proviantnachkauf habe ich ebenso nötig wie eine warme Dusche.

■ **VAISALUOKTA** (STF), 460 m, 20 Betten.

■ **RITSEM FJÄLLSTATION** (STF), 460 m, 40 Betten.

AUSSTIEGSPUNKTE

Neben den weiter oben beschriebenen Ausstiegen über den Kungsleden bieten sich im Notfall drei weitere Möglichkeiten zum Abbruch der Tour in Richtung norwegisches Fjordland an:

■ **CUNOJAVRI UND CAINHAVAGGI:** Am Vuostagorzi-See treffen die ins Tal führenden Wege von der Cunojávri- sowie der Cáinhavággihütte zusammen (siehe dazu auch die Wintervariante ab Katterat). Nach neun Kilometern auf einer Landstraße im Norddal hinab gelangt man nach Fjellbu und weiter ins Skjomdal. Am Skjomenfjord mit dem Bus entlang erreicht man schließlich Narvik.

■ **GAUTELIS:** Fünf Kilometer von der Hütte entfernt endet am Damm die Landstraße aus dem Skjomdal. Manchmal fahren Wanderer oder Angler sogar bis fast zum Damm und parken dort. Ansonsten muss man die fünfzehn Kilometer bis zur vom Sitas-See her einmündenden Straße laufen, wo man darauf hoffen darf, als Tramper mitgenommen zu werden. Noch acht Kilometer weiter, und man trifft schließlich auf Fjellbu (siehe oben).

■ **SITAS UND SKOADDEJAVRI:** Von der Stelle, an der der markierte Weg von Skoaddejávri auf die Straße nach Sitas trifft, sind es fünf Kilometer bis zur Bergstraße vom Gautelis-See (siehe oben). Mit ein wenig Glück trifft man hier oben auf Autos.

■ **RØYSVATN:** Auch wenn es nicht so aussieht – von der Røysvatnhütte kann man zum Indre Tysfjord absteigen. Auf dem Grat des Cehporis entlang führt ein unmarkierter Pfad nordwestlich zum Wassergeflecht bei Krokvatn und Svartvatn. Nun muss man sich selbst den Weg ins weite Middagsfjell hinab suchen. Wegen der zahlreichen Winzlings-Seen am besten möglichst östlich am Hang des Gihccecohkka halten, zum Brynvatn hinüber. Dort, am anderen Ende des Sees, trifft man auf eine Straße, die in zahlreichen Serpentinen immerhin 500 Höhenmeter zum Sørfjord überwindet. Per Schiff geht's über den Indre Tysfjord zur E 6.

■ **NJALLOJAURE:** Zwölf Kilometer heftiger Abstieg führen mit Sommermarkierung von dem auf 600 Meter gelegenen Njallojaure auf Meereshöhe hinunter. Nicht nur der Höhenunterschied, sondern auch die Art, wie sich der Weg zum Teil ohne Sicherung neben dem Abgrund über blanken Fels hinabschraubt, erfordert ein starkes Gemüt. Während man sich bei klarem Wetter mit grandioser Sicht für die Mühen trösten kann, artet der Abstieg bei schlechtem Wetter zur mühsamen und teils gefährlichen Kletterei aus. Zunächst noch eben, führt der sommermarkierte Weg Richtung Nordwest auf die mit einem Schild markierte Grenze zu. Die anschließende Watstelle zwischen dem Válddajávri und dem Njallajávri führt durch kaum strömendes, knöchelbis wadentiefes Wasser. Zur Not kann sie auch übersprungen werden. Über spärlich mit Gras bewachsene Felsen schwenkt der Pfad nun nach Südwest zum kristallklaren Wasser des Cussajávri mit seinen weißen Kieselstränden. Den Zulauf am Südostende kann man auf aus dem Wasser ragenden Steine überwinden. Schließlich gelangt man zum Rand des steil abfallenden Avzi-Tals, in das mehrere Flüsse über riesige Felsblöcke hinabstürzen. In Kehren führt der Weg steil hinab zur Baumgrenze und benutzt dabei vom Felsgestein gebildete Stufen. Der Boden ist oft sehr feucht; teilweise tritt der blanke Fels hervor. Sicherungen gibt es trotzdem kaum, und wenn, dann dienen die altersschwachen Geländer und vielleicht 30 cm hohen Barrieren wohl eher dazu, Steinschläge zu verhindern. Am Wasserfall Njallajohkgorzi hat man es dann geschafft – gemütlich durchwandert man anschließend den mit Mischwald bewachsenen Talkessel und überschreitet dabei zwei Brücken. Vom kleinen Dorf Hellemobotn gelangt man per Schiff nach Drag zur E 6; dort findet man eine Übernachtungsmöglichkeit im Hotel »Bounty«. (Dank an Thomas Thönes für Informationen zu diesem Abschnitt.)

4. Etappe: Ritsem – Kvikkjokk

IM ÜBERBLICK

■ **LÄNGE:** 11 Tage, 175 km.

■ **ÜBERNACHTUNG:** in Hütten.

■ **PROFIL:** wegen geringer Steigungen einfache Tour mit teils langen Tagesetappen – bis auf den letzten Abschnitt im Tarradal fast durchwegs über baumloses Hochfjäll, dadurch einzigartiges Panorama – vor allem im Bereich des Virihaure stark dem Wind ausgesetzt.

■ **KARTEN:** – *Fjällkartan Sareks Nationakpark BD 10* (S),
– *Fjällkartan Sitasjaure BD7* oder die alte *Sitasjaure 29 GH* (S).

Die Karte BD 7 benötigt man lediglich für die Alternativroute über Vaisaluokta und Kisuris. Ansonsten reicht die BD 10 aus.

Für den Ausstieg nach Sulitjelma kommen zudem folgende zwei Blätter der norwegischen Topografisk Hovedkartserie zum Einsatz:
- *Låmivatnet, 2229 III* (N)
- *Sulitjelma, 2129 II* (N)

EINSTIEG

Die auch als PADJELANTALEDEN bekannte Zehn-Tages-Tour ist weit beliebter als alle bislang beschriebenen Routen. Das merkt man schon, wenn man im August zusammen mit 50 Wanderern das Boot über den Akka-See besteigt. Nun – die Tour führt schließlich durch den traumhaft schönen Padjelanta Nationalpark und verwöhnt mit Hütten in Abständen von 10 bis 20 Kilometern. Staloluokta als Etappen-Mitte wird zudem von Flugzeugen angeflogen und bietet somit die Möglichkeit, die Wanderung um die Hälfte zu kürzen. Keine Sorge: Die vielleicht etwas erschreckende Meute auf dem Boot verläuft sich schnell, denn viele Wanderer zweigen in den populären Sarek Nationalpark ab oder unternehmen eine Klettertour im Akka-Massiv.

Ich bevorzuge trotzdem die Tourenbeschreibung zur Winterzeit, aus zwei Gründen: Erstens weist die Padjelanta-Hochebene mit ihren weit geschwungenen Kuppen und zahlreichen Seen relativ wenige Steigungen auf und empfiehlt sich daher als besonders günstiger Einstieg für Winter-Neulinge. Und zum Zweiten existieren meines Wissens noch keine detaillierten Padjelanta-Wegbeschreibungen eben für die Winterzeit.

Wohlan – es ist Anfang März. Eine ideale Zeit für Skitouren mit angenehmen Temperaturen sowie ausgezeichneten Schneeverhältnissen. Kein Wunder also, dass ich im Bus nach Ritsem zwei deutsche Paare treffe, die ebenfalls mit einer Pulka in den Padjelanta wollen. Während der Busfahrt beginnt leichtes Schneegestöber. Zusammen mit dem starken Wind führt das im Nu zu einer überschneiten

Straße, in der der Bus trotz Spikes-Reifen nicht vorwärtskommt. Der Busfahrer fordert über Handy ein Räumfahrzeug an – alles kein Problem im Norden, aber Zeit muss man eben haben. Wegen dieser Verspätung kommen wir erst am Abend in Ritsem an, so dass wir alle noch eine Nacht in der Fjällstation verbringen.

1. TAG: RITSEM – AKKA

Länge: 10 Kilometer, Dauer: 3,5 Stunden, Wegmarkierungen: für Sommer und Winter.

Der Akkajaure ist Teil des riesigen schwedischen Stauseensystems namens Stora Sjöfallet. Doch vom einstmals »großen Wasserfall«, auf den der Name hinweist, blieb trotz heftiger Proteste der Naturschützer nichts übrig. Winterwanderer leiden unter dem Fluch der nordischen Stauseen, denn für sie bedeutet das oft eine unsichere Eisdecke wegen des ständig absinkenden Wasserstands.

Fast unterhalb der Fjällstation bildet sich gern solch ein Wasserloch. Der STF hat deshalb eine Route über den See abgesteckt, die zwei Kilometer östlich am Ufer entlangführt und erst dann in eine Kurve hinüber nach Änonjalme einschwenkt. Obwohl es nur zehn Kilometer über den See sind, erscheinen sie mir endlos. Da sich die Wolken zusammenziehen und die Sicht schlechter wird, verliere ich zudem meinen Peilungspunkt auf der anderen Uferseite, die Bucht bei Änonjalme zu Füßen des Akka.

Durch das Absinken des Wasserspiegels sind Felsinseln zum Vorschein gekommen, die die meterdicke Eisdecke aufgesprengt haben. Die Eisschollen sind wieder zu dicken Klumpen zusammengefroren und stellen sich als lästige Hindernisse in den Weg. Teils wühle ich mich mitten durch, teils muss ich ihnen weitläufig ausweichen. Trotz der Umwege erreiche ich aber exakt den Landesteg bei der Sami-Siedlung Änonjalme, an der im Sommer das Boot die Wanderer absetzt.

Noch einen Kilometer weiter laufe ich am Ufer entlang, zunächst etwas ratlos bei dem Versuch, inmitten dieser vielen Holzhäuschen die für Wanderer offene STF-Hütte zu finden. Doch eigentlich ist das gar nicht so schwer: Nur die großen Hütten des STF besitzen diese zahlreichen und charakteristisch geformten Kamine.

■ **AKKA** (STF), 460 m, 40 Betten.

2. TAG: AKKA – KISURIS

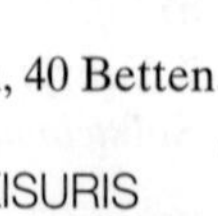

Länge: 12 Kilometer, Dauer: 4 Stunden, Wegmarkierungen: für Sommer und Winter.

Die Entscheidung für den Winterweg ist jetzt im März keine Frage: Die markierte Route hält sich bequem auf einer Höhe am Westufer des Vuojatätno. Während der Som-

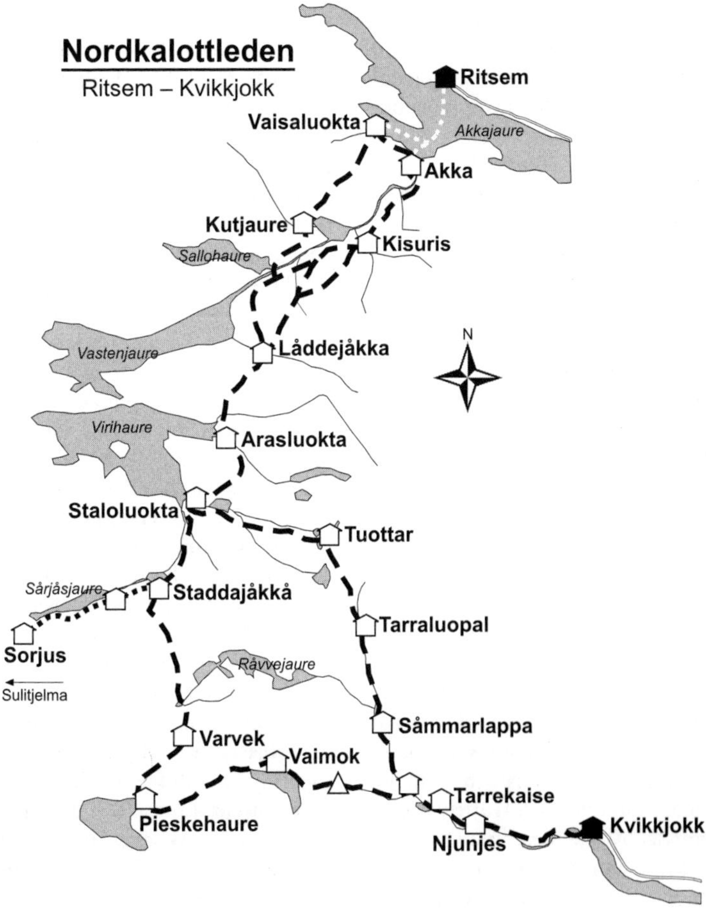

Nordkalottleden
Ritsem – Kvikkjokk
Ritsem
Akkajaure
Vaisaluokta
Akka
Kutjaure
Kisuris
Sallohaure
Vastenjaure
Låddejåkka
N
Virihaure
Arasluokta
Staloluokta
Tuottar
Sårjåsjaure
Staddajåkkå
Tarraluopal
Sorjus
Sulitjelma
Råvvejaure
Såmmarlappa
Varvek
Vaimok
Tarrekaise
Pieskehaure
Njunjes
Kvikkjokk

merweg den Fluss schon zwei Kilometer hinter den Akkahütten überquert und etwas mühsam auf der anderen Seite durch Dickichtartigen Wald führt, laufe ich immer genau südwestlich bis zum Ufer des Kutjaure. Zu schaffen macht mir nur der Neuschnee, der wegen der warmen Lufttemperatur von nur wenigen Grad unter Null in dicken Stollen an den Skiern klebt.

Dann schwenke ich, um dem möglicherweise dünnen Eis beim Abfluss des Vuojatätno zu entgehen, in einem weiten Bogen nach Osten ein. Auch hoffe ich, so den vor mir liegenden Steigungen hinauf zu den Kisurishütten zu entgehen. Denn man sieht schon von hier aus das etwa 50 m hohe Felsplateau, auf dem sie liegen müssen.

Leider bewährt sich mein Plan nur zum Teil: Am Ostufer in einer Bucht des Kutjaure, wo auch der Padjelanta Nationalpark beginnt, steige ich die mäßig steile Plateaukante noch in der Meinung hinauf, nach einem kleinen Nordschwenk stünde ich gleich vor den Hütten. Der Bach unmittelbar davor hat aber ein dermaßen tiefes, schmales Bett gegraben, dass die letzten zehn Meter vor den Hütten zur argen Schufterei ausarten.

Mit einem Seil lasse ich die Pulka am Abhang in die tiefe Schlucht hinab. Unten finde ich zwar einen schmalen Holzsteg über den Bach vor, doch der hindert mehr, als er nützt: Beim Überschreiten bricht die Schneedecke weg und fällt mitsamt der Pulka ins glücklicherweise überfrorene Bachbett. Gemeinsam mit Husky Filou zerre ich dann die Pulka auf der anderen Seite wieder nach oben.

Es wäre wohl doch besser gewesen, sich gleich vom Kutjaure her am Sjnjuftjutisjåkkå – was für eine Name! – entlang hochzuarbeiten. Dort trifft man auf die Brücke des Sommerwegs und muss dann nur noch diesem etwa 300 Meter weit nach Südwesten folgen.

Alle Hütten innerhalb der Padjelanta-Grenzen gehören übrigens nicht dem STF, sondern der *Länsstyrelsens Fjällförvaltning*. Und die hat sich dafür entschieden, ihre Räume nicht mit Holz-, sondern mit Gasöfen zu beheizen. Was manchen Wanderern, die mit dem Anfeuern eines Holzofens nicht zurecht kommen, vorteilhaft erscheinen mag, birgt nach meiner Erfahrung im Winter nur Nachteile: Die Gaswärme empfindet man als weniger behaglich, und sie trocknet auch die Kleidung nicht so rasch. Obwohl sämtliche Hütten der Länsstyrelsens Fjällforvaltning sogar mit einem kleinen Trockenraum ausgestattet sind, muss ich in den nächsten Wochen manchmal morgens in feuchte Kleider schlüpfen – eine Situation, in die ich mit mit Trockenleinen über Holzöfen nie geriet!

■ **KISURIS** (Länsstyrelsens Fjällforvaltning), 580 m, 34 Betten.

3. TAG: KISURIS – LÅDDEJÅKKÅ

Länge: 24 Kilometer,
Dauer: 8 Stunden,
Wegmarkierungen:
nur für den Sommer.

Wieder wuchte ich meine Lastenpulka durch die kleine Schlucht. Was im Sommer relativ einfach zu meistern ist, kann im Winter lange aufhalten. Einige Hundeschlittenfahrer lassen aus diesem Grund die Kisurishütte sogar links liegen.

Die heutige Tagesetappe ist lang, und Anfang März muss man noch aufpassen, nicht von der gegen 18 Uhr einsetzenden Dunkelheit überrascht zu werden. Der Sommerweg führt zunächst wieder zum Sami-Dorf Kutjaure an den See, um dann erneut am Berghang anzusteigen und an der Westflanke des Latatj mit 760 Metern den höchsten Punkt zu erreichen. Warum diesem Umweg folgen? Auch der unmarkierte, doch in der Fjällkarte verzeichnete Höhenweg über den Njerek-Gipfel und zwischen dem Låtatj und dem Luouto hindurch überzeugt mich nicht. So ein herrliches Panorama diese Route im Sommer bei guter Sicht garantiert, so mühsam sind die Steigungen im Winter bei windigem Wetter. Und danach sieht es heute aus.

Statt den »Rattenschwanz« zum Kutjaure zu laufen, mache ich bereits kurz hinter der Hütte Höhe. Oberhalb des Tsåkahaure gerate ich in das auf der Karte verzeichnete lockere Buschwerk. Nicht das bereitet mir Probleme, sondern die zahlreichen tiefen Flusstäler, in die ich ständig ab- und wieder aufsteigen muss. Als sei das nicht schon genug, kommt ein heftiger Gegenwind auf, der mein Marschtempo mindert und mich zuweilen straucheln lässt. Immerhin entschädigen die phantastischen Westblicke über den weiten VASTENJAURE, wo wiederholt tief schwarze Wolken die Sonne verdunkeln.

Bei dem tief eingekerbten Viertjajåkåtj muss ich eine Weile nach der richtigen Passage suchen. Denn an manchen Stellen steigen die zu dicken Schneewehen angewachsenen Ufer fünf Meter senkrecht empor, während an anderen nur ein kleiner Schritt nötig ist, bei dem man nicht einmal die Skier abzuschnallen braucht. Der Rest der Etappe gleicht einem Kinderspiel: Nach einer gemütlichen Abfahrt erreiche ich gerade rechtzeitig zum Einbruch der Dunkelheit die Hütte, die auf einem kleinen Hügel oberhalb des Låddejåkkå steht.

■ **LÅDDEJÅKKÅ** (Länsstyrelsens Fjällforvaltning), 570 m, 28 Betten.

Alternativroute im Sommer:
Vaisaluokta-Kutjaure-Låddejåkka

VAISALUOKTA – KUTJAURE

Länge: 18 Kilometer,
Dauer: 6 Stunden,
Wegmarkierungen:
nur für den Sommer.

Vom Sami-Dorf Vaisaluokta – die STF-Hütte steht einen Kilometer weiter westlich am Seeufer – geht es südwärts im Tal des Kuossajåkkå deftig aufwärts, vorbei am linker Hand sichtbaren Zaun einer Rentier-Sammelstelle. Auf 784 Höhenmetern erreicht man den Kuossjajaure und passiert ihn östlich. Nach zwei Kilometern ermöglicht der Windschutz auf dem 800-Meter-Pass eine Rast. Wieder bergab zum Kårsåjaure und weiter schräg an den Südflanken des Siepertjåkkå entlang steigt man in den Seekessel des Kutjaure ein und sieht am Rand der Sami-Siedlung schon die STF-Hütte. Brücken helfen bei der Überquerung aller Flüsse.

■ **KUTJAURE** (STF), 560 m, 20 Betten.

Fortsetzung Sommervariante: Vaisaluokta-Kutjaure-Låddejåkka

KUTJAURE – LÅDDEJÅKKÅ

Länge: 19 Kilometer,
Dauer: 6,5 Stunden,
Wegmarkierungen:
nur für den Sommer.

Nach der Brücke über den Sieperjåkkå leitet die Markierung auf der Höhe 580 Meter sanft am Kåtotjåkkå entlang. Fast südlich geht es zur Halbinsel am Varka hinunter und durch ein Rentiergatter.

Drei Brücken überspannen an dieser Stelle das Flusssystem: Recht gemächlich fließen der Sallohaure und der Vastenjaure zum Kutjaure ab. Im Winter trägt das Eis wegen der geringen Strömung sicher. Am jenseitigen Ufer mündet dann der von der Kisurishütte kommende Weg ein.

4. TAG:
LÅDDEJÅKKÅ – ARASLUOKTA

Länge: 13 Kilometer,
Dauer: 4,5 Stunden,
Wegmarkierungen:
nur für den Sommer.

Die Brücke über den wild aufschäumenden Låddejåkkå steht 200 Meter weiter östlich im Tal. Jetzt im Winter muss ich diesen Umweg nicht machen – das Eis unterhalb der Hütte trägt sicher. Dieser Tag beschert die wildeste Steigung des Padjelantaleden. Droben auf 900 Metern liegt der Sattel zwischen Mulka und Huornatj, den ich immer parallel zum Tal eines namenlosen Flusses ansteige. Wer hier keine Felle für die Skier hat, kann sich auf vehementes Schuften einstellen.

Je höher ich gelange, desto dichter wird der Nebel. Das erste und einzige Mal während des ganzen Winters muss ich den Kompass aus der Tasche holen. Am höchsten Punkt treffe ich tatsächlich ganz richtig auf ein Wegzeichen, das mit einem leichten Südknick in die Nebelsuppe weist. Die nun folgende gemächliche Abfahrt zum Miellätno wäre auch für einen schlechten Skiläufer ein Vergnügen, wenn der Himmel ein wenig aufklaren würde. Denn dieses »White Out« aus Nebel und Schnee verschwimmt zu einer konturlosen Masse, die jede

Unebenheit verschluckt. Da ich selbst kleine Bodenwellen nicht mehr erkenne, stolpere ich ständig ins Nichts.

Endlich tauche ich unter der Suppe weg und sehe die Hängebrücke über den Miellätno unter mir liegen. Um mit der Pulka die Stufen zur Brücke zu vermeiden, nutze ich den geraden Weg übers Eis. Die letzen vier Kilometer nach Arasluokta ziehen sich wegen querlaufender Hügelketten länger hin, als man es aus der Karte vermuten würde. Beim letzten steilen Abhang hinunter ins Aras-Flussbett schnalle ich dann sogar die Skier ab – besser gut gelaufen als schlecht gefahren. Erst hinter der Sami-Siedlung an der Arasluokta warten die Hütten.

■ **ARASLUOKTA** (Länsstyrelsens Fjällforvaltning), 580 m, 32 Betten.

5. TAG: ARASLUOKTA – STALOLUOKTA

Länge: 12 Kilometer, Dauer: 4 Stunden, Wegmarkierungen: nur für den Sommer.

Wieder liegt die Brücke ein Stück östlich im Tal. Das Wasser fließt aber so ruhig und flach, dass man auch im Sommer gerade unterhalb der Hütten eine Watstelle findet. Die zahlreichen Hügelrippen des gestrigen Tages sind mir noch lebhaft in Erinnerung, so dass ich an Stelle des Sommerwegs einen weiter westlich geschwungenen Bogen laufen will. Während also die Sommermarkierung auf 800 Meter ansteigt und am Stuor Titer entlang wieder ins Titervagge abfällt, halte ich mich fast auf einer Höhe westlich und gelange so auf den Titerjaure. Den Querrippen weiche ich damit dennoch kaum aus; dafür beschert der heutige Tag aber eine Panorama-Etappe par excellence. Im Westen öffnet sich der Blick weit über den VIRIHAURE, den viele als den schönsten See Schwedens bezeichnen. Dahinter liegen die Grenze nach Norwegen und der wilde Nationalpark Rago. Hinter mir kann ich immer noch den Parallel-See Vastenhaure erkennen, während gerade vor meinen Füßen eine Elchfährte kreuzt.

Als ich den 711 m hohen Hügel umrunde, stoße ich auf Scooterspuren – sicher von den Sami aus Staloluokta. Ich folge also weitgehend dem Trail, der in der Nuortap Kåbtåluokta aufs Virihaure-Eis und dann bequem am Ufer entlang in die Bucht von Staloluokta hineinführt. Linker Hand reihen sich die Hütten und Koten der Sami am Ufer auf. Oberhalb davon steigt der im Sommer gut verstegte Weg durch das Sumpfland aufwärts zum Unna Titer. Wie bequem ist dagegen das Laufen im Winter! Mit langen Schritten skate ich in den letzen Zipfel der Bucht und auf die kleine Anhöhe zum Luoppal.

Hier, direkt neben der berühmten Kirchenkote mit ihrem frei stehenden Glockenturm, stehen die STF-Hütten. Im Sommer herrscht Hochbetrieb an dieser Kreuzung verschiedener Wanderwege, die auch Wasserflugzeuge anfliegen. Sarek-Wanderer, die über die Tuottar-Hochebene ins Sarvesvagge fortsetzen, kommen ebenfalls hier vorbei. Der Nordkalottleden dagegen leistet sich noch einen weiten Schlenker durch westliche Hochgebirgstäler – eine weitaus interessantere Wegstrecke als der klassische Padjelantaleden hinab ins Tarradal.

■ **STALOLUOKTA** (Länsstyrelsens Fjällforvaltning), 600 m, 36 Betten.

6. TAG:
STALOLUOKTA – STADDAJÅKKÅ

Länge: 12 Kilometer,
Dauer: 4 Stunden,
Wegmarkierungen:
nur für den Sommer.

Nach dem Pappschnee der letzten Tage erwarten mich heute ideale Skitemperaturen: Bei knackigen –17°C gewährt der Schnee genau die richtige Balance zwischen griffigem Halt im Antritt und Gleitfähigkeit. Über Staloluoktas »Haus-See« Luoppal hinweg halte ich auf die blau in der Karte verzeichnete Sumpfebene am Viejeluoppal zu. Der Viejejåkkå und der Stalojåkkå fließen hier in einem mäandernden Dreieck zusammen. Dazwischen erhebt sich der Jållevarre, der mir bei der Orientierung helfen wird: Westlich an ihm vorbei laufe ich ins Stalo-Tal hinter. Am anderen Flussufer spaziert gemächlich eine Elchkuh mit ihrem Nachwuchs vorbei. Ob die gestrige Fährte von ihr stammt?

Dieser Winter lieferte wenig Schnee. Das merke ich – obwohl noch früh im März – schon jetzt, als ich großen Flecken mit blanker Erde und Fels ausweichen muss. Mehr als einmal schnalle ich die Skier für zwanzig Meter ab und trage sie.

Das Jeknaffo-Massiv kommt ins Blickfeld, dem Alpinisten gern einen Besuch abstatten; kein Wunder, denn der mit 1836 höchste Hauptgipfel der vier JEKNAFFO-Zinken überragt alle umliegenden Berge und gibt einen einzigartigen Rundblick über den Padjelanta frei. Auch die Staddajåkkåhütten haben sich ein nettes Fleckchen ausgesucht: Am Fuß des Jeknaffo postieren sie sich auf einer offenen Ebene am Kapasluoppal. Wie sehr dieser Ort dem Wind ausgesetzt ist, merke ich am Abend, als ein Sturm heulend um die Hütte streicht. Obwohl ich die Tür beim Öffnen mit aller Kraft festhalte, reißt sie mir der Wind jedes Mal aus der Hand und schmettert sie gegen die Hüttenwand.

Wieder einmal verfluche ich die Gasöfen in den Padjelantahütten. Sie heizen schlecht, und in dieser funktioniert keiner – weder im Haupt- noch im Trockenraum. Immerhin springt der Gasherd an, so

Wohl denen, die einen Holzofen in der Hütte haben, sei er auch noch so klein ▶

dass sich beim Schneeschmelzen und Teekochen die Luft wenigstens etwas erwärmt.

■ **STADDAJÅKKÅ** (Länsstyrelsens Fjällforvaltning), 700 m, 12 Betten.

7. TAG: STADDAJÅKKÅ – VARVEK

Länge: 20 Kilometer, Dauer: 7 Stunden, Wegmarkierungen: nur für den Sommer.

Trotz des starken Gegenwindes, der den Schnee in dicken weißen Wolken verfrachtet, starte ich früh am nächsten Morgen. Der blaue Himmel zeigt sich wolkenlos, so dass ich nicht mit wesentlicher Sichtbehinderung rechnen muss. Der steile Aufstieg ins Tal des Staddajåkkå hinein ist trotzdem mühsam, denn der böige Wind peitscht mit fast 80 Stundenkilometern die Schneekristalle ins Gesicht und wirft mich manchmal sogar um. Die Kapuze ziehe ich noch tiefer ins Gesicht und setze meine Schneebrille auf, um möglichst wenig Hautfläche diesem schmirgelnden Schneehagel auszusetzen.

Nach dem leichten Ostschwenk ins Kailavagge wird es besser. Als ich den fast 1.000 m hohen Sattel erreicht habe und weit in die Varvek-Hochebene unter mir blicken kann, liegt das Gröbste hinter mir. Mit der Sonne im Gesicht verlasse ich den Padjelanta. Schade, zumal es angenehm still war ohne Scooter, die nicht in den Park dürfen.

Auf der Ostseite des Kailavakkejåkkå abwärts erreiche ich ein DELTA, wo der Hadditjåkkå, der Kallojåkkå und der Kaisekietjjåkkå sternförmig zusammenfließen. An dieser einmalig schönen Stelle thront eine Renwächterhütte auf einem kleinen Hügel. Im Windschatten des Hügels stelle ich mein Zelt auf und schichte ringsum Schneewälle gegen den Wind auf. Mir reicht es für heute, und meine Laune bessert sich nicht gerade, als der Benzinkocher zum wiederholten Male den Geist aufgibt und nicht mal eine Handvoll Schnee zum Schmelzen bringen möchte. Hungrig und durstig krieche ich in den Schlafsack, mit einem Fluch auf den anfälligen Hightech-Kram auf den Lippen.

Dass kaum vier Kilometer weiter im flachen Tal des Varvekjåkkå entlang die primitive Varvekhütte offen steht, erfahre ich erst am nächsten Tag. Am Zufluss des Skiejakjåkkå markiert sie eine kleine Anhöhe über den sumpfigen Niederungen. Ein uralter verrosteter Ofen und vier vergammelte Schaumstoffmatten bilden den einzigen Komfort der primitiven Unterkunft. Einheimische werden mir später erzählen, dass dieses windschiefe Gebilde den Spitznamen »Drop-In-Hotel« trägt. Wer hier eine Nacht bei Regen zubringen muss, erfährt den Grund.

■ **VARVEK** (Länsstyrelsens Fjällforvaltning), 790 m, 4 Betten.

8. TAG: VARVEK – PIESKEHAURE

Länge: 10 Kilometer, Dauer: 4 Stunden, Wegmarkierungen: nur für den Winter.

Die mit Stangen gesteckte Scootermarkierung leitet mich den restlichen Weg hinunter nach Pieskehaure, zunächst parallel zum Stuor-Varvek, dann mit einer Südkurve in eine leichte Abfahrt zur Talsenke des hier einmündenden Varvekjåkkå. Die luxuriösen STF-Hütten sind unter den Scooterfahrern sehr beliebt, die ihr Motorvehikel mit dem Auto auf der Str. 95 antransportieren, um dann die Route über Mavas bis hierher zu kommen. Ob neben der traumhaften Lage am Pieskehaure-See wohl die Sauna ein Grund für die zahlreichen Besuche ist? Hüttenwart *Olle Olotsson,* der erst seit wenigen Tagen die Saison eröffnet hat, heizt jedenfalls sowohl für Skiläufer als auch für Scooterfahrer die Sauna ein und schmilzt literweise Schnee für die anschließende Dusche. Spätestens jetzt verbrüdern sich die zwei Lager.

Ich selbst habe die Scooterfahrer immer zuvorkommend erlebt und sehr darauf bedacht, mit den Skiläufern in Eintracht zu leben. Mir boten sie in Pieskehaure gebratenes Elch- und Rentierfleisch an, dazu einen höllischen Cocktail aus Orangen-Limo und »Moonshine«-Wodka (selbst Gebrannten also) im Pappbecher. Das darauf folgende gemeinsame Holzhacken geriet zu einer fröhlichen, ziemlich unkontrollierten Unternehmung.

■ **PIESKEHAURE** (STF), 600 m, 26 Betten, Sauna.

9. TAG: PIESKEHAURE – VAIMOK

Länge: 18 Kilometer, Dauer: 5 Stunden, Wegmarkierungen: für Sommer und Winter.

Würde ich der bisherigen Richtung weiter folgen, käme ich über das Sami-Dorf Mavas bis an die Str. 95 – ebenfalls ein wunderschöner Etappen-Abschluss nahe der norwegischen Grenze, der später bei den Ausstiegspunkten näher beschrieben ist.

Ich folge aber der klassischen Route nach Kvikkjokk und freue mich über den abrupten Kurswechsel, denn der rettet mich vor weiterem Gegenwind.

Genau Richtung Westen liegt ein weit verzweigter Gebirgszug, den ich auf dem Weg ins Tarradal überschreiten muss. Nach vier Kilometern im Talboden habe ich den Bergzug erreicht, der mich nun 250 Meter nach oben führen wird. Von links kommt der Varvekjåkkå herunter. Wenn ich auf die warme Nacht in der Pieskehaurehütte verzichtet hätte, wäre ich im Nu vom kaum fünf Kilometer entfernten »Drop-In-Hotel« hier heruntergekommen.

Der vorbildlich markierte und durch Scooter fest gepresste Trail geht den Muorannjunnje schräg an. Trotzdem muss ich manchmal Serpentinen laufen, denn dem Trail der PS-starken Scooter können Filou und ich mit unserer Pulka nicht folgen. Oben beim Vistekjaure zeigt sich wieder ein grandioser Ausblick ins VARVEK-Tal und auf die Steilhänge des TSÄKKOK hinüber.

Nach einem kurzen Abhang im Vaimokvagge folgt eine Passage, die ein ideales Beispiel für unterschiedliche Wegführung im Sommer und Winter darstellt. Wegen der fast senkrecht zum See abfallenden Wand des Vaimokpakte ist ein Weg am Ufer entlang nicht möglich – der Sommerwanderer muss 300 Meter aufwärts keuchen und direkt danach steil wieder zum See absteigen. Skiläufer dagegen folgen bequem der mit Birkenästen präparierten *ruskmarkering* auf dem See direkt bis an die STF-Hütte.

■ **VAIMOK** (STF), 850 m, 26 Betten.

10. TAG: VAIMOK – TARREKAISE

Länge: 22 Kilometer,
Dauer: 7 Stunden,
Wegmarkierungen:
nur für den Winter.

Der 69-jährige Hüttenwart in Vaimok bittet mich, einige Briefe und eine schwedische Flagge mitzunehmen – sie soll die Hüttenwand meiner nächsten Station in Tarrekaise zieren. Den Gefallen tue ich ihm gern. Weiter über den See und im Vaimokvagge 130 Meter aufwärts gelange ich an den Kurajaure. Der zwischen den Seen postierte Rastschutz tut gut in diesem vom Wind durchgeblasenen Tal.

Die 360 Höhenmeter überwindende Abfahrt im Kuravagge wäre der reinste Genuss ohne die vielen Felsblöcke. So aber muss ich mehrfach meine Skier abschnallen und über längere Fels- und Erdpassagen tragen. Auch die Scooterfahrer hatten ihre liebe Mühe damit, wie ich am Zickzack-Kurs ihrer Spuren erkennen kann. Ich bin dankbar für ihren Trail in diesem verblockten Gelände.

Noch auf 760 Metern im Kuravagge zweigt der Sommerweg ab, der sich einen kleinen Nordschlenker zum Windschutz Tarraälvshyddan und zur Brücke über den Tarraätno leistet.

Ich nehme allerdings den direkten Weg geradewegs über den Tarraure, wo am gegenüber liegenden Ufer schon die Hütte steht. Nach all den dick verschneiten Seen irritiert mich hier das spiegelblanke Eis, durch das der flache Seegrund an der Mündung leuchtet.

■ **TARREKAISE** (STF), 510 m, 30 Betten.

Alternativroute Padjelantaleden von Staloluokta bis Tarrekaise:
STALOLUOKTA – TUOTTAR
Länge: 19 Kilometer,
Dauer: 5,5 Stunden,
Wegmarkierungen:
nur für den Sommer.

Fast sechs Stunden Anstieg beschert diese Etappe. Nach einem Bogen um den Luoppal herum erreicht man am Kieddaure die erste Plateaustufe zum Verschnaufen. Das im Sommer mühsame Weidendickicht lässt man im Winter rechts liegen und steigt nach der Überquerung des Kieddaure am Råtokjåkkå hoch. Man sieht etwas abseits die Brücke stehen, die Sommerwanderern nun die frühere halbmeter-tiefe Watstelle erspart. Wer übrigens keinen Wert auf die Übernachtung in den Tuottarhütten legt und ein Zelt im Rucksack hat, kann eine Abkürzung wählen. Etwa zwei Kilometer nach der Brücke, wenn die Markierung einen leichten Knick nach Westen macht, kann man auf einem unmarkierten, doch sich logisch aus dem Gelände ergebenden Weg geradeaus weiter laufen. Man gelangt südlich des Ieltijauratj und des Ieltivare zum Fästjaure, hart am Fuß des mächtigen Junkatjåkkå entlang. Anschließend zweigt man nach Süden in das Tal des Riggåivuoppal ein und steigt am Kuotpåråsvare vorbei neben dem Riggåivejåkkå ab zu den Tarraluoppalhütten.

Alle anderen folgen jedoch dem markierten Knick. Der schöne Virihaure ist längst aus dem Blick verschwunden, wenn man nördlich am Ieltivare vorbei über offene Fjälltundra hochalpin karges Terrain erreicht. In den Hütten – errichtet auf einem kleinen Hügel und zwischen dem Tuottarjaure und dem Tjekimjaure gelegen – genießt man einen einzigartigen Rundblick. Doch wehe dem, der hier oben in diesem windausgesetzten Gelände einen Sturm abwettern muss!

■ **TUOTTAR** (Länsstyrelsens Fjällforvaltning), 900 m, 32 Betten.

Fortsetzung Alternativroute:
TUOTTAR – TARRALUOPAL
Länge: 11 Kilometer,
Dauer: 3,5 Stunden,
Wegmarkierungen:
nur für den Sommer.

Mit deutlichem Südknick führt der Weg weiter über die karge Padjelanta-Hochebene, die bei gutem Wetter grandiose Ausblicke in den Osten hinüber zu den Sarek-Gebirgen gewährt.

Durch zahllose Seen hindurch wandert man weiter durch das Tor zwischen dem Koutpåråsvare und seinem 1042 m hohen Kollegen. Nun steht man bereits an der Kante zum hier noch baumlosen Tarradal. Auf einer Strecke von drei Kilometern klettert man immerhin 250 Meter hinunter ins Flussbett des Vassejajåkkå. Direkt hinter der Brücke, genau auf der Nationalparkgrenze zwischen Padjelanta und Sarek, warten die Hütten.

■ **TARRALUOPAL** (Länsstyrelsens Fjällforvaltning), 710 m, 36 Betten.

Fortsetzung Alternativroute:
TARRALUOPAL – SÅMMARLAPPA
Länge: 15 Kilometer,
Dauer: 5,5 Stunden,
Wegmarkierungen:
nur für den Sommer.
Knapp zwei Kilometer südwärts erreicht man den Tarraluoppal, der den Hütten ihren Namen gab. Beim weiteren Abstieg im Tarradal bleibt man auf der Ostseite des Flusses und erreicht die Baumgrenze. Über Moorboden und durch lockeren Birkenbewuchs verlässt man auf Höhe des einmündenden Slittajåkkå den Padjelanta Nationalpark. Immer tiefer ins Tal hinab stößt man auf eine wunderschön gelegene Kote mit Blick auf ein gewundenes Knie des Tarraätno. Sie gehört zur Såmmarlappahütte (ca. einen Kilometer weiter); man darf hier gegen Bezahlung nächtigen.

■ **SÅMMARLAPPA** (STF), 540 m, 20 Betten.

Fortsetzung Alternativroute:
SÅMMARLAPPA – TARREKAISE
Länge: 13 Kilometer,
Dauer: 4 Stunden,
Wegmarkierungen:
nur für den Sommer.
Der Hauptteil des Abstiegs ist vollbracht: Fast eben geht es durch zunehmend dichteren Birkenwald am Fluss entlang, der langsam nach Osten schwenkt. In dem Gestrüppartigen Bewuchs könnten gute Schneeschuhwanderer gegenüber schlechten Skifahrern im Vorteil sein. Etwa auf Höhe des Kuratjåkkå führt eine Brücke auf die andere Flussseite. Noch vier Kilometer sind es von hier aus zur Tarrekaisehütte, die den Blick auf das breite Delta am Tarraure gewährt.

11. TAG: TARREKAISE – NJUNJES – KVIKKJOKK

Länge: 6 bzw. 16 km,
Dauer: 2 bzw. 4 h,
sommermarkiert, im
Winter Scooterspuren.
200 Meter oberhalb verläuft die Baumgrenze. Darüber ragen steile Bergmassive auf, die ich heute leider hinter mir zurücklassen muss. Denn der Weg führt nun tiefer in die weiten und bewaldeten Täler am Akkajaure hinunter. Bis zur Kante des Njunjesvare, dem letzten Nachzügler des Tarrekaise-Massivs, flankieren immerhin noch hohe Berge das Tal.

Besonders die Steilhänge des Runkatjåkkå verlangen Bewunderung: Die Wasserfälle formen sich im Winter zu dick wuchernden Vorhängen aus Eiszapfen. Kein Wunder, dass die Sami auf Höhe des Luoppalkiedde einen Opferplatz in der Felswand hatten. *Passeuksa* (die heilige Tür) ist der passende Name für diese Felsnische.

Während die Sommerwanderer einen kleinen Umweg auf einen 120 m hohen Plateau-Ausläufer des Nunjesvare in Kauf nehmen müssen, komme ich am Westufer des Flusses leicht bergab schnell voran. Die zahlreichen Scooter mit ihren Lastenanhängern schießen jedoch so schnell um die Kurve, dass manchmal schnelle Ausweichmanöver nötig sind. Der Sommerweg hält sich dicht am Nordufer des Tarraätno, doch der Winterweg schwankt nun wild über den Fluss hin und her. Auch wenn nur einige Meter vom Scootertrail entfernt hinter aufgebrochenen Eisflächen das Wasser vorbeirauscht, wurde der Winterweg sorgfältig angelegt. Und wo ein Scooter über das Eis brettern kann, trägt es einen Skiläufer erst recht. Njunjes ist dicht bevölkert, denn von Kvikkjokk aus nutzen viele diese Hütte für die erste Nacht eines verlängerten Wochenendtrips: In Reih und Glied parken vier Pulkas vor der Hütte.

■ **NJUNJES** (STF), 430 m, 20 Betten.

NACH KVIKKJOKK

Nun vollends aus dem Gebirge leitet die Scooterspur bequem durch dichten Mischwald. Bei den auf einer großen Lichtung stehenden Njunjes-Höfen, die vom Sami-Missionar *Olof Holmborn* gegründet wurden, findet man ein Telefon, mit dem man im Sommer ein Boot nach Bobäcken bestellen kann und damit die letzten fünf Wegkilometer spart. An Bäcken vorbei komme ich im ebenen und gut gespurten Gelände rasend schnell voran und erreiche bald darauf Bobäcken, den Bootsanleger.

Hier schwenkt der Weg ab aufs Flusseis. Auf dieser »Rennbahn« skate ich die letzten Kilometer, vorbei am Miertekjaure linker Hand und über den einmündenden Kamajåkkå hinweg. Wie auf einem Autobahnkreuz führen hier die Scooterspuren aus allen Himmelsrichtungen zusammen, während einige Meter oberhalb die Fjällstation von Kvikkjokk sichtbar wird.

Wer noch vor Ende März hier ankommt, muss nicht verzweifeln angesichts der geschlossenen STF-Hütten. Einige Meter weiter im Ort hat eine Hüttenvermietung ganzjährig geöffnet, die teurere und einfachere, aber gemütlichere Unterkünfte anbietet.

■ **KVIKKJOKK FJÄLLSTATION** (STF), 320 m, 62 Betten.

AUSSTIEGSPUNKTE

■ **STALOLUOKTA:** Im Sommer verkehren regelmäßig Wasserflugzeuge nach Kvikkjokk. Von dort existiert sogar schon ab dem Spätwinter eine Busverbindung nach Jokkmokk.

■ **STADDAJÅKKÅ – SÅRJÅSJAURE – SORJUS – SULITJELMA:** Von der Staddejåkkåhütte sechs Kilometer westlich erreicht man die Såråsjaurehütte (8 Betten) am Ostende des neun Kilometer langen Övre Såråsjavrre. An dessen Südufer entlang wandert man im hochalpinen Terrain bis zum Westzipfel, wo die norwegische Sorjushütte (19 Betten) steht. Der weitere zehn Kilometer lange Abstieg nach Sulitjelma führt über Geröll- und Steinfelder an der Sorjuscohka-Gletscherkante entlang. Eine letze Fjellnacht in Ny-Sulitjelma (20 Betten) bietet sich an vor dem Abstieg in den Ort Sulitjelma.

■ **PIESKEHAURE – MAVAS – STR. 95 (SILVERVÄGEN):** Zumindest im Winter stellt der Ausstieg über Mavasjaure zur norwegischen Grenze hin eine reizvolle Alternative dar. Man läuft dazu entlang einer Steckenmarkierung geradewegs über den Pieskehaure am westlichen Ausläufer der Insel Joungasuolo vorbei, dann weiter in die Bucht Akarisluokta. Im Sommer müsste man den Pieskehaure an steilen Bergkanten entlang umrunden – zunächst an der Lairohütte vorbei durch das sumpfige Tal Suolunåivjåkkå hinüber zum kleinen See Bjerre, wo die für Scooterfahrer gestecke Wintermarkierung einmündet.

Anschließend geht es sanft hinab zum Sami-Dorf am Mavashaure, wo man im Sommer meist einen Fährmann findet, der gegen Bezahlung in die gegenüberliegende Siktimluokta übersetzt. Im Winter folgt man abermals der Stockmarkierung über den See. Ein 250-Meter-Anstieg durch das Ikesvagge führt südwestlich zum Fjord-ähnlich eingeschnittenen Ikesjaure. Beinahe an der Mündung des Skårvåjåkkå liegt ein Windschutz.

Ans Ufer gegenüber führt wieder eine gesteckte Markierung, wo sich das Tal des Ikesjåkkå fortsetzt. Im Sommer läuft man hart am Südufer entlang mit Brücken über die breitesten Flüsse.

Während die beste Winterroute nordwestlich des Ikesjåkkå durchs Jurunvagge im spitzen Winkel etwa auf Höhe eines Rastplatzes an die Straße 95 heranführt, bleibt der Sommerweg auf der Südseite.

Nach der Umrundung des Jurunjaure findet man an der Brücke über den Siedlutjåkkå abermals einen Windschutz. 200 Meter aufwärts durch das Hochgebirge des Maddåive trifft der Pfad präzise auf der Höhe des Kuoletisjaure auf die Straße.

Kurze Erholungspause vor dem Wechsel vom Nordkalottleden auf den Kungsleden ▶

P

Kungsleden

Der Königsweg ist Skandinaviens populärster Wanderweg. Er durchquert alle Landschaftsformen des nördlichen und mittleren Schwedens – angefangen vom baumlosen Fjäll hoch im Norden vorbei am höchstem Berg des Landes, dem Kebnekaise, bis hin zu den sumpfig bewaldeten Talniederungen am Polarkreis.

Vor allem den landschaftlich spektakulärsten Nordteil hat der STF vorbildlich markiert und mit einem so dichten Hüttennetz ausgestattet, dass sich diese Etappe ideal für Nordland-Neulinge eignet. In der Tat machen sich viele Wanderer, die zum ersten Mal in Nordskandinavien unterwegs sind, genau dort mit dem nordischen Klima und der Landschaft vertraut.

Auch bisher nur sommerlich erfahrene Trekking-Freaks, die erstmals im Winter unterwegs sein wollen, finden zwischen Abisko und Kvikkjokk perfekte Verhältnisse: einfache und sicher markierte Wege mit geringen Steigungen, kurze Abstände zwischen den Hütten und zahlreiche Wanderer auf den Trails, die im Notfall schnell helfen können. An die landschaftlich-wilde Schönheit und die völlige Einsamkeit des Nordkalottledens reicht der Kungsleden freilich nicht heran. Aber es kann ja auch mal reizvoll sein, das Hüttenleben mit anderen Wanderern zu teilen und es sich auf einem eher entspannt-gemütlichen Trail gut gehen zu lassen. Für stellenweise mühsames Gehen im Sommer sorgt aber der von den vielen Wanderern tief ausgetretene Pfad – während die Erde ausgespült wurde, blieben die spitzen Steine stehen, die die Knöchel stark belasten und Wanderer zum Stolpern bringen können.

Auf dem Südteil von Kvikkjokk bis Hemavan läuft man dagegen noch weitgehend allein. Die Gründe mögen die schlechtere Wegmarkierung, die zahlreichen Steigungen und die wenigen Hütten sein, die ein Zelt auf dieser Route unerlässlich machen. Obwohl der Kungsleden – und besonders der Abschnitt von Abisko nach Kvikkjokk – schon häufig beschrieben wurde, möchte auch ich meinen Beitrag leisten. Einmal sind viele vorliegende Berichte veraltet und wäre ein Wanderführer über Nordskandinavien ohne den Kungsleden schlicht unvollständig. Außerdem gibt es selbst auf dem Kungsleden noch viele geografische und jahreszeitlich begründete Nischen zu entdecken. Die Wegbeschreibung beginnt deshalb im Februar.

1. Etappe: Abisko – Vakkotavare

IM ÜBERBLICK

- **LÄNGE:** 8 Tage, 110 km.
- **ÜBERNACHTUNG:** in Hütten.
- **PROFIL:** einfache Tour mit vorwiegend geringen Steigungen durch reizvolle Gebirgstäler – Hütten, teils mit Proviantverkauf, in sehr kurzen Etappen.
- **KARTEN:** Die erste Karte deckt die Strecke von Abisko bis Singi ab, die zweite die von Sälka bis Vakkotavare.

– *Fjällkartan Abisko-Kebnekaise-Narvik BD 6* (S)
– *Fjällkartan Kebnekaise – Saltoluokta BD 8* (S)

1. TAG: ABISKO – ABISKOJAURE

Länge: 15 Kilometer,
Dauer: 5 Stunden,
Wegmarkierungen: für Sommer und Winter.

Es ist Mitte Februar. Noch hat die STF-Jugendherberge Kiruna nicht geöffnet. So bin ich auf eine private Unterkunft angewiesen und übernachte bei Stina, der ehemaligen Pächterin der Jugendherberge (siehe unter »Adressen«). Dass der Fjäll-Tourismus jetzt weitgehend im Winterschlaf liegt, merke ich schon daran, dass noch kein Bus bis Vakkotavare – zu meinem Etappen-Endpunkt – fährt.

Nach Abisko kommt man immer, und wenn ich in etwa zehn Tagen Vakkotavare erreichen werde, hat der Busfahrer bis dahin die Saison eröffnet. Da auch der Frühzug nach Abisko seinen Dienst noch nicht aufgenommen hat, komme ich erst mittags in Kiruna los.

Spät am Nachmittag starte ich vom einsamen Bahnhof und trete beeindruckt durch das pompöse Kungsleden-Portal: »Willkommen« scheint es mir zuzurufen. Durch hügeliges und leicht bewaldetes Gelände folge ich der Markierung entlang des Abiskojåkkå: dicht gesteckte Metallstangen mit einem roten Plastikkreuz an der Spitze – da kann eigentlich nichts mehr schief gehen. Die niedrigen, doch teils recht steilen Hügelchen mindern das Tempo mehr, als man es vermuten würde. Nach fast vierstündigem Auf und Ab habe ich den Abiskujávri erreicht. Die Hütten gleich linker Hand sind privat, aber am anderen Ende des Sees kann ich bei der einbrechenden Dämmerung in etwa drei Kilometer Entfernung die STF-Hütten ausmachen.

Bis Ostern ist das Eis des Abiskojávri normalerweise sicher. Danach sollte man bei Einheimischen Rat holen, denn gerade das Abisko-Tal genießt wegen seiner geschützten Lage ein ungewöhnlich mildes Klima mit geringen Niederschlägen. Da ich aber in den Nächten der gesamten letzten Woche Temperaturen bis –40 Grad erlebt habe, kann ich mich auf die Tragkraft des Eises verlassen. Ich schalte meine Stirnlampe ein und laufe im Lichtkegel zum anderen Ende des Sees. Bei völliger Dunkelheit erreiche ich die Hütten und erkenne Lichtschein aus den Fenstern.

Als ich den offenen Schutzraum mit vier Betten betrete, schauen mich zwei ältere Schweden entsetzt an. Es scheint ihnen gar nicht zu passen, dass so spät abends noch ein Wanderer hereinschneit. Wie ich nach und nach erfahre, kamen sie mit ihren Scootern für einige Nächte von Abisko hierher und wollen morgen wieder zurück. Im Gegensatz zum Padjelanta oder dem Sarek, wo das Scooter-Fahren (außer für die Sami) komplett verboten ist, darf man die motorisierten Maschinen im Abisko Nationalpark leider entlang des Wandertrails benutzen.

Auf dem Tisch im Hintergrund erkenne ich ein hochprozentiges Getränk und Spielkarten. Obwohl noch genug Platz wäre, wollen die beiden Männer ganz offensichtlich nicht bei ihrem Vergnügen gestört werden. Etwas unwirsch erzählen sie mir, dass es fünfzig Meter weiter auch noch eine grasgedeckte Holzkote gäbe. Da ich wenig Lust auf eine Nacht in dieser abweisenden Atmosphäre habe, sehe ich mir die Kote an: Die Matratzen wirken feucht, der geborstene Ofen wird nur noch durch einen Draht zusammengehalten. Doch er scheint zu funktionieren, und ich wechsele in diese Unterkunft. Die beiden Muffel freuen sich so sehr darüber, dass sie mir eine ganze Kiste gesägtes und gespaltenes Holz in die Hand drücken. Als der Ofen bullert und ich bei Kerzenschein gegen Mitternacht mein Essen köchle, bin ich schließlich heilfroh über diese urgemütliche Unterkunft.

■ **ABISKOJAURE** (STF), 490 m, 57 Betten.

2. TAG: ABISKOJAURE – ALESJAURE

Länge: 20 Kilometer,
Dauer: 7 Stunden,
Wegmarkierungen: für Sommer und Winter.

Wieder viel zu spät am nächsten Morgen schnalle ich die Skier an. Doch nach dem gestrigen Tag tat das Ausschlafen gut, und im Winter dauert der Aufbruch sowieso immer länger. Da ich aber noch im Schlafsack liegend den Ofen befeuern und das Kaffeewasser aufsetzen konnte, blieben mir immerhin die 20 Minusgrade beim Aufstehen erspart. Im T-Shirt neben dem Ofen sitzend, schlürfe ich den duftenden Kochkaffee.

Über den Kamajåkkå hinweg erreiche ich nach gut zwei Kilometern die Abzweigung nach Unna Allakas. Weiter im Tal leicht aufwärts am Råvvetievva Sami-Dorf vorbei käme man hier schließlich zur STF-Hütte an der norwegischen Grenze. Man könnte so auf den Nordkalottleden (siehe dort

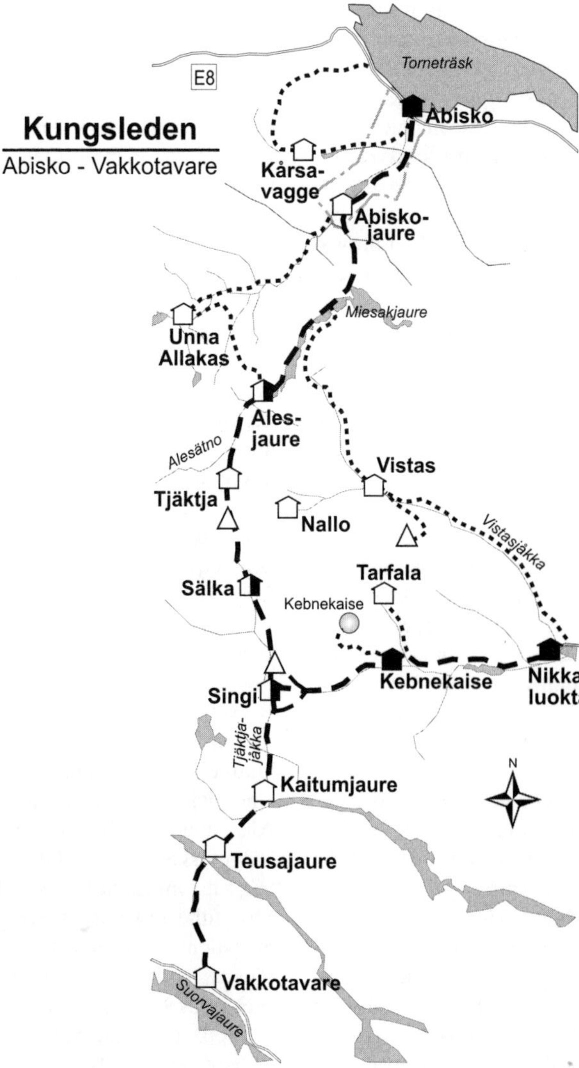
Kungsleden
Abisko - Vakkotavare
E8
Torneträsk
Abisko
Kårsa-
vagge
Abisko-
jaure
Miesakjaure
Unna
Allakas
Ales-
jaure
Alesätno
Tjäktja
Vistas
Nallo
Vistasjåkka
Tarfala
Sälka
Kebnekaise
Kebnekaise
Nikka-
luokta
Singi
Tjäktja-
jåkka
Kaitumjaure
N
Teusajaure
Vakkotavare
Suorvajaure

bei der Hütte Unna Allakas) wechseln oder in den Narvik-Bergen zum Fjord hinunter abfahren.

Oder man schwenkt zurück nach Südosten und erklimmt über die Kämme des Stuor Alagas und Snárabákti den 1.236 m hohen Pass zwischen Tjålmeåive und Kartejåkkå. Im Winter ist von diesen derben Anstiegen abzuraten, aber im Sommer kann man konditionsstarken Wanderern wegen des grandiosen Panoramas von dort oben den Zwei-Tages-Schlenker via Unna Allakas nur empfehlen. Denn diese Variante garantiert mehr landschaftliche Abwechslung und Einsamkeit als der Direktweg nach Alesjaure.

Über Blockfelder führt dann der Abstieg am Tjålmeriepejaurasj vorbei und im Coalmmivággi abwärts ebenfalls an die Alesjaurehütten heran. Gerade wegen all dieser zahlreichen Querwege eignet sich der Kungsleden bestens für eigene Routen-Ideen. Auch von Abisko aus kann man zum »Einlaufen« viele kurze Rundtouren von ein oder zwei Tagen Länge unternehmen, so etwa über die Kårsavaggehütte (10 Betten) oder die Låktajåkkahütte.

Ich folge diesmal der offiziellen Markierung ins Gárddenvággi hinein. Nach dem kurzen, aber heftigen 300-Meter-Anstieg sehe ich schon die verschlossene Kieronhütte auf der anderen Talseite stehen. Mit lautem Geknatter ziehen zwei Scooter an mir vorbei, die ihre Anhänger randvoll mit Werkzeug und Holz beladen haben. Die Baumgrenze lasse ich nun endgültig für die nächsten Tage unter mir zurück. Je weiter der Trail über die Hänge des Kartinvare hinweg ansteigt, desto mehr öffnet sich der Blick auf den Miesakjávri und das vergletscherte Kåtotjåkkå-Massiv dahinter. Der Sommerweg hält sich streng am Westufer der 10 km langen Seenkette aus Miesakjávri, Rádujávri und Alesjávri.

Möglich wäre übrigens auch der Wechsel ans Ostufer durch eine der zahlreichen Watstellen, wo ein unmarkierter Trampelpfad über das Sami-Dorf Alesjaure die STF-Hütten ansteuert. Wie die Scooter bevorzuge ich aber jetzt im Winter den bequemen Weg über den See. Eingekeilt vom Tjålmeåive im Westen und Njuikkustak im Osten komme ich auf dem ebenen Eis rasch voran.

Trotzdem gerate ich wegen des späten Aufbruchs erneut in die Dunkelheit, und zusätzlich setzt ein leichtes Schneegestöber ein. Also steuere ich eben doch die Wegmarkierung am Ufer an und folge ihr im Licht der Stirnlampe. Mit Mühe und Not erkenne ich immer den nächsten Markierungspfosten, so dass der Kompass in der Jackentasche bleiben kann.

Die Batterie meiner Stirnlampe ist leer, doch ich bin – so kurz vor dem Ziel – zu faul, eine der Ersatzbatterien aus dem Rucksack zu angeln. Die unerwartet tiefe Bucht des Alesjávri direkt vor den auf steilen Hügeln gebauten Alesjaurehütten bereitet mir noch einige Stürze im stockfinsteren Schneetreiben.

In der Saunahütte unten am See brennt Licht. Da ich keinen Bock zum Sägen des Brennholzes finde, frage ich dort unten nach. Ich habe Glück: Die zwei Scooterfahrer von heute mittag entpuppen sich als Schreiner, die den durchnässten Holzboden reparieren. Sie sägen mir freundlicherweise mit ihren Motorsägen in Minutenschnelle riesige Stapel an Brennholz.

■ **ALESJAURE** (STF), 790 m, 86 Betten.

3. TAG: ALESJAURE – TJÄKTJA

Länge: 13 Kilometer,
Dauer: 4 Stunden,
Wegmarkierungen: für Sommer und Winter.

Heute komme ich endlich früher los. Direkt neben der Hängebrücke quere ich den Alesätno und laufe gemütlich im breiten Flusstal südwärts, mal auf dem Eis, mal auf dem Uferstreifen. Der Schutz einer Renwächterhütte fordert zu einer Rast auf, während der Wind durch den Kanal des Tjäktja-Passes die Schneeflocken bis hierher peitscht. Auch mein Husky weiß die Rast zu schätzen, denn er hat ein Rentiergeweih aufgestöbert, an dem er genüsslich nagt.

Die noch relativ neue Tjäktjahütte vor dem Pass macht die heutige Tagesetappe zum beschaulichen Spaziergang – nach drei Kilometern Anstieg wechsle ich auf die andere Seite der Tjäuftjanjira-Schlucht zur Hütte hinüber. Bevor ich windgeschützt neben dem Ofen Platz nehmen kann, muss ich erst mal eine Viertelstunde lang ein paar Kubikmeter Schnee von der Eingangstür wegschippen. Tief in der Nacht schaut ein Scooterfahrer vorbei, der nach fünf Minuten Rast weiter Richtung Teusajaure düst. Bewundernd betrachte ich seine dick gefütterte Jacke aus Robbenfell, die ihn bestimmt gut wärmt.

■ **TJÄKTJA** (STF), 1.020 m, 20 Betten.

4. TAG: TJÄKTJA – SÄLKA

Länge: 12 Kilometer,
Dauer: 4 Stunden,
Wegmarkierungen: für Sommer und Winter.

Endlich Bilderbuchwetter: Windstille und wolkenlos blauer Himmel! Ideale Bedingungen für den Tjäktja-Pass, den ich nach gut drei Kilometern gemächlichem Aufstieg erreiche. Welch eine Aussicht – weit und frei liegt das TJÄKTJAVAGGE unter mir, das ich die nächsten Tage durchstreifen werde. Dieser Pass soll es in sich haben: Ich hörte Einheimische erzählen, wie sie angeblich samt ihrem schweren Rucksack vom Wind erfasst und mehrere Meter versetzt wurden.

Ein Teil davon mag Jägerlatein sein, aber bei Sturm kann der Tjäktja-Pass in der Tat wie ein Windkanal wirken. Da kommt der Windschutz – eine spitzgiebelige Mini-Hütte mit Ofen – hier oben gerade recht.

Wo soll nun die Abfahrt sein, die Kollegen als »alpin« bezeichnen? Nach zwei kurzen und nicht der Rede werten Schrägfahrten stehe ich schon in der Talsohle. Die restlichen acht Kilometer gleichen einem gemütlichen Spaziergang im Tal entlang. Vor mir sehe ich schon von weitem die Sälkahütten an der Einmündung des Stuor Reaiddavággi. Um halb zwei stehe ich bereits vor der Unterkunft. Die Sonne heizt so stark, dass ich noch eine Zeitlang auf der Veranda vor der Eingangstür sitze.

■ **SÄLKA** (STF), 830 m, 56 Betten.

5. TAG: SÄLKA – SINGI

Länge: 12 Kilometer, Dauer: 3,5 Stunden, Wegmarkierungen: für Sommer und Winter.

Auch der heutige Tag wird eine ruhige Etappe bescheren. Sanft bergab im Tal und durch das Gatter eines Rentierzauns gelange ich im Nu an die Stelle, wo ich laut Karte eigentlich den Windschutz am Kuoperjåkkå vorfinden müsste. Allerdings steht da nur ein Holzschuppen. Des Rätsels Lösung erfahre ich erst viel später bei einem Hüttenwart: Der Windschutz ist einige Monate zuvor abgebrannt. Doch auf einem solch populären Trail wird dieser Mangel schnell behoben: Als ich sechs Monate später erneut diese Stelle auf dem Weg ins Kuoppervagge passiere, finde ich schon den neuen Rastschutz vor.

Ein Hundegespann mit vier Huskies begegnet mir. Kein Wunder, denn der flache Kungsleden bietet treffliche Bedingungen für Hundeschlittenfahrer, die Steigungen längst nicht so mühelos wie ein Skiläufer meistern können. Man darf mit den Gespannen sogar STF-Hütten anfahren, muss aber für den Stake-Out (Hunde-Lagerplatz) bezahlen. Weniger Freude bereiten dagegen die zahlreichen Scooter mit ihren stinkenden Abgasen, die ebenfalls im Tjäktjavagge entlangflitzen. Seltsam – bisher bin ich jetzt im Februar keinem anderen Skiläufer begegnet, aber der Scooterverkehr erinnert manchmal an eine Kleinstadt.

Obwohl einige Scooterspuren auf die andere Talseite wechseln, bleibe ich auf der Ostseite, passiere das links abzweigende Singivagge und entdecke nach einer kleinen Hügelkuppe plötzlich das weit gestreckte Sami-Dorf Kårtjevuolle voraus. Hierher führen also die aus allen Himmelsrichtungen zusammenlaufenden Scooterspuren! Ganz am anderen Ende der Siedlung, zwischen Singicohkka und Stuor Avrrik, stehen die Singihütten.

Als ich in der Dunkelheit Schnee zum Schmelzen hole, leuchtet bei knackigen –24 Grad ein hellgrün zitterndes NORDLICHT über dem nordwestlich abzweigenden Neasketvággi.

■ **SINGI** (STF), 720 m, 44 Betten.

Alternativroute im Winter: Ausstieg über Kebnekaise
SINGI – KEBNEKAISE FJÄLLST.
Länge: 14 Kilometer, Dauer: 4 Stunden, Wegmarkierungen: für Sommer und Winter.

Die meisten Kungsleden-Wanderer zweigen nun nach Osten ab und laufen nach Nikkaluokta. Meiner Erfahrung nach ist diese Variante nicht anzuraten, denn spätestens ab der Kebnekaise Fjällstation wird der Weg nicht nur furchtbar langweilig, sondern macht dem Skifahrer häufig schon ab April wegen Schneemangel zu schaffen.

Ein möglicher Grund für diese Variante mag im Sommer die Gipfelbesteigung des Kebnekaise sein, während im Winter nur erfahrene Alpinisten den Aufstieg über die steilen Gletscherpassagen wagen sollten.

Vielleicht hegen manche Skiläufer Bedenken wegen des Teusajaure-Sees, den man auf dem landschaftlich viel reizvolleren Weg nach Vakkotavare zu überqueren hat? Doch der ist normalerweise bis weit nach Ostern sicher – der dortige Hüttenwart berät gern. Ich empfehle deshalb, auf jeden Fall die klassische und nur einen Tag längere Kungsleden-Passage nach Vakkotavare.

Wer es sich trotzdem im Kebnekaise Fjällhotel mit seinem leckeren Frühstücksbuffet gut gehen lassen will, zweigt genau nach Osten ins Tal zwischen Singicohkka und Unna Jierttas ab. Ein sanfter Anstieg findet nach drei Kilometern seinen höchsten Punkt, bis es wieder abwärts geht ins Láddjubahta-Tal. Über eine leichte Nordkurve erreicht man das Ládtjuvággi, wo man die pompöse Fjällstation mit ihren Sendemasten und dem Hubschrauberlandeplatz gar nicht mehr verfehlen kann.

Wer die Besteigung des KEBNEKAISE plant, erhält alle notwendigen Informationen in der Fjällstation. Selbst die Ausrüstung – vom Rucksack bis zu Steigeisen und Eispickel – kann man sich dort ausleihen.

Der Anstieg jedenfalls ist strapaziös und lang, und manche Passagen sind etwas ausgesetzt. Wer davor zurückschreckt, sollte an einer geführten Tour teilnehmen. Bei den in der Regel allabendlich veranstalteten Diavorträgen in der Fjällstation kann man sich ein realistisches Bild von der Gipfeltour auf den höchsten Berg Schwedens machen.

■ **KEBNEKAISE FJÄLLSTATION** (STF), 640 m, 194 Betten.

Fortsetzung Wintervariante: Ausstieg über Kebnekaise
KEBN. FJÄLLST. – NIKKALUOKTA
Länge: 19 Kilometer,
Dauer: 6 Stunden,
Wegmarkierungen: für Sommer und Winter.

Nach eineinhalb Kilometern Richtung Tarfalavággi stößt man auf eine Hängebrücke und im Sommer auf viele nette Zeltplätze – hier kampieren all jene, die sich eine Nacht in der Fjällstation nicht leisten können oder wollen. Weiter am Nordufer des Láddujohka entlang passiert man den Darfaloalgi, während das Tal mit jedem Kilometer weiter und offener wird.

Ständig möchte man zurückblicken, da der Südhang des Kebnekaise umso imposanter erscheint, je mehr man sich von ihm entfernt. Der breit ausgetretene und holperige Wanderpfad bietet dagegen zunehmend weniger landschaftliche Reize. Gut, dass eine drei Kilometer lange Bootsverbindung über den Láddjujávri diesen Trail abzukürzen hilft.

Im Frühwinter kann man dort zwar noch das Eis befahren, doch wegen des meist geringen Schnees und des milden Klimas sollte man schon ab Ende März vorsichtig sein. Vielleicht aus diesem Grund kann man einen Scootertransport ab Kebnekaise bestellen. Die letzten fünf Kilometer vom Bootsanleger Ladtjoluspekåtan bis nach Kvikkjokk sind langweilig; man kann sie nur noch schnellstmöglich abspulen. Auf dem breiten »Wander-Highway« kommt man glücklicherweise rasch voran.

Alternativroute im Sommer: Ausstieg über Kuopervagge/Tarfala
ABZWEIGUNG KUOPERVAGGE – TARFALA
Länge: 14 Kilometer,
Dauer: 6 Stunden,
Wegmarkierungen: nicht vorhanden.

Wegen der steilen Passage über den Tarfala-Gletscher ist diese Variante nur im Sommer zu empfehlen. Wer trotzdem im Winter dort laufen will, sollte sich zumindest die *Högfjällskartan Kebnekaise* im Maßstab 1:20.000 besorgen. Diese Detailkarte beinhaltet die im Winter schwer auszumachenden Ausmaße des Gletschers und alle Spalten. Wer nicht absolut kartenkundig ist, läuft Gefahr, in eine der mächtigen Gletscherspalten zu brechen!

Etwas nördlich des Kuoperjåkkå-Windschutzes zweigt ein Fußpfad ins Kuopervagge ein. Mit dem markanten Drakryggen im Blick hält man auf diesen zu, während das Gehen in der Blockfeldlandschaft zunehmend schwerer fällt. Anfangs hält man sich noch links des reißenden Guobirjohka, bis er auf Höhe des Drakryggen immer armseliger wird und schließlich unterirdisch verläuft – ein guter Ort zum Wechseln auf die Südseite.

Von Stein zu Stein stolpert man am Guorbirjavrrit entlang auf das Talende zu. Wie gut, wenn ein Paar Wanderstöcke zusätzlichen Halt in dieser kargen Steinwüste bieten! Dort wo der Enquists-Gletscher, der Gaskkasbákti und der Giebnebákti ringsum in den Himmel ragen, fragt man sich, wo der Pfad aus dem Talkessel herausführen soll. Doch er tut es – über ganzjährig verschneite Steilhänge führen Spuren ins Hochtal des Gaskasjávri hinauf. Der Blick zurück ins raue KUOPERVAGGE und auf den auch im Hochsommer halb vereisten GUORBIRJAVRRIT lohnt sich.

Rechter Hand lässt man den Pass-Gletscher liegen und steigt hoch über dem Südufer des Kaskasajaure (schwarzer See) an, bis zum Grat, der einen weiteren grandiosen Blick auf den TARFALAJAURE über 200 Meter unter uns frei gibt. Und wieder stellt sich die Frage: Wo soll da ein Weg nach unten führen? Hart am Rand des GLETSCHERS, doch noch auf dem matschigen Schnee verläuft ein Steig, die ganze Zeit mit überwältigendem Blick auf die mächtigen Eisspalten des Gletscherfelds. Weiter unten wechselt der Pfad auf den Moränenhügel, der wie ein extra für den Wanderer angelegter Damm bequem nach unten leitet.

Nur noch um den Tarfala-See herum, und schon steht man vor den Hütten. Die Sauna mit Blick auf den Isfalls-Gletscher nebenan ist auf jeden Fall einen Besuch wert.

■ **TARFALA** (STF), 1.180 m, 20 Betten.

Fortsetzung Sommervariante:
Ausstieg über Kuoperv. / Tarfala
TARFALA – KEBNEK. FJÄLLST.
Länge: 19 Kilometer,
Dauer: 5 Stunden,
Wegmarkierungen:
nur für den Sommer.

Nachdem der gestrige Weg voller landschaftlicher Höhepunkte war, darf man heute freilich nicht mehr Ähnliches erwarten. Entlang zum Ausgang des Tarfala-Talkessels folgen zwar noch einige großartige Szenarien – so etwa die hohen Wände des KEBNEKAISE westlich und des TARFALATJÅKKÅ nordöstlich. Doch dann steigt der Weg im Tarfalavagge ab, teils mit deftigem Gefälle und immer zwischen Fluss und Telefonleitung.

Der Bewuchs nimmt zu, je tiefer man hinab zum Ladtjivagge gelangt. An der Brücke, die über den Darfalajohka hinüber zur Fjällstation leitet, trifft man sogar schon wieder auf Birken.

Wer sowieso am nächsten Tag weiter nach Nikkaluokta will, wird möglicherweise gleich hier, jenseits der Brücke, zelten und damit die je eineinhalb Kilometer Wegstrecke zur Fjällstation sparen.

6. TAG: SINGI – KAITUMJAURE

Länge: 13 Kilometer,
Dauer: 4 Stunden,
Wegmarkierungen: für Sommer und Winter.

Das Traumwetter der letzen Tage ist zu Ende – die Bergspitzen des Stuor Avrrik und des Stuor Jierta vor mir präsentieren sich umwölkt, und es schneit leicht. Außerdem weht ein schneidender Ostwind, der den Schnee von den Felsen geblasen hat. Mehr als einmal muss ich diesen blanken Stellen weiträumig ausweichen. Nach wie vor am Ostufer des Tjäktja entlang passiere ich auf Höhe des Stuor Jierta einige offene Wasserstellen – kein Wunder, denn die Strömung ist hier recht schnell.

Drei Kilometer weiter, bei der Einmündung des Kaukulvagge, queren Scooterspuren den Fluss. Während mir der Wind den Schnee in den Rücken peitscht, folge ich den Spuren ans Westufer.

Wer dabei ein mulmiges Gefühl hat, kann auch die Hängebrücke des Sommerwegs eineinhalb Kilometer flussabwärts benutzen. Das Skiwandern auf der westlichen Seite fällt wegen der geringeren Bewaldung aber spürbar leichter. Bei der hügeligen Abfahrt zum Kaitumjaure überholen mich wieder einmal zwei Scooter, deren Hänger abenteuerlich hoch mit Baumstämmen beladen sind. Die Fahrer bringen im Auftrag des STF den Brennholzvorrat für ein Jahr zur Kaitumjaurehütte. Während sich der eisige Wind bis zum Erreichen der Hütte noch verstärkt, betrachte ich skeptisch den blutroten Abendhimmel.

■ **KAITUMJAURE** (STF), 600 m, 30 Betten.

7. TAG:
KAITUMJAURE – TEUSAJAURE

Länge: 9 Kilometer,
Dauer: 3,5 Stunden,
Wegmarkierungen: für Sommer und Winter.

Starker Wind und Schneefall – Richtung Südwest sehe ich bei der Querung des Kaitumjåkkå-Deltas die Sami-Siedlung auf der anderen Seite liegen. Am Südufer quäle ich mich durch grobe Blockfelder, die durch den stürmischen Wind blank liegen und die Skier abschmirgeln. Als einen Kilometer weiter die Brücke den Fluss überspannt, bin ich schon ein gutes Stück am Hang entlang aufgestiegen.

Zuerst geht es im Tal entlang hinein, dann an der privaten Kote auf den 780 m hohen Pass zwischen Urtticohkka und Slieknjamacohkka hinauf. Ich nähere mich dem nächsten Quertal des Teusajaure. Hier oben pfeift der Wind so heftig über das Hochplateau, dass ich das nächste der im Zehn-Meter-Abstand aufgestellten Wegkreuze im weißen Schneegestöber kaum ausmachen kann.

Doch ein Verirren ist kaum möglich – in der weiten Talsenke weiter südwestlich gelange ich schließlich immer irgendwie an die steile Kante hinunter zum 200 Meter tiefer gelegenen Teusajaure.

Mit deutlichen Warnhinweisen vor dem steilen Gefälle zweigt die Scootermarkierung nach Westen ab. Mit einer zwei Kilometer weiten Westserpentine entschärft der Scooterweg die Steigung. Hundegespannfahrer sollten ihr unbedingt folgen. Ich wähle die für Skifahrer gedachte Markierung, die fast identisch mit dem Sommerweg geradewegs nach unten führt. Ein Fehler – geübte Telemarkfahrer oder Wedel-Freaks mögen einen Heidenspaß an diesem höllischen Gefälle haben, aber mir wird das zu heftig: Schließlich muss ich Filous Pulka abbremsen, damit der sich nicht mit ihr überschlägt oder sich um den nächsten Baum wickelt.

Da ich wegen der Bäume kaum Serpentinen fahren kann und mehr stürze als fahre, schnalle ich die Bretter ab. Bis zum Oberschenkel versinke ich daraufhin bei jedem Schritt im Schnee. Also versuche ich, den Steilhang hinunterzukugeln, doch daran hindert mich mein Rucksack. Zum ersten und einzigen Mal wünsche ich mir Schneeschuhe. Als ich irgendwann tatsächlich vor den Hütten stehe, hat der Sturm den See vollständig in konturloses Weiß gehüllt. Der Holzschuppen ist zum Glück so geräumig, dass ich windgeschützt im Inneren Brennholz sägen kann.

■ **TEUSAJAURE** (STF), 510 m, 30 Betten.

8. TAG: TEUSAJAURE – VAKKOTAVARE

Länge: 16 Kilometer,
Dauer: 6 Stunden,
Wegmarkierungen: nur für den Sommer.

Hinter dem nächsten Gebirgskamm windet sich die Straße nach Ritsem, auf der erst seit wenigen Tagen einmal täglich ein Linienbus verkehrt. Dieses letzte Wegstück weist zwar keine Wintermarkierung auf, doch der Verlauf ergibt sich eindeutig aus dem Gelände. Den Windschutz auf der anderen Seite des nur kilometerbreiten Sees kann man schon von hier aus erkennen, samt dem dahinter eingekerbten Tal des Kappejåkkå.

Im Sommer fährt von Mitte Juni bis Mitte September mehrmals täglich ein Motorboot. Die restliche Zeit über liegt an jedem Ufer ein Ruderboot, das etwa am 20. September zum Schutz vor dem anrückenden Winter ans Ufer gezogen wird.

Ich folge dem Sommerweg, dessen Markierungen an den Bäumen nach kurzem Suchen leicht zu finden sind: vom Windschutz zunächst einen Kilometer westlich durch Birken-bestandenes Terrain bis an das Bachbett des Kappejåkkå, dann an ihm entlang nach oben. Etwa bei Höhenmeter 700 verlasse ich die Baumgrenze.

Nun lässt die Steigung zwar nach, aber trotzdem geht es weiterhin stetig bergauf. Die auf Steine gemalten Markierungen sind teilweise verschneit, doch noch immer zu erkennen. Dabei brauche ich sie gar nicht: Mit zunehmendem Abstand vom Kappejåkkå laufe ich an der Westflanke des Rappattjårro genau südwärts und sehe schon die Gebirge des Stora Sjöfallet Nationalparks aufragen. Als ich auf dem höchsten Punkt (940 Meter) stehe, kann ich sogar die weiß verschneite Seefläche rechter Hand liegen sehen, der der Kappejåkkå entspringt.

Östlich an einer Rentier-Sammelstelle vorbei halte ich auf die Schneise zwischen Vakktotakvaratjah und Karnjelapakte zu. Die nun letzte Abfahrt zur Straße hinunter ist die schwierigste der ganzen Etappe seit Abisko. Zwar nicht so steil, aber länger, hügeliger und dichter bewaldet als das Gefälle bei Teusajaure zwingt sie zum ständigen Wechseln der Bachseite. Meist ist es auf der Sommerroute westlich des Karnjelajåkkå leichter, doch manche Kurven fahre ich dann doch über das gegenüberliegende Ufer aus.

Als ich schon meine, die Abfahrt nehme gar kein Ende, stehe ich endlich vor der Vakkotavarehütte. Man muss wissen, dass sie wie alle an einer Straße liegenden Hütten oder Fjällstationen keinen außerhalb der Saison geöffneten Notraum besitzt. Verständlich, denn einerseits kann man ja fast das ganze Jahr über mit einem Linienbus rechnen, und andererseits werden diese Noträume ansonsten zu oft von Auto-Touristen zweckentfremdet.

■ **VAKKOTAVARE** (STF), 460 m, 20 Betten.

AUSSTIEGSPUNKTE

Bis auf die als erste Alternativroute beschriebene Tour über Kebnekaise nach Nikkaluokta existiert kein schneller Ausstieg. Abzweigungen vom Kungsleden zu Straßen oder Dörfern sind zahlreich vorhanden, doch diese dauern länger, als wenn man die Tour wie geplant beendet. Gerade bei einem »Kurztrip« wie auf dem Nord-Kungsleden stellt das jedoch kein Problem dar, da ein Nottelefon in jeder Hütte ein hohes Maß an Sicherheit garantiert.

2. Etappe: Saltoluokta – Kvikkjokk

IM ÜBERBLICK

- **LÄNGE:** 4 Tage, 72 km.
- **ÜBERNACHTUNG:** in Hütten.
- **PROFIL:** einfache Tour, wegen Steigungen und einer langen Tagesstrecke etwas anspruchsvoller als die erste Etappe – vorwiegend im baumlosen Fjäll – landschaftlicher Höhepunkt ist das Rapadelta am Rand des Sarek Nationalparks
- **KARTEN:** – *Fjällkartan Sareks Nationalpark BD 10* (S)

1. TAG: SALTOLUOKTA – SITOJAURE

Länge: 19 + 2 km/See, Dauer: 7 Stunden, Wegmarkierungen: für Sommer und Winter.

Es ist Mitte Mai. Auf der Busfahrt ins Fjäll begutachte ich skeptisch kilometergroße schneelose Passagen und kleine Mulden neben der Straße, die sich durch die Schneeschmelze meterhoch mit Wasser gefüllt haben. Das Eis auf den Seen bricht großflächig auf. Und das Wasser, das noch nicht in den gefrorenen Boden abfließen kann, verwandelt das Land in einen großflächigen Morast.

Ob meine geplante Tour überhaupt noch möglich ist? Die Touristenbüros haben mich beruhigt: »Überhaupt kein Problem! Viele Wanderer wissen nur nicht, dass man jetzt auch noch unterwegs sein kann. Du wirst sehen – im Fjäll sieht es ganz anders aus. Du findest mindestens einen Schneestreifen, den die Schneescooter schön fest gepresst haben.« Wie beruhigend!

Die ersten Meter bis zum Bootsanleger nach Saltoluokta muss ich Filous Pulka noch tragen und über blanken Asphalt zerren – keine einfache Aufgabe, da ich für diese Kurztour jede Menge Luxus-Proviant wie Rum, Brot, Kuchen, Honig, verschiedene Marmeladen und Cappuccino eingepackt habe. Auch am Ufer der 150 km langen Seenkette des Stora Lulevatten bin ich als »Spätwinter-Greenhorn« noch nicht überzeugt von meinem Vorhaben. Das Eis ist kilometerweit aufgebrochen, und auf dem direkten Weg hinüber zur Fjällstation Saltoluokta schimmert mir blaues Seewasser entgegen. Ich werde wohl einen Umweg über das Eis nehmen müssen.

Doch es zeigt sich, dass meine Sorge fast unbegründet war. Das erst vor wenigen Tagen abgereiste Personal der Fjällstation hat in einem Bogen einen sicheren Weg übers Eis markiert, und eine Tafel informiert mit heutigem Datum über die Eisdicke. Nachdem ich trotzdem sorgfältig die Tragfähigkeit geprüft habe, laufe ich entlang dieser Route den verschlossenen STF-Hütten entgegen, während nur wenige Meter entfernt Wellen gegen die Eiskanten plätschern.

Plötzlich überholen mich Scooter, die mit riesigen Metallwalzen den Trail über den See planieren. Jetzt, wo diese schweren Ungetüme über den See hin- und herbrettern, bin ich endgültig von der Tragkraft des Eises überzeugt. Der STF arbeitet wirklich vorbildlich daran, das Wandern auch im Spätwinter so sicher wie nur möglich zu machen.

Frühlingswetter: Bei Windstille und strahlendem Sonnenschein stellt sich gute Laune von selbst ein, als ich den Hang zum Tanak hinauf keuche. Ich wählte den Winterweg, der dank ein paar zusätzlicher Serpentinen weniger Steigung aufweist. Die Baumgrenze bleibt schnell hinter mir, so dass ich bald freie Sicht zurück auf die halb vereiste Seenkette und die Dächer der im Tiefschlaf liegenden Fjällstation habe.

Auf Höhe des Gebirgstals Autsutjvagge wird es richtig bequem – ohne nennenswerte Steigungen führt die Wintermarkierung nach Süden. Der Autsutjjåkkå hat sein Flussbett teilweise schon aus dem Schnee freigelegt – während er meist noch unter sicher tragenden Schneebrücken hindurch strömt, sieht man ihn andernorts zwischen meterhohe Schneewände eingekeilt, die infolge der Wärme der letzten Tage abbröckeln.

Das Thermometer zeigt nur noch wenige Grade unter Null. Bei Windstille spure ich im T-Shirt durch tiefen, pappigen Neuschnee. Der Schnee klebt in 30 cm dicken Stollen unter den Skiern und macht aus jedem Schritt einen Kraftakt. Doch ich habe keine Eile. Immer wieder raste ich, schlürfe heißen Tee aus der Thermoskanne und genieße die Aussicht auf das lang gestreckte Seetal des PIETSAURE, an dessen Ostende einige Samihütten stehen.

Der herrlich postierte Windschutz im Autsutjvagge lädt ebenfalls ein zur Rast. Der Brennholzschuppen nebenan ist verschlossen. Der Holztransport in die Berge kostet eine Menge Geld und sollte in einer Rasthütte nur bei einem Notfall benützt werden.

Ich werfe alternativ meinen Petroleumkocher an, der den kleinen Raum innerhalb nur einer halben Stunde auf Zimmertemperatur erwärmt. Nur lüften muss ich ab und zu, um mich nicht mit den Dämpfen des verbrannten Petroleums zu vergiften.

Währenddessen ziehen Rentierherden, die in der dünn gewordenen Schneedecke auf der Suche nach Flechten graben, rings um die kleine Hütte. Nur zu gern würde sich da mein ewig hungriger Husky auf die Jagd begeben. Mit der schweren Pulka im Schlepptau hat er aber keine Chance, einen Rentierbraten zu ergattern. Doch jetzt, wo er sogar im Windschutz nervös die Beute wittert, halte ich ihn sehr sorgfältig an der Leine.

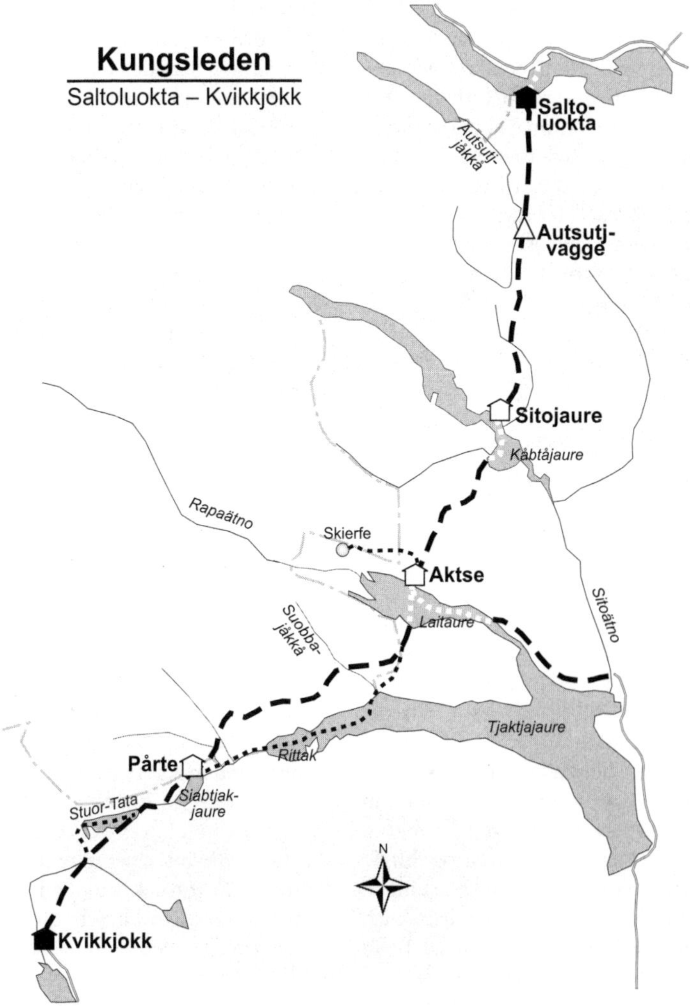
Kungsleden
Saltoluokta – Kvikkjokk
Salto-
luokta
Autsutj-
jåkkå
Autsutj-
vagge
Sitojaure
Kåbtåjaure
Rapaätno
Skierfe
Aktse
Laitaure
Sitoätno
Suobba-
jåkkå
Tjaktjajaure
Rittak
Pårte
Siabtjak-
jaure
Stuor-Tata
N
Kvikkjokk

Die restlichen zehn Kilometer sanft hinunter zum Sitojaure vergehen bei diesem Traumwetter wie im Flug. Dicht gesteckte rote Kreuze weisen den Weg, und selbst ohne diese bei Sturm recht verlässliche Markierung wäre die Orientierung kein Problem: Im Tal entlang stur südwärts gelange ich automatisch hinunter in die Bucht beim Kaskajaure. Die STF-Hütten stehen am nordwestlichen Rand der kleinen Sami-Siedlung direkt am Ufer.

■ **SALTOLUOKTA** (STF), 380 m, 93 Betten.

■ **SITOJAURE** (STF), 610 m, 38 Betten.

2. TAG: SITOJAURE – AKTSE

Länge: 9 + 3 km/See, Dauer: 4,5 Stunden, Wegmarkierungen: für Sommer und Winter.

Schon am gestrigen Abend vernahm ich das freudige Geschnatter der SCHWÄNE einige Hundert Meter weiter draußen auf dem See. Mir scheint es, als hätte ich ein Weltwunder erlebt. Vielleicht ist es ja tatsächlich ein kleines Wunder, denn die Schwäne künden in dieser Eiswüste als erste Vorboten von einer fruchtbaren Gebirgslandschaft, die schon in wenigen Wochen hier erblühen wird. Auch die SCHNEEHÜHNER, die ich beim Frühstück vom Hüttenfenster aus beobachte, legen langsam ihr weißes Winterkleid ab und bekommen die ersten braunen Federn.

Ich muss an mein gestriges Gespräch mit *Ingrid Brinkmann* denken. Die etwa sechzigjährige Hüttenwartin von SITOJAURE hatte nach drei Monaten Hüttenleben ihre Saison beendet und sich von einem Scooter abholen lassen. Die wettergegerbte Frau mit den langen, grauen Haarsträhnen hatte viel zu erzählen, zum Beispiel von Karl-Heinz aus Duisburg, den es nach vielen Sommerurlauben zum ersten Mal im Winter nach Schweden zog, der aber die Einsamkeit und Dunkelheit hier nicht aushielt und ihr sein Leid klagte. Oder von der wunderbaren Musik des Sami *Nils-Aslak Valkeapää*, der aus Vogelstimmen Sinfonien komponiert. Ingrids Augen leuchteten, als sie vom hohen Gackern der Schneehühner erzählte oder von »ihren« Singschwänen, die sich am Sitojaure angesiedelt und sie jeden Morgen geweckt hatten.

Das schöne Wetter hat ein Ende: Bei eingetrübtem Himmel sowie leichtem Schneegestöber taste ich mich entlang der Stangenmarkierung über den Kåbtå-See vorwärts. Danach geht es hinauf über den Kamm des Njunjes. Bei schönem Wetter hätte man hier eine traumhafte Sicht zurück auf den tiefblauen, von gewaltigen Bergen eingekesselten Sitojaure. Doch es soll nicht sein. Die ersten zwei Kilometer schützen zwar noch kleine Krüppelbirken vor dem zunehmenden Wind, den die Norweger

Wenn das Schneehuhn allmählich sein Winterkleid verliert (oben); Skibindung am Ende – das Werkzeug-Not-Set bewährt sich ▶

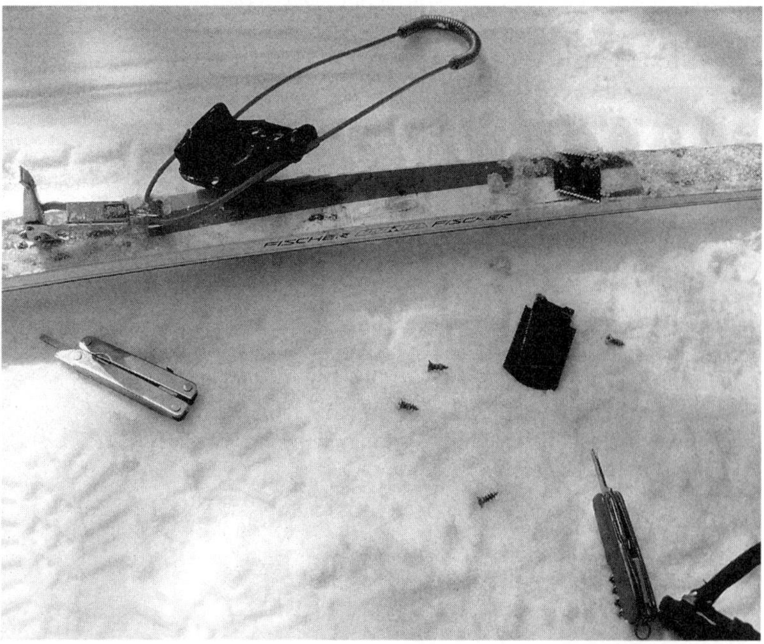
FISCHER
FISCHER

als *stiv kuling*, als »steifen Starkwind« bezeichnen würden.

Als nach strammer Steigung die Baumgrenze hinter mir zurückbleibt, gibt es nichts mehr, was die Wucht der Windböen mildern kann. Die Metallstangen mit den roten Kreuzen sind zwar so dicht gesteckt, dass selbst im SCHNEESTURM oft noch das nächste Kreuz schemenhaft erkennbar bleibt. Da Filou bei diesem Wind allerdings meine Kommandos für »rechts« und »links« nicht mehr verstehen kann, spure ich voraus und befestige ihn mit einer Leine an meinem Rucksack. Denn würde er aus irgendeinem Grund zurückbleiben, hätte ich ihn bei diesem Sturm schon nach wenigen Metern aus den Augen verloren.

Dank der Markierung können GPS-Gerät, Kompass und Höhenmesser aber dennoch getrost in der Tasche bleiben, während Filou und ich uns mit fast geschlossenen Augen dem Schneegestöber entgegenstemmen. Das beste Mittel dagegen ist meine mit einem Fell gesäumte Kapuze, die die Wucht der peitschenden Eiskristalle im Gesicht spürbar mildert und die Nase vor Erfrierungen schützt.

Der deftige Abstieg hinunter zum Aktse geht schon im Sommer ordentlich in die Kniegelenke. Jetzt im Winter wird die steile Abfahrt durch dichten Wald wegen der vielen Haarnadelkurven zum Abenteuer. Ein guter Skiläufer bin ich nicht, also setze ich mich mit abgeschnallten Skiern auf die Pulka und nehme ein »Taxi« nach unten. Auch Filou ist froh, dass ich ihm beim Abbremsen seines Gefährts helfen kann.

Einen Kilometer vom See entfernt liegen die Aktsehütten auf einer kleinen Lichtung. Wegen des dichten Schneetreibens kann ich den SKIERFE nur erahnen – jenen bekannten Aussichtsberg, der mit einer 680 m hohen Steilkante fast senkrecht ins Rapadal abfällt und einen einzigartigen Blick auf das mäandernde Delta bietet. Vielleicht gewährt mir ja der nächste Tag besseres Wetter, um dem Gipfel einen Besuch abzustatten.

Aber das Glück ist mir nicht hold. Der Skierfe hüllt sich am nächsten Morgen unverändert in Wolken. Ich wage mich dennoch an den Aufstieg und keuche die gestrige Abfahrtstrecke wieder nach oben. Sobald ich die Baumgrenze erreicht habe, verlasse ich die Wintermarkierung und zweige nach Nordwesten ab, also geradewegs auf den Skierfe zu. Bis etwa 200 Meter unterhalb des Gipfels steige ich auf – dann beginnt die Wolkendecke. Der Blick ist trotz des trüben Himmels berauschend. Letztes Jahr war ich im Sommer hier oben, und fasziniert vergleiche ich, wie die vereisten Wasserflächen des weiten RAPADELTAS jetzt im Winter viel deutlicher leuchten. Lange verharre ich bei diesem garstigen Wetter allerdings nicht auf meinem Ausguck: In den Aktsehütten werde ich mir den Abend mit Trinkschokolade und Kakao-Bannocks versüßen.

■ **AKTSE** (STF), 590 m, 34 Betten.

3. TAG: AKTSE – PÅRTE

Länge: 21 + 2 km/See, Dauer: 7 Stunden, Wegmarkierungen: nur für den Sommer.

Eine mit Birkenzweigen gesteckte Markierung führt geradewegs über den Laitaure. Im Sommer fährt der unten am Ufer lebende Sami *Lennart Läntha* die Touristen ans Ufer ebenso wie in die östliche Bucht Kuolleluppal. Auf Wunsch bringt er Wanderer mit seinem Motorboot selbst ins Rapadelta, die von dort durch das Rapadal den SAREK durchqueren.

Wie populär dieser oft als »letzte Wildnis Europas« titulierte Nationalpark geworden ist, erfahre ich sogar jetzt im Spätwinter. Auf dem Kungsleden treffe ich während der ganzen Tour keine Menschenseele, aber beim Weg über das Eis des Laitaure begegne ich prompt drei Franzosen, die durch den Sarek wollen. Erst recht in der Hochsaison ist der Nationalpark inzwischen arg überlaufen.

Doch ich kann sie verstehen, diese FASZINATION, die für so viele Nordlandfans vom Anblick des Rapadelta ausgeht: Grandios, majestätisch und wie einladend liegt es neben mir, während ich in der Mittagssonne über den Aktse-See gleite. Der NAMMATJ, dieser markante Tafelberg, ragt in den stahlblauen Himmel wie ein Wächter am Tor zum Sarek.

Am anderen Ufer steht ein Rastschutz, in dem man sich im Sommer beim Warten auf das Fährboot ausruhen kann.

Scooterspuren führen dann aufwärts in den Wald, aber selbst ohne sie fiele die Orientierung leicht: Zwischen dem mächtigen Tjakkeli zur Rechten und dem kleineren Tjaktavare zur Linken steigt man auf 550 Meter. Der Sommerweg schwenkt nun nach Westen ab und leitet über das kleine Sami-Dorf am Suobbatjåkkå auf den Pårtekietje hinauf. Schön ist er schon, dieser Höhenstieg über der Baumgrenze am Rastschutz von Rittak vorbei und über die kleine Felsnase des Huornatj. Der Route mit ihren heftigen Steigungen im Winter zu folgen wäre jedoch eine wüste Plackerei und würde mich wohl heute nicht mehr zu den Pårtehütten bringen. So halte ich mich weiter Richtung Südwest an der Grenze des Sarek Nationalparks entlang und gelange bald ans Ufer des Tjaktjajaure.

Leider dient dieser See den Schweden als Wasserspeicher zur Stromgewinnung, so dass durch den etwa fünf Meter gesunkenen Wasserspiegel stellenweise gewaltige Felsbrocken aus den geborstenen Eisplatten hervorragen und den Weg versperren. Der Weg ist anstrengend, doch immer noch wesentlich komfortabler als die Sommerroute 400 Meter oberhalb. Mit dem Erreichen der unzähligen Inseln und Halbinseln am Ende des Tjaktjajaure wird es besser.

Fortan abwechselnd durch Wald und über Eis gelange ich zum Rittak, der letzten Bucht der Tjaktja-Seenkette. Die restlichen fünf Kilometer parallel zum Rittakjåkkå führen mich durch leichtes Gelände. Der Frühling kündigt sich auch hier an – mehr als einmal rutsche ich mit meinen Skiern über Moosteppiche.

Wunderschön auf einer Halbinsel im Sjabtjakjaure hat sich die Pårtehütte postiert. Der Tag heute war warm und windstill, und nach meiner Ankunft sonne ich mich sogar im T-Shirt auf der Hüttenveranda.

Erstmals in diesem Winter muss ich bei der Ankunft nicht als erstes den Ofen anzünden, denn die Sonne hat den Innenraum mollig warm aufgeheizt. Sie steht jetzt schon so hoch am Himmel, dass es die ganze Nacht NICHT MEHR DUNKEL WERDEN WIRD. Das erlaubt es mir, auch ohne Stativ Fotos vom Vollmond und einer gegen Mitternacht vorbeiziehenden RENTIERHERDE zu schießen.

■ **PÅRTE** (STF), 500 m, 26 Betten.

4. TAG: PÅRTE – KVIKKJOKK

Länge: 16 Kilometer,
Dauer: 6 Stunden,
Wegmarkierungen: nur für den Sommer.

Die ersten Kilometer laufen die Skier wieder fast von selbst. Zuerst über den Sjabtjakjaure, dann weiter durch ein flaches Tal gleite ich geruhsam zum nächsten See, dem Stuor Tate.

Der Sommerweg würde nun am linken Seeufer auf die bewaldeten Hänge des Tuottarjåkkå hinaufführen. Im Winter kann man es sich wieder mal bequemer machen: Ich wandere geradewegs nach Westen über das Eis des Stuor Tata, bis der See nach Süden abknickt. So lande ich in der Bucht Unna Tata und halte mich am Ende des Sees genau weiter Richtung Süden. Etwa beim Fluss Njakajåkkå treffe ich wieder auf den Sommerweg. Mein Winterweg leistete sich nur einen Kilometer Umweg, doch in dem leichteren Gelände habe ich mindestens eine halbe Stunde Zeit eingespart.

Auf dieser populären Route helfen mir Scooterspuren, den weiteren Wegverlauf im Auge zu behalten. Hat man die nicht zur Verfügung, sollte man sich in dem bewaldeten Gelände besser mit dem Kompass Sicherheit verschaffen. Verlaufen kann man sich trotzdem nicht: Gerät man zu weit links, sorgen die Steilhänge des Sjnjerak automatisch dafür, dass man die kleine Siedlung Kvikkjokk nicht verfehlt. Zu weit rechts dagegen landet man am Fluss Kamajåkkå und müsste diesem nur südwärts folgen, um genau auf Kvikkjokk zu treffen.

Die Schneedecke wird dünner, als ich der Scooterloipe abwärts ins Tal folge. Stellenweise haben die motorisierten Gefährte den Schnee so fest zusammengepresst, dass ich wie in einer Bobbahn unkontrolliert abwärts sause. Doch es hat auch sein Gutes: Zu beiden Seiten des Scooterkanals ist der lockere Schnee schon dermaßen stark geschmolzen, dass ich ohne die fest gepresste Loipe wohl des öfteren meine Skier abschnallen müsste. Die letzten Meter vor der Fjällstation hilft aber alles nichts mehr – wegen der blanken Steine muss ich die inzwischen leichte Pulka nun tragen. Auch auf der Busfahrt nach Jokkmokk zeigt sich, dass Mitte Mai in den Tälern schon der Frühling regiert, während im Fjäll trotz aufbrechender Flüsse die Schneeverhältnisse noch eine nahezu perfekte Skitour gewährleisten.

■ **KVIKKJOKK FJÄLLSTATION** (STF), 320 m, 62 Betten.

AUSSTIEGSPUNKTE

■ **AKTSE:** Den Ausstieg bei Aktse nutzen auch viele lauffaule Touristen, um »mal eben schnell« dem Rapadelta einen Besuch abzustatten. Im Sommer befährt Lennart Läntha mit seinem Boot regelmäßig die 6 km lange Strecke zwischen Aktse und dem Windschutz beim Kuolleluoppal. Außerhalb der Saison läuft man auf einem sommermarkierten Weg am Ufer entlang, im Winter auf dem Eis.

Dann beginnt jedoch eine 10 km lange und entsetzlich langweilige Etappe auf einer Waldstraße (für Autos gesperrt!) bis zum Parkplatz beim Sitoätno. Man kann sich nicht darauf verlassen, aber oft parken hier von Tjåmotis kommende Jäger oder Tagesausflügler.

Wer selbst mit dem Auto hierher fährt und nur einen Abstecher nach Aktse hin und zurück plant, sollte nach Möglichkeit ein Fahrrad mitbringen, um damit die öde Etappe auf der Waldstraße schnell hinter sich zu bringen.

3. Etappe: Kvikkjokk – Jäkkvik

IM ÜBERBLICK

■ **LÄNGE:** 4–6 Tage, 66 km.

■ **ÜBERNACHTUNG:** in Hütten und Zelt.

■ **PROFIL:** mittelschwere Tour mit vielen Steigungen – mehrere Zeltnächte erfordern ein Zelt – bewaldete und sumpfige Täler wechseln sich mit Pass-Überschreitungen ab.

■ **KARTEN:** – *Fjällkartan Kvikkjokk – Jäkkvik BD 14* (S)

1. TAG: KVIKKJOKK – TSIELEJÅKK

Länge: 11 Kilometer & 4 km Bootstransfer, Dauer: 6 Stunden, Sommermarkierung.

Der Wind peitscht den Regen fast senkrecht durch die Luft, und in den höheren Lagen färbt leichter Schneefall die Bergkuppen weiß. Es ist Mitte September – die Zeit der Herbststürme ist gekommen. In der Regel ziehen sie schnell vorbei und machen einem tiefblauen Himmel und der Sonne Platz, die das HERBSTLICHE LAUB goldgelb leuchten lässt.

Die STF-Fjällstation in Kvikkjokk hat schon geschlossen, aber gleich nebenan bietet ein Touristcenter ganzjährig kleine, gemütliche Hütten zur Vermietung an. Viele der Hütten sind von Wanderern belegt, die auf dem nördlichen Kungsleden unterwegs waren und hier nun ihre Tour beenden. Ihre Zelte haben sie in den Hütten zum Trocknen aufgehängt, während sie auf der Veranda ihre Kocher reinigen. Ich scheine der Einzige zu sein, der hier eine Tour startet, anstatt sie zu beenden. Ein schönes Gefühl ist es trotzdem, denn zu dieser Jahreszeit finde ich sicher die Einsamkeit, die ich mir erhoffe.

Kvikkjokk, idyllisch im Delta von Tarraätno und Kamajåkkå gelegen, bildet den Schnittpunkt von gleich drei Wanderwegen: Nach Norden wie nach Süden führt der Kungsleden, nach Westen der Trail in den Padjelanta. Der Königsweg südwärts ist allerdings für Anfänger deutlich weniger geeignet als das Nordstück. Denn man muss zahlreiche Auf- und Abstiege bewältigen und wegen der langen Abstände zwischen den Hütten etliche Zeltnächte einkalkulieren. Außerdem können die gnadenlos dem Westwind ausgesetzten Fjällkuppen allen schlecht ausgerüsteten Wanderern zumindest im Herbst und Winter ordentlich zu schaffen machen.

Zunächst gilt es, den Saggat zu überwinden. Ich habe mich mit dem samischen Fährmann für acht Uhr morgens verabredet und stehe zur vereinbarten Zeit mit meinem Husky am Bootssteg. Die gut drei Kilometer lange Überfahrt endet in der Bucht bei Mallenjarka.

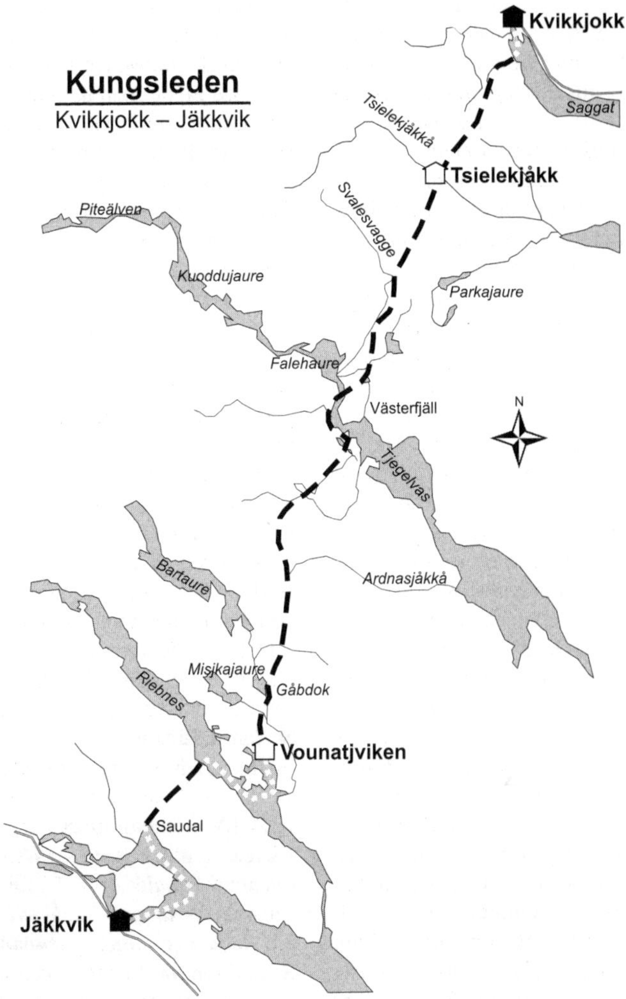
Kungsleden
Kvikkjokk – Jäkkvik
Kvikkjokk
Saggat
Tsielekjåkkå
Tsielekjåkk
Svalesvagge
Piteälven
Kuoddujaure
Parkajaure
Falehaure
Västerfjäll
N
Tjegelvas
Bartaure
Ardnasjåkkå
Misjkajaure
Gåbdok
Riebnes
Vounatjviken
Saudal
Jäkkvik

Zunächst relativ eben, schlängelt sich der sommermarkierte Pfad durch sumpfiges Waldgelände. Eineinhalb Kilometer nach Mallenjarka steht ein happiger Anstieg bevor: Die 400 Höhenmeter hinauf auf den Gebirgskamm des Såke-Lastak haben es wirklich in sich, da der noch randvoll mit Proviant gepackte Rucksack entsprechend schwer ist. Und man sollte sich darauf einstellen, dass es so weitergeht: Die von West nach Ost strömenden Flüsse haben tiefe Täler gegraben, die Kungsleden-Wanderer recht mühsam queren müssen. Die reichlichen BLAUBEERSTRÄUCHER hier im Wald entschädigen mich immerhin für die Anstrengungen des Aufstiegs.

Hat man die Seen auf 700 Metern erreicht, ist das Schlimmste geschafft. Nur noch leicht hügelig geht es weiter durch lose bewaldete Fjäll-Landschaft: karg und steinig auf den Kuppen, sumpfig in den Niederungen. Nachdem ich den knapp 800 m hohen Lastakvarta passiert habe, breitet sich das flache Tal des Tsielekjåkkå im Blickfeld aus. Südwestlich davon erheben sich die schneebedeckten Gipfel des Sjellapuolta, dessen Ostausläufer ich morgen übersteigen will.

Doch nun freue ich mich erstmal auf das Mini-Hüttchen unten am Tsielekjåkkå. Den ganzen Tag über blies der Wind böig mit einer Heftigkeit, die mich manchmal torkeln ließ. Die Wärme eines Ofens könnte ich daher gut gebrauchen. Doch zu früh gefreut: In der Zwei-Mann-Hütte liegen schon zwei Rucksäcke auf den Pritschen, und außen an der Wand hängen mindestens zehn blutige Schneehühner. Die Jagdsaison ist eröffnet!

Obwohl ich mich noch leicht auf eine der breiten Pritschen quetschen könnte, verspüre ich wenig Lust, den Abend mit zwei Jägern zu verbringen und ihnen womöglich beim Ausweiden der toten Tiere zuzusehen. Ich schlage mein Zelt am Ufer des Flusses auf, was mich bei dieser Windstärke einige Anstrengung kostet.

In der Nacht bange ich manchmal um das Zeltgestänge, das durch die Gewalt mancher Böen bis hinunter zum Schlafsack gedrückt wird. Doch trotz allem ist die Nacht klar, und ich sehe die ersten NORDLICHTER des Jahres über den Himmel huschen. Das Fotografieren verkneife ich mir, denn der stürmische Wind hätte im Nu das Kamerastativ umgeworfen.

■ **TSIELEJÅKK WINDSCHUTZ**, 610 m, 2, zur Not auch 4 Betten.

2. TAG: TSIELEJÅKK – ZELT

Länge: 13 Kilometer, Dauer: 6 Stunden, Wegmarkierungen: nur für den Sommer.

Schon von hier unten erkenne ich den Taleinschnitt, der mich auf den Pass führen wird. Der niedrige Heidebewuchs wird immer spärlicher, als ich im Suongerkårså-Tal aufsteige. Zunächst noch westlich des Flusses, dann nach der Querung mit saftiger Steigung aufwärts leitet die Markierung auf ein Plateau. Von dort eröffnet sich ein einzigartiger Ausblick auf die Sami-Siedlung am PARKAJAURE bis hinüber zur lang gezogenen Seenkette von FALEHAURE und KUODDUJAURE. Wäre nicht der eisige Wind, könnte ich mich überhaupt nicht losreißen von diesem Aussichtspunkt und seinem 300°-Panorama.

Auf etwa 900 Metern schwenkt der Weg nach Westen, um an der steilen Flanke des Kåbtapakte hinabzuführen. Plötzlich höre ich ein scharfes Fauchen und sehe, wie die spärlichen Gräser zehn Meter vor mir förmlich auf den Boden gepresst werden. Eine Sekunde später wird mein Husky Filou samt seiner neun Kilo schweren Packtasche einen Meter nach hinten geschleudert, und auch ich strauchle trotz der Vorwarnung. Was war das? So starke Sturmböen habe ich das ganze letzte Jahr nicht erlebt! Doch nun erfahre ich am eigenen Leib, welch gewaltige Wirkung HERBSTSTÜRME an ausgesetzten Stellen haben können. Immerhin bin ich jetzt vorbereitet: Wenn ich eine Böe heranfauchen höre, bleibe ich sofort stehen und stemme mich auf meine beiden Wanderstöcke. Zumindest kann ich so weitere Stürze vermeiden, doch von flottem Vorwärtskommen kann nun keine Rede mehr sein. Erst als ich den Falesjåkkå erreiche und unter die Baumgrenze abtauche, finde ich ein wenig Schutz vor dem Wind.

Der mühselige Laufstil hat Zeit gekostet. Nur noch zwei Kilometer durch hügeliges Waldgelände lege ich zurück, bevor ich am Ufer des Ruoutejaure das Lager aufschlage. Der unebene Boden lässt mich sehr lange nach einem geeigneten Platz für das Zelt suchen.

Wer im Winter den windausgesetzten Pass lieber meiden möchte, läuft einen kleinen Ostbogen um Spietjamvalle herum. Auf etwa 700 Metern kann man sich immer oberhalb der Baumgrenze halten und vermeidet die Steigung, muss aber dafür fünf bis sechs Kilometer zusätzliche Wegstrecke in Kauf nehmen.

3. TAG: ZELT – ZELT

Länge: 10 Kilometer,
Dauer: 5 Stunden,
Wegmarkierungen: nur für den Sommer.

Während der Nacht war der gestern überquerte Pass in dicke Wolken gehüllt, heute morgen präsentiert er sich weiß überzuckert. Ich bin froh, dass ich diese Passage schon hinter mich gebracht habe, obwohl die lediglich 1–2 cm hohe Schneedecke in den nächsten Stunden vermutlich wieder abtaut. Und dann entwickelt sich das Wetter heute sogar richtig freundlich: Als ich nach drei Kilometern gemütlichem Marsch durch niedrigen Birkenbewuchs den kleinen Kistojauratj erreiche, drängt sich eine Rast geradezu auf: Windgeschützt am Westufer des Sees sowie gewärmt von der Sonne trockne ich meine Kleider und knabbere selbst gebackene Müsliriegel.

Früher leitete die Markierung des Kungsleden am Seeufer entlang und weiter in südlicher Richtung zu der kleinen Siedlung Västerfjäll. Da aber inzwischen sowohl die frühere Übernachtungsmöglichkeit dort als auch die Fährverbindung über den Tjeggelvas ausfiel, sollte man auf die aktuelle Markierung achten, die mit einem Knick Richtung Südwest zur Brücke beim Luspevaratj leitet. Sie überspannt einen reißenden Fluss, der vom Falehaure in den zehn Meter tieferen Tjeggelvas strömt.

Die etwa drei Kilometer lange Passage nahe des Ufers führt durch wild wuchernden Wald und ist wegen sumpfiger Abschnitte etwas mühsam zu begehen. Als der Weg wieder nach Süden abknickt, um den über 1.000 m hohen Pass beim Jåkkåkaskatjårro zu überwinden, muss ich eine Entscheidung treffen. Der Wind lässt noch immer seine Muskeln spielen. Vuonatjviken würde ich heute nicht mehr erreichen, so dass ich vermutlich oben auf dem Berg zelten müsste. Ich habe allerdings Respekt vor dem Sturm und verspüre keine Lust, da oben heute Nacht mitsamt dem Zelt wegzufliegen. Da ich an den Birken-bestandenen Nordufern des Tjålmokjauratjah einen geschützten Zeltplatz finde, hebe ich mir den Pass lieber für morgen auf.

4. TAG: ZELT – ZELT

Länge: 20 Kilometer,
Dauer: 7,5 Stunden,
Wegmarkierungen:
nur für den Sommer.

Auf gut drei Kilometern Wegstrecke führt die Markierung 400 Meter nach oben. Jede Verschnaufpause nutze ich für einen Blick zurück, da man von hier oben weit ostwärts über den TJEGGELVAS blicken kann. Die Baumgrenze habe ich längst unter mir zurückgelassen, als sich das karge Tal Ardnajauratj öffnet.

Viele kleine Schmelzwasserseen und zersplittertes Gestein deuten auf raues Klima hier oben hin. Wie zum Beweis dafür setzt leichter Schneefall ein, als ich durch die Felsbrocken-Wüste vorwärts stolpere. So garstig und ungemütlich ist es, dass ich die ursprünglich geplante Rast ausfallen lasse. Wer eventuell auf eine geschützte Pause in der Tjäurakåta hofft, sieht sich enttäuscht. Diese private Renwächterhütte ist für Wanderer verschlossen.

In dem wild zerklüfteten Hochtal kann man schon mal die Markierung verlieren. Sollte das passiert – einfach weiter in Richtung Südwest auf den Bacheinschnitt des Tjäurajåkkå zuhalten.

Auf etwa 900 Höhenmetern wendet sich der Kungsleden nach Südost und steigt mit einem gemütlichen Winkel quer zum Hang auf. Ganz und gar nicht gemütlich ist dagegen das Wetter, das mir den Schnee ins Gesicht peitscht und den Boden schon drei Zentimeter dick einhüllt. Auf Höhe des JÅKKÅKASKATJÅRRO – bei schönem Wetter empfehle ich den 400 Meter kurzen Abstecher auf den Gipfel – kippt der Wanderweg dann wieder kaum merklich nach unten. Über den Juoksakjåkkå und unter den Steilhängen des Påråktjåkkå vorbei geht es in die nächste gigantische Talsenke hinab.

Der Wegverlauf durch das steinige Sumpfland kostet Kraft. Fast verschlafe ich das Überschreiten des POLARKREISES. Zumindest bei meiner Tour fand sich kein Schild oder sonstiger Hinweis auf die magische geografische Grenze, wo jeweils an einem Tag im Jahr die Sonne nicht auf- bzw. nicht untergeht.

Da man bis auf wenige Passagen an einigen Seeufern kaum von einer schönen Aussicht belohnt wird, habe ich an der Furt beim Lika genug: Ein wunderschöner Zeltplatz und herbstlich goldene Farben in der leuchtenden Abendsonne laden mich zur Übernachtung ein, obwohl die Hütten von Vuonatjviken nur noch gut vier Kilometer entfernt sind.

5. TAG: ZELT – VUONATJVIKEN

Länge: 5 Kilometer,
Dauer: 2 Stunden,
Wegmarkierungen: nur für den Sommer.

Frisch gestärkt starte ich zum letzten Katzensprung nach Vuonatjviken. Bei der großen Stahlbrücke über den Bartek, die ich schon nach einigen hundert Metern erreiche, hätte es ebenso einen stimmungsvollen Zeltplatz gegeben.

Die restlichen Kilometer ziehen sich ohne landschaftliche Höhepunkte endlos dahin – eine kleine Enttäuschung nach den imposanten Passüberschreitungen der letzten Tage. Nur an der Bucht bei Pajep Kuossasavon findet man ein kleines Idyll, an dem augenscheinlich Fischer ein Camp errichtet hatten. Verlassene Zeltgerippe aus Holz und viele Fischgräten zeugen noch von deren Anwesenheit.

Am späten Vormittag stehe ich vor *Tage Johanssons* Hof. Obwohl ich Jäkkvik heute noch bequem erreichen könnte, miete ich vor Ort eine Hütte für die Nacht. Genügend Zeit und Proviant, eine Dusche und gigantische Blaubeerfelder hinter dem Haus genügten als Argumente.

■ **VUONATJVIKEN FJÄLLHEMAN**, bei Tage Johansson (privat), 510 m, Tel.: 0046–971–21010.

6. TAG: VUONATJVIKEN – JÄKKVIK

Länge: 7,5 Kilometer & 22 km Bootstransfer, Dauer: total 4 Stunden, Sommermarkierung.

Johansson fährt mich am nächsten Morgen mit seinem überdachten Motorboot über den Riebnes. Zudem hat er per Telefon die sich anschließende Fährpassage über den Hornavan für 15 Uhr geordert.

Obwohl ich über einen weiteren Bergrücken klettern muss, ist die Zeit großzügig bemessen. Die gut sieben Kilometer Wegstrecke über den fast 800 m hohen, strapaziösen Buckel sind rasch genommen.

Zwei Stunden muss ich mir daher noch die Zeit in der geschützten Bucht von Saudal vertreiben, bis schließlich *John Westerlund* mit seinem leichten Fischerboot angebraust kommt. Er fährt mich direkt zum Bootsanleger des Kyrkans Fjällgård, der menschenleer und verlassen daliegt. Nach einigem Suchen im Dorf finde ich einen Verantwortlichen, der mir ein Zimmer vermietet. An der Rezeption wartet mein im Voraus hierher geschicktes Proviantpaket.

■ **JÄKKVIK KYRKANS FJÄLLGÅRD**, 430 m.

AUSSTIEGSPUNKTE

Außer den zwei bewohnten, am Pfad liegenden Siedlungen Västerfjell und Vuonatjviken gibt's keine weiteren sinnvollen Notausstiege.

4. Etappe: Jäkkvik – Ammarnäs

IM ÜBERBLICK

■ **LÄNGE**: 5 Tage, 71 km Pfad.

■ **ÜBERNACHTUNG**: in Hütten und Zelt.

■ **PROFIL**: kurze, mittelschwere Tour mit Pass-Etappen über den Piljekaise und das Björkfjäll – wegen der langen Distanz zwischen Sjnultje und Ammarnäs ist ein Zelt notwendig – unterwegs meist im baumlosen Fjäll oder durch nur licht bewaldete Hochtäler.

■ **KARTEN**: – *Fjällkartan Vuoggatjålme-Ammarnäs BD 16* (S)

1. TAG: JÄKKVIK – PIELJEKAISE

Länge: 10 Kilometer, Dauer: 5 Stunden, Wegmarkierungen: nur für den Sommer.

Genau auf der anderen Straßenseite des Kyrkans Fällgård, bei der Einmündung des Kungsleden, hat sich ein kleiner Lebensmittelladen für Wanderer postiert. Sein Sortiment ist allerdings kläglich, und außerhalb der Saison führt er überwiegend vergammelte Waren jenseits des Verfallsdatums. Im Oktober, als ich meinen Proviant ergänzen will, werde ich nicht fündig und suche nach Alternativen.

Ein paar hundert Meter nördlich an der E 6 entlang treffe ich auf eine Tankstelle mit umfangreicherem Sortiment, das einen besseren

Kungsleden
Jäkkvik – Ammarnäs
Jäkkvik
Pieljekaise
Lutaure
Gaska-Bieljaure
Laisälven
Iraft
Adolfsström
Gavasjaure
Badasjåkkå
Snjultje
Suolojaure
Ahajaure
N
Seijejaure
Dellikälven
Dautojaure
Ammarnäs
Gautsträsk

Eindruck hinterlässt. Dort kann man nicht nur frische Lebensmittel und die nötigste Outdoor-Ausrüstung nachkaufen, sondern erhält gegen ein Pfand auch den Schlüssel für die Pieljekaisehütte.

Gut ausgeschildert zweigt der Kungsleden bei »Jäckvicks Liv« ab. Nur die ersten Meter verlaufen parallel zur Straße. Achten Sie auf die Markierung, denn sie knickt bald darauf in den Wald ab. Holzstege führen durch eine gerodete Birkenschneise und helfen gut über sumpfige Flächen hinweg. Man sieht dem malträtierten Boden an, dass hier Schneescooter entlangbrausen.

400 Meter Aufstieg auf den Sattel des PIELJEKAISE liegen vor mir. Richtig steil wird es aber erst ab der Brücke, wo sich die Wege teilen. Der rechte Pfad leitet nur zu einem Windschutz, von dem man über einen Umweg wieder zum Kungsleden gelangt oder in einem Rundbogen nach Jäkkvik zurückkehren kann – ein kleiner und empfehlenswerter Spaziergang für Tagesausflügler. Ich folge der offiziellen Markierung nach links über die Brücke und damit der kürzesten Wegführung.

Nach gut zwei Kilometer strammem Aufstieg erreiche ich an der Baumgrenze einen Rastschutz. Diese Bezeichnung ist eigentlich weit untertrieben, denn was da einige Meter westlich des Weges steht, ist eine geräumige Hütte mit Ofen und einem Feuerholzschuppen. Nur Betten fehlen, aber übernachten soll man hier ja auch nicht.

Direkt hinter dem Windschutz folgt eine weitere Weggabelung. Der Pfad geradeaus hält sich hart am Pieljekaise-Gipfel genau Richtung Süden und endet nach ungefähr 15 Kilometern bei Viejenäs an einer Landstraße. Der Kungsleden aber wendet sich an der Gabelung nach Südwesten. Nur noch leicht bergauf führt er nun durch stellenweise sumpfiges und mit Gestrüpp bewachsenes Terrain. Den Blick zurück sollte man unbedingt genießen, bevor das JÄKKVIK-TAL und der RIEBNES-PASS im Norden aus dem Blick verschwinden.

Bald habe ich den 820 m hohen Sattel erreicht. An der Grenze zum Pieljekaise Nationalpark ist es soweit – ich weiß, dass es jetzt wieder bergab gehen wird. Ein Schild informiert über Bestimmungen und Verhaltensregeln in dem 1909 eingerichteten Park. Der See ein paar Meter abseits des Weges ist schon halb vereist, und ein steifer Westwind peitscht hohe Wellen an die Eiskante. Ich spüre den Atem des nahenden Winters und freue mich auf die Behaglichkeit der Hütte.

Nach zwei Kilometern, zunächst über die windausgesetzte Hochebene und dann hinab ins bewaldete Herz des Nationalparks, stehe ich vor der Hütte. Eng in den Wald zwängt sie sich, vor Wind und Wetter geschützt. Der Vorraum mit Ofen, Gasherd und Tisch ist jedermann zugänglich, doch für den mit vier Betten ausgestatteten Schlafraum benötigt man den Schlüssel aus Jäkkvik. Die zahlreichen verständnislosen Flüche im Hüttenbuch beweisen, dass viele (deutsche) Wanderer weder etwas über die Existenz dieses Schlüssels wissen, noch ahnen, dass man die Übernachtung bezahlen muss.

■ **PIELJEKAISE**, 700 m, 4 Betten in verschlossenem Raum, Schlüssel bei »Jäckvicks Liv« und der Tankstelle in Jäkkvik, bei Marianne Thorfe in Adolfström.

2. TAG:
PIELJEKAISE – ADOLFSTRÖM

Länge: 10 Kilometer,
Dauer: 5 Stunden,
Wegmarkierungen:
nur für den Sommer.

Grandiose Ausblicke darf man von dem heutigen Tag nicht erwarten, wohl aber eine zumindest am Anfang abwechslungsreiche Route durch unberührte Moorlandschaft. Die Wegführung durch den mit zahlreichen Seen und steinigen Hügeln durchsetzten Pieljekaise erfordert eine gute Kondition. Achtung bei der Abzweigung eineinhalb Kilometer vor dem Lutaure: Früher existierte eine Bootsverbindung über den See, so dass immer noch ein Trampelpfad geradewegs ans Ufer leitet. Kungsleden-Wanderer müssen den See inzwischen aber in einem östlichen Bogen umrunden. Am Ostende des Lutaure, wo man prima Zeltmöglichkeiten vorfindet, verlasse ich den Nationalpark wieder.

Vier Kilometer weiter trifft bei einer Brücke der frühere, vom ehemaligen Bootsanleger kommende Kungsleden wieder mit der aktuellen Markierung zusammen.

Obwohl der Wald dichter und üppiger wird, ziehen sich die letzten drei Kilometer ins Tal langweilig dahin. Teils auf einer alten Traktorspur und ohne Fernsicht trotte ich lustlos vorwärts und bin froh, als ich das winzige und verschlafene Nest erreiche. Aus den drei möglichen Unterkünften – bei Kjell Johannson, Arnold Sundkvist oder Jan Thorve – wähle ich gleich die erste. Abends besuche ich noch Marianne Thorfes kleines Kramerlädchen. Ich kaufe frische Milch, bestelle ein Fährboot für den nächsten Morgen, bringe den Pieljekaise-Schlüssel zurück und leihe gleich den Schlüssel für die kommende Sjnultjehütte aus.

■ **ADOLFSTRÖM** (privat), 480 m, zu Gast bei Kjell Johansson, Arnold Sundkvist oder Jan Thorfe.

3. TAG:
ADOLFSTRÖM – SJNJULTJE

Länge: 15 Kilometer
& 5 km Bootstransfer,
Dauer: 6 Stunden,
markiert für So. & Wi.

Die letzten Wochen bescherten mir die Herbststürme schon eisige

Temperaturen. Jetzt bekomme ich aber das erste Mal zu spüren, wie die Witterung in den Alltag der Menschen eingreifen kann: Als ich zur verabredeten Zeit am Bootssteg warte, beobachte ich skeptisch die meterhohen Brecher, die der Westwind in die Bucht bei Adolfström peitscht. Eine halbe Stunde später kommt ein Mann mit einer dicken Pelzmütze in seinem Auto angebraust und berichtet, dass Jan Thorfe bei diesem Sturm nicht landen könne. Er wartet in einer windgeschützten Bucht am Westende des Iraft. Also mache ich mich auf den drei Kilometer langen Weg zur beschriebenen Bucht. Eigentlich ist alles halb so wild: Man könnte ebenso um den See bis nach Bäverholmen laufen, doch wenn sich der Luxus einer Abkürzung durch Fährüberfahrten bietet, nutze ich ihn gern. Schließlich erspart mir der Bootstransfer hinein ins Delta des Laisälv ein fünf Kilometer langes und landschaftlich nur mäßig interessantes Wegstück.

Wunderschön inmitten saftiger Wiesen am Flussufer liegt BÄVERHOLMEN. Eine ehemalige Touristenhütte abseits des Wohnhauses bietet Wanderern Übernachtungszimmer und sogar ein einfaches Restaurant. Ich bedaure, dass ich die letzte Nacht nicht hier verbracht habe.

Vorbei an einigen Ferienhütten wandere ich 300 Meter am Laisälv entlang, bis mich eine Brücke ans andere Ufer bringt. Das Szenario wird wieder wilder: Dem munter strömenden Barasjåkkå folge ich Richtung Südwest bis zu einer erneuten Brücke, während ab und zu schon der gewaltige SVAIPA durch die Bäume blinzelt. Am anderen Ufer steht eine Schutzhütte, deren behagliches Ambiente zur ausgedehnten Rast einlädt.

An diesem kleinen Hüttchen vereinigt sich die direkt von Bäverholmen durch den sumpfigen Wald kommende Wintermarkierung mit dem Sommerweg. Dank der roten Winterkreuze kann man sich beim nun folgenden Anstieg auf den flachen Südbuckel des Svaipa nicht verirren. Dies umso weniger, da die ersten zwei Kilometer eine Stromleitung parallel verläuft. Auf dem höchsten Punkt des Buckels, also auf etwa 800 Meter, knickt der Kungsleden nach Süden ab. Der ebenfalls wintermarkierte Weg weiter geradeaus würde mich zum Ribas Sami-Dorf am Gavasjaure bringen. Noch einmal hinunter muss ich, diesmal aber nur 80 Meter, die ich ins locker bewaldete Flussbett des Barasjåkkå absteige.

Die verbleibenden vier Kilometer bis Sjnultje – trotz samischer Anleitung habe ich nicht gelernt, diesen Namen richtig auszusprechen – führen durch kurzweilige Fjäll-Landschaft. Stille Moore und Krüppelbirken wechseln mit steinigen Buckeln und kargen Seen linker Hand ab. Die Abzweigung nach Sjnultje stimmt nicht ganz mit der auf der Wanderkarte überein. Wandert man einfach stur weiter, weist aber schließlich ein Schild deutlich auf die 300 Meter abseits des Weges liegende Hütte hin.

Leider sind die Brennholzvorräte weitgehend verbraucht – ein Los, mit dem der Wanderer im Spätherbst häufiger zu kämpfen hat, denn die Holzschuppen werden erst wieder im Winter mit dem Einsatz der Scooter aufgefüllt. Ich dürfte vermutlich der letzte Besucher sein vor dem großen Holztransport der Scooter.

■ **SJNJULTJE**, 740 m, 10 Betten, Schlüssel bei Arnold Sundkvist oder Marianne Thorfe in Adolfström, oder im Ammarnäsgarden.

4. TAG: SJNJULTJE – ZELT

Länge: 18 Kilometer, Dauer: 7 Stunden, Wegmarkierungen: für Sommer und Winter.

Leider gibt es noch keine Touristenhütte im wild romantischen BJÖRKFJÄLL. Auf dem bevorstehenden 33-Kilometer-Abschnitt bis nach Ammarnäs muss man also eine Nacht im Freien verbringen oder ein Zelt mitnehmen. Jetzt im Spätherbst möchte ich wegen der Stürme erst jenseits des Björkfjälls zelten und breche deshalb zeitig auf. Die nächsten zehn Kilometer im flachen und breiten Tal nach Süden sind ein Vergnügen: Die lang gestreckte Seenkette liegt still und beschaulich in der herbstlichen, baumlosen Gebirgslandschaft. Rot gestrichene Ferienhütten leuchten manchmal vom jenseitigen Ufer herüber. Der Wind hat abgeflaut, und die erstarrte Atmosphäre vermittelt fast schon meditative Intensität. An der Stahlbrücke über Vuorojukke raste ich und lasse bei einer Tasse Tee die Stimmung auf mich wirken.

An den Steilhängen des Laddevardo verlaufen Sommer- und Winterweg parallel im Abstand von 300 Metern. Der Winterweg versucht schon an Höhe zu gewinnen, um den Anstieg hinauf zum Björkfjäll zu entschärfen. An dem Knick des Dellikälv ist es dann endgültig soweit: Fast 200 Höhenmeter müssen bewältigt werden. Hat man die Kante erreicht, kann man mit einem Blick zurück den ganzen gestrigen Weg Revue passieren lassen und sogar den Pieljekaise im Hintergrund ausmachen. Mein Hund ist nervös, denn große Rentierherden streifen durch die Täler und über die Hochebenen des Björkfjälls.

Während sich der Weg bisher sklavisch genau an der Grenze des Vindelfjäll Naturreservats hielt, betrete ich das Schutzgebiet, endlich, am höchsten Wegpunkt. Auf der kargen und weiten Hochebene passiere ich den Lisvojaure, an dessen Südzipfel eine Schutzhütte der Rentierzüchter auszumachen ist. Als es ab dem Dautabåune wieder abwärts geht, bietet sich ein phantastisches Panorama weit über die Täler des VUORNAVAGGE und TJULTRÄSK hinweg. Im Westen erhebt sich das AMMARFJÄLL, und im Süden ragt das GUVERTFJÄLL empor, das der weitere Kungsleden überklettert. Da der Wind heute eine Verschnaufpause einlegt, steige ich nur noch zwei Kilometer bis zum Ufer des Dautajaure ab und zelte dort, weit oberhalb der Baumgrenze.

5. TAG: ZELT – AMMARNÄS

Länge: 15 Kilometer,
Dauer: 5 Stunden,
Wegmarkierungen: für Sommer und Winter.

Dichter Nebel wallt durch die Täler. So komme ich nur noch wenige Kilometer in den Genuss der Fernsicht gen Westen hinüber ins VINDELFJÄLL. Etwa beim Erreichen des Höbäcken, knapp oberhalb der Baumgrenze, tauche ich in die feuchte Wolkenschicht ein, die mich nur wenige Meter des Weges vor mir erkennen lässt. Da sich der Kungsleden aber deutlich ausgetreten durch den Wald abwärts schlängelt, laufe ich nicht Gefahr, mich zu verirren. Trotz der milchig weißen Nebelsuppe hat das herbstlich leuchtende Laub seine kräftigen Farben nicht verloren. Das Gehege der Rentier-Sammelstelle linker Hand kann ich nur erahnen. Schon kurz darauf trete ich auf die Lichtung des Parkplatzes hinaus,

FARBSEITEN 153–160:

Seite 153 oben:
Schwedischer Rastschutz am Tjuojajavri
(Nordkalottleden, Ausstieg Altevatn)
Seite 153 unten:
Auf dem Altevatn
(Nordkalottleden, Ausstieg Altevatn)
Seite 154 oben:
Sanfte Abfahrt vom Tjäktja-Pass
(Kungsleden, 1. Et., 4. Tag)
Seite 154 unten:
Auf dem Pass des Kailavagge
(Nordkalottleden, 4. Et., 7. Tag)
Seite 155 oben:
Zeltplatz auf dem Kailavakkejåkkå-Delta
(Nordkalottleden, 4. Et., 7. Tag)
Seite 155 unten:
Nahe der Gautelishütte
(Nordkalottleden, 3. Et., 4. Tag)
Seite 156 oben:
Nordlicht über Rastschutz im Dividal
(Nordkalottleden, 2. Et.)
Seite 156 unten:
Während der Polarnacht
(Abstecher an Nordnorwegens Küste)
Seite 157:
Unterwegs auf dem Kungsleden
Seite 158 oben:
Rentiere im Autsutjvagge
(Kungsleden, 2. Et., 1. Tag)
Seite 158 unten:
Wintermarkierung bei Sitojaure
(Kungsleden, 2. Et., 2. Tag)
Seite 159:
Im eisigen Dividal bei –40 Grad
(Nordkalottleden, 2. Et.)
Seite 160:
In der Gautelishütte
(Nordkalottleden, 3. Et., 4. Tag)

Herstellung: Fuldaer Verlagsagentur

SERVA HINKEN

der den bequemen Abtransport der Rentiere ermöglicht.

Die letzten zehn Kilometer dieses Tages ziehen sich endlos. Vielleicht liegt es nur daran, dass der Marsch durch das hügelige und lose bewaldete Gelände bei dieser Nebelsuppe kaum landschaftliche Reize bietet. An der Landenge zwischen dem Stor-Bissitj und dem Lill-Bissitj leiste ich mir eine Teepause, bevor ich die letzten und besonders öden Kilometer abspule. Der 200 Höhenmeter überwindende Abstieg hinunter ins Flusstal des Vuornavagge verläuft als breite Schneise durch den Wald, die eine intensive Scooter-Nutzung dieser Route im Winter verrät.

Auf der kleinen Waldstraße angekommen, atme ich auf, doch ich habe mich zu früh gefreut: Die letzten zwei Kilometer auf der öden Teerstraße durch die weit zersiedelte Ortschaft geben mir den Rest. Selbst das von vereinzelten Höfen herüberklingende Gekläffe der Schlittenhundrudel und der POTATISBACKEN können mich nicht mehr aufmuntern. Jener Hügel mitten im 300-Seelen-Dorf bescherte den Siedlern früher eine gut nutzbare Bodenfläche zum Kartoffelanbau, dient heute aber hauptsächlich Touristen als Ausguck über das Delta des Gautsträsk. Heilfroh bin ich, als ich beim Lebensmittelladen mein im Voraus versandtes Proviantpäckchen abgeholt und Unterkunft in der Jugendherberge gefunden habe. Das Haupthaus hat zwar schon geschlossen, aber im bereits winterfest gemachten Nebenflügel öffnet mir der Verwalter ein Zimmer. Der geheizte Raum und die warme Dusche tun gut nach dieser ereignisarmen Tagesetappe.

■ **AMMARNÄS VANDRARHEM** (STF), 410 m, 44 Betten, Sauna.

AUSSTIEGSPUNKTE

■ **ADOLFSTRÖM**: Eine Straße führt bis in die kleinen Siedlung, so dass man per Bus oder Trampen die Straße 95 nach Arjeplog oder die Straße 88 nach Sorsele / Arvidsjaur erreicht.

Weitere Ausstiege weder vorhanden noch notwendig, da man nie mehr als drei Tagesmärsche bis zu einer Ortschaft benötigt.

5. Etappe: Ammarnäs – Hemavan/Tärnaby

IM ÜBERBLICK

■ **LÄNGE:** 6 Tage, 78 km.

■ **ÜBERNACHTUNG:** in Hütten

■ **PROFIL:** wunderschöne Wochentour mit vielen Steigungen und weiten Fernblicken, wegen der kurzen Etappen auch für halbwegs trainierte Anfänger, meist im kargen Hochgebirge oder durch licht bewaldete Hochtäler

■ **KARTEN:** *Fjällkarten Tärnaby – Hemavan – Ammarnäs AC2* (S)

1. TAG: AMMARNÄS – AIGERT

Länge: 8 Kilometer, Dauer: 3,5 Stunden, Wegmarkierungen: für Sommer und Winter.

Die acht Kilometer scheinen nur ein Spaziergang zu sein, doch man sollte den fast 400 Höhenmeter überwindenden Aufstieg nicht unterschätzen. Trotzdem kann ich mir Zeit lassen und breche erst spät nach einem luxuriösen Frühstück mit Eiern und Speck auf.

Die Hauptstraße nach Sorsele führt zunächst über den Tjulån, und nach wenigen Metern treffe ich auf die gut ausgeschilderte Abzweigung des Kungsleden. Noch 400 Meter auf einer Waldstraße spaziere ich an Höfen vorbei westwärts, bevor ich einen einsamen Parkplatz erreiche und endlich alle Straßen hinter mir lasse.

An einem kleinen Bach entlang geht es durch dichten Wald aufwärts, bis nach gut einem Kilometer die Grenze des Naturreservats folgt. Der Winterweg, der den Hang mit geringerer Steigung einige Meter weiter östlich als die Sommerroute angeht, führt mit dieser bei der kleinen Holzbrücke über den Slagörbäcken wieder zusammen. Kurz darauf erfordert eine Weggabelung den Blick in die Karte. Die linke Abzweigung führt zu einem Aussichtspunkt auf dem Riborvardo, und geradeaus käme man am Överst-Juktan und Biellojaure vorbei in einem weiten Bogen nach Tärnaby. Diese Route geizt nicht mit landschaftlichen Höhepunkten, bedingt am Schluss jedoch leider eine längere Wegstrecke auf der Straße. Schon allein aus diesem Grund folge ich dem Kungsleden auf der rechten Abzweigung.

Mit dem steilsten Teil des Anstiegs lasse ich auch den Bodennebel hinter mir, der durch die Täler kriecht. Nur noch einzelne Nebelschwaden wallen über den vom Morgentau pitschnassen Boden, als ich im Tal des Ruoutetjejukke Richtung Nordwest sanft bergan steige. Zahlreiche Bäche rinnen von der Flanke des Äivisåive linker Hand, der sich jetzt im Oktober mit seiner verschneiten Spitze schon sehr winterlich präsentiert. Nach der Brücke über den munter plätschernden Ruoutetjejukke er-

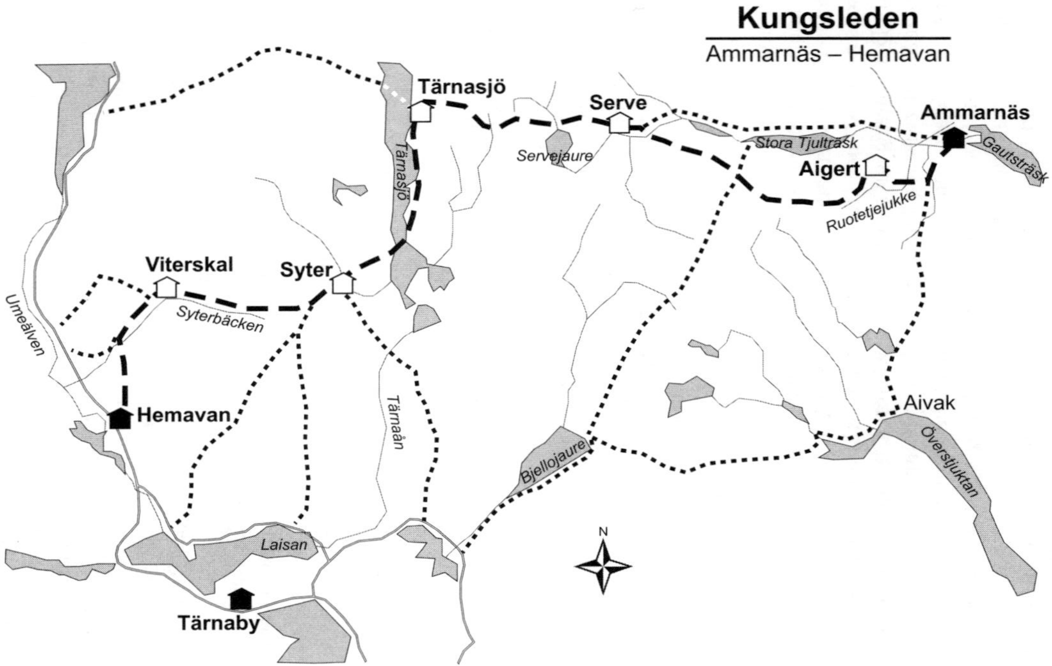
Kungsleden
Ammarnäs – Hemavan
Tärnasjö
Serve
Ammarnäs
Gautsträsk
Stora Tjulträsk
Aigert
Ruotetjejukke
Servejaure
Tärnasjö
Viterskal
Syter
Syterbäcken
Umeälven
Hemavan
Tärnaån
Aivak
Överstjuktan
Bjellojaure
N
Laisan
Tärnaby

scheint kurz darauf die Aigerthütte im Blickfeld. Idyllisch liegt sie am Ufer des RUOUTEJAURETJE, den ich allerdings erst vollständig umrunden muss. Aus diesem See schöpft man auch das Trinkwasser, während der tiefer gelegene Tümpel auf der anderen Seite zum Waschen dient.

Man sollte sich die Gelegenheit nicht entgehen lassen, einen kleinen Spaziergang zum Aussichtspunkt nordwestlich der Hütte zu unternehmen. Der Blick von diesem Hügel hinunter ins Tal des Stor-Tjulträsket und auf die bewaldeten Flanken des Gaisatj lohnt sich und beschert bei gutem Wetter Fotomotive zuhauf.

■ **AIGERT** (STF), 790 m, 22 Betten.

2. TAG: AIGERT – SERVE

Länge: 19 Kilometer, Dauer: 7 Stunden, Wegmarkierungen: für Sommer und Winter.

Angesichts des schneebedeckten Äivisåive bin ich gespannt, ob mich die heutige Etappe über die Hochebenen des Guvertfjälls über eine geschlossene Schneedecke führen wird. Der Anstieg auf den 1.040 m hohen Sattel zwischen Dårestjåkke und Lill-Aigert zumindest lässt das vermuten. Doch als ich durch die abweisend-kargen Hochtäler den Tjålmur ansteuere, stellt sich die Befürchtung als unbegründet heraus. Die einer Mondlandschaft ähnelnde Szenerie und die noch aus dem letzten Winter stammenden Schneereste lassen zwar erahnen, welch strenges Regiment der Winter hier oben führt. Doch die weiße Jahreszeit lässt jetzt noch auf sich warten, wenn sie auch einen schneidenden Wind vorausschickt, der heulend um die Rentierzüchterhütte streicht.

An der Kante des Juovtatvaratje kommt man in den Genuss der beeindruckendsten FERNSICHT der gesamten Sechs-Tage-Tour: 30 Kilometer in den Westen bis zum Massiv des Norra Storfjället reicht das Gebirgspanorama. Richtung Süden überblickt man die gewaltige Sumpf-Ebene ÅNKAVUOPME und kann nun gut verstehen, warum kein Pfad durch dieses morastige Becken führt. Direkt vor mir liegt das Tal des Vuomejukke, aus dem ich am gegenüberliegenden Hang wieder auf den Vuometjåkke aufsteigen muss. Also: 250 Meter hinab und dann geradeaus weiter am Vuomejaure vorbei wieder 80 Meter bergauf erreiche ich den Windschutz am kleinen Fluss Matsukjukke. Der eisige Wind lässt mich schnell in den sonnengewärmten Schutzraum flüchten. Das hier aufbewahrte Survivalpäckchen mit Proviant und Verbandszeug kann im Notfall Leben retten.

Am Vuometjåkke vorbei steige ich ins bewaldete Servejukka-Tal Richtung Servehütte ab. Als ich in die Baumgrenze eintauche, ragen dort abgestorbene Birkenstämme wie verdorrte Skelette in den Himmel. Wenig später ist der an dieser Stelle breite Strom erreicht, den eine gigantische Stahlbrücke überspannt. Dort mündet der direkt von Ammarnäs kommende Weg ein. Er ist kürzer und ohne nennenswerte Steigungen, doch dafür wesentlich langweiliger. Im Winter bietet er aber Skiläufern bei tobenden Stürmen oder auch Scooterfahrern dank der flachen Strecke über den See die einzige Möglichkeit, die nur noch zwei Kilometer entfernte Servehütte heil zu erreichen.

■ **SERVE** (STF), 700 m, 30 Betten.

3. TAG: SERVE – TÄRNASJÖ

Länge: 14 Kilometer, Dauer: 5 Stunden, Wegmarkierungen: für Sommer und Winter.

Der bisher strengste Nachtfrost in diesem Herbst hat den letzten Mücken endgültig den Garaus gemacht. Minus 10 Grad zeigt das Thermometer um acht Uhr morgens, als ich die vereisten Gräser im Licht der ersten Sonnenstrahlen fotografiere. Die Sonne wärmt jedoch schnell – als ich im T-Shirt auf den Servetjåkke-Buckel hinter der Hütte hinaufkeuche, haben ihre Strahlen den vereisten Boden schon wieder aufgetaut. Die Wintermarkierung umrundet den Hügel südlich; jetzt im Spätherbst ist es angenehmer, auf der Sommerroute der Fernsicht wegen ein paar Höhenzüge zu ersteigen.

Tief blau breitet sich der Servejaure aus. Der aus dem Norden einmündende Fluss ist schnell erreicht, und anschließend folgt ein erneuter Anstieg in das Hügel-Gewirr rund um den Jårpetjåkke. Vorbei an zahllosen Seen wandere ich auf den markanten Seitak zu. Eine Winterroute für Scooter und ängstliche Skifahrer führt von dort in einem weiten Nordbogen zum Tärnasjö hinab. Ich wähle den direkten Weg und genehmige mir kurz darauf am windgeschützten und sonnenbeschienenen Ufer des Tjärven eine idyllische Rast.

140 Meter führt der Kungsleden nun bergab in das Urwald-artig bewachsene Tal der Tärnasjöhütte. Die moderne STF-Hütte hat schon geschlossen, doch das kann mir nur recht sein. Für Wanderer außerhalb der Hauptsaison steht nämlich eine alte Holzhütte ein wenig abseits des großen »Neubaus« offen. Die auf zahlreiche Touristen eingerichtete STF-Hütte kann der Gemütlichkeit dieser alten Stube bei weitem nicht das Wasser reichen. Wie jeden Abend nehme ich wieder ein Bad, diesmal im Tärnasjö nahe der Sauna. Wenn sie während der Saison geöffnet ist, garantiert sie idyllisches Schwitzen mit Blick auf den See.

■ **TÄRNASJÖ** (STF), 610 m, 22 Betten, Sauna am Seeufer.

4. TAG: TÄRNASJÖ – SYTER

Länge: 14 Kilometer, Dauer: 4,5 Stunden, Wegmarkierungen: für Sommer und Winter.

Als ich am nächsten Morgen vor die Hütte trete, traue ich meinen Augen nicht – die ganze Landschaft ist in dickes, pulvriges Weiß getaucht. Wie völlig anders die Szenerie gleich wirkt! Einen Moment lang beschleicht mich Panik: Was würde es bedeuten, hier eingeschneit zu werden? Doch logisches Denken beschert wieder die nötige Ruhe: Der Schnee wird die nächsten Wochen noch nicht liegen bleiben, und selbst wenn – was stört es schon, wenn ich tatsächlich zehn Zentimeter tief im Schnee südwärts stapfen sollte? Eine höhere Schneedecke ist jetzt noch nicht zu befürchten.

Und so gewinne ich schnell Gefallen daran, durch den weiß getünchten Birkenwald entlang des Ostufers zu wandern. Nur die zahlreich gelegten Holzbohlen in diesem sumpfigen Gelände werden jetzt zu Stolperfallen: Beim Betreten rutsche ich oft mitsamt dem nassen Schnee von den Planken.

Immer mehr Äste befreien sich von ihrer weißen Last – ein Zeichen, dass die gestiegene Lufttemperatur den Schnee schon wieder abschmilzt. Durch die Bäume hindurch leuchten am jenseitigen Ufer die imposanten STEILHÄNGE von Juopmobakte, Rasjetjåkke und Skiratjåkke herüber. Als die bislang parallel verlaufende Telefonleitung nach Osten schwenkt, verlässt auch der Pfad das Ufer des Tärnasjö. Durch weite Moore laufe ich weiter Richtung Süden, bis ich an einen Rentierzaun und wieder zurück zum See gelange.

Hier folgt eine selbst für Skandinavien einzigartige Passage: Sieben abenteuerlich zurechtgezimmerte HOLZBRÜCKEN überspannen von Insel zu Insel den einen Kilometer breiten Tärnasjö. Das im Herbst oftmals nur wenige Zentimeter tiefe Wasser könnte man zwar an den meisten Passagen auch durchwaten, doch das Balancieren über die romantisch anmutenden Hängebrücken lässt man sich natürlich nicht entgehen.

Der kurze und heftige Anstieg auf den Kamm des Stokkeklippen bringt mich 140 Meter nach oben. Dass der Ausblick so überwältigend ausfällt, hatte ich nicht erwartet: Nicht nur die wackeligen Brücken durch das Inselgewirr kann ich ausmachen, sondern auch die weite Moorsenke Richtung Bjellojaure und den breiten Tärnan, der bis hinab nach Tärnaby fließt.

Nach zwei Kilometern durch steiniges und mit Sumpflöchern versetztes Terrain stehe ich vor den Syterhütten am Ufer des rauschenden Vuoppejukke. Das Bad im eisigen Gletscherfluss inmitten dieser verschneiten Hochgebirgslandschaft fällt merklich kürzer aus als gestern.

■ **SYTER** (STF), 710 m, 30 Betten.

5. TAG: SYTER – VITERSKALET

Länge: 12 Kilometer, Dauer: 4 Stunden, Wegmarkierungen: für Sommer und Winter.

Schwere Neuschneewolken hüllen die Gipfel des Norra Storfjäll ein. So kommt es, dass ich beim Anstieg auf den Kamm des Vuokkenase bald in dichtes Schneegestöber gerate. In der anschließenden Talmulde weiden große Rentierherden in südlicher Richtung. Ich laufe nicht Gefahr, sie zu vertreiben, denn schon an der Reservatsgrenze knickt der Kungsleden nach Nordwesten ab und durchquert fortan ein enges Gebirgstal von seltener Schönheit.

Nach wenigen Metern bergan stehe ich an einer Rentierzüchterhütte und damit an der Mündung dieses Tales. Der Winterweg führt nördlich des Syterbäcken, der Sommerweg südlich davon durch das manchmal nur 300 Meter breite Syterdal. Flankiert vom lang gestreckten nördlichen und südlichen Sytertoppen wandere ich auf der Sommerroute Richtung West.

Die Schneewolken haben inzwischen zumindest dieses enge Trogtal freigegeben, so dass ich mich bei strahlendem Sonnenschein und ein wenig pulvrigem Neuschnee dem Anblick dieser wilden Schönheit von 800 m hohen Wänden hingeben kann. Wo sich das Tal Richtung Südwest wendet und die Steilhänge zurücktreten, funkelt die schneebedeckte Viterskalhütte im Sonnenlicht. Da ausgerechnet diese heruntergekommene, schmuddelige Unterkunft als einzige auf dem gesamten Kungsleden explizit keine Hunde erlaubt, muss mein Husky im Vorraum schlafen. Über manch andere Hütten hört man in den Touristenbüros zwar ebenfalls, dass Hunde nicht mitgebracht werden dürften. In den Hütten selbst findet man dann aber doch einen Liegeplatz für Hunde und, auf einer Tafel angeschlagen, den Preis für die Übernachtung des Vierbeiners.

■ **VITERSKALET** (STF), 810 m, 14 Betten.

6. TAG:
VITERSKALET – HEMAVAN

Länge: 11 Kilometer, Dauer: 4 Stunden, Wegmarkierungen: für Sommer und Winter.

Jammerschade, dass ich diese wild romantische Region heute verlassen und wieder in die »Zivilisation« zurückkehren muss. Wie gern würde ich nach diesen drei Wochen »Draußensein« einfach meine Skier an den Rucksack schnallen und – je nach Region in Wanderstiefeln oder auf Skiern – noch einige Wochen anhängen, um weiter südwärts zu wandern!

Aber es hilft nichts: Notgedrungen steuere ich das Skizentrum Hemavan an, wo mich der Bus zurück zu meinem Auto in Storuman bringen wird. Nach vier Kilometern im zunehmend breiter werdenden Syterdal lädt eine Brücke dazu ein, auf die andere Seite des Flusses zu wechseln und genau westlich hinunter nach Klippen abzusteigen.

Doch ich bevorzuge einen radikalen »Zivilisationsschock«, indem ich dem offiziellen Kungsleden über Skipisten vorbei an Sesselliften und langen Ferienhaus-Ketten ins Tal folge.

Als die Markierung nach Süden knickt und an den Hängen des Storkittelhobben nach unten führt, versüßt ein letzter Panoramablick das Ende der Tour: Der träge dahinfließende UMEÄLV füllt mit seinen Mäandern fast das ganze Tal aus. Von Westen mündet der 30 m höher gelegene Tängvattnet ein, und auf der anderen Talseite zeigt ein Sendemast auf dem Skorvfället in den Himmel. Bei Wohnmobil-Wanderern gilt dieser Berg dank seiner Aussicht als beliebtes Ausflugsziel.

Beim Weg in das vom Tourismus geprägte, jetzt aber wie ausgestorben wirkende Hemavan bleibt der Schnee immer mehr zurück. Fast wandere ich sogar wieder in den Sommer hinein: Im warmen Tal hängen noch die Blätter an den Bäumen, und sogar Blumenwiesen stehen in voller Pracht.

Es wäre wirklich idyllisch, wenn sich nicht die zahlreichen Skihütten und Fjällhotels so gierig in den ramponierten Skihang hineingefressen hätten. Die Zimmer der STF-Jugendherberge bieten im Vergleich zu den mondänen Hotels immerhin halbwegs moderate Preise.

■ **HEMAVAN VANDRARHEM** (STF), 460 m, 48 Betten.

AUSSTIEGSPUNKTE

■ **SERVE:** Von der Servehütte führt ein kräftezehrender, 24 km langer Weg direkt nach Ammarnäs zurück. Schon am Ostende des Stor-Tjulträsket stößt man auf dem Parkplatz häufig auf Tagesausflügler, die einen Verunglückten im Notfall die verbleibenden acht Kilometer bis Ammarnäs transportieren könnten.

■ **TÄRNASJÖ:** Im Winter bietet sich eine Passage Richtung Nordwesten über den See an. Von der Bucht bei Partasnäset führt eine markierte Loipe zur 18 Kilometer entfernten Ortschaft Umasjö. Am Jirejaure, also etwa in der Mitte dieser Strecke, steht eine weitere Touristenhütte mit Nottelefon.

■ **SYTER:** Wer das oft von Unwettern gebeutelte Syter-Massiv scheut, kann von der Hütte zunächst am Fluss entlang und dann weiter südwärts die Brücke über den Tärna erreichen. Der sommer- und wintermarkierte Weg leitet am jenseitigen Ufer an den Hängen des Bångonåive und des Njereutjåkke zur kleinen Siedlung Norra Fjällnäs. Die restlichen zwölf Kilometer auf der Straße nach Tärnaby kann man auf Mitfahrgelegenheiten hoffen.

Noch kürzer wäre es, erst vier Kilometer dem Kungsleden zu folgen und dann direkt nach Süden abzuzweigen. Kurz darauf hat man die Qual der Wahl: Je ein sommer- und wintermarkierter Trail leiten entweder östlich des Vallentjåkke vorbei nach Solberget oder westlich davon durch Hochgebirgstäler nach Lasisaliden hinunter. Bei beiden Varianten findet man einen Windschutz vor.

Gut zu wissen

Karten

Wanderkarten müssen sein, selbst bei Sommertouren auf markierten Wegen. Im Winter, wenn die Wegmarkierungen häufig unter dem Schnee versteckt und die Gewässer nicht mehr klar erkennbar sind, versteht sich ein sicherer Umgang mit der Karte von selbst. Für ganz Skandinavien liegen topografische Karten im Maßstab 1:100.000 und 1:50.000 vor, die bei kompetenter Benutzung exakte Orientierung im Gelände ermöglichen.

IN SCHWEDEN

Das ausgezeichnete Kartennetz des schwedischen Landesvermessungsamtes *Lantmäteriet* deckt im Maßstab 1:100.000 nahezu alle populären Wandergebiete ab. Diese Fjällkarten machen die *Gröna Kartan* im Maßstab 1:50.000 überflüssig, denn sie enthalten alle für Wanderer wesentlichen Informationen: Sommer- und Winterwege, Brücken, Hütten und Fährverbindungen. Da man die Karten zu der enormen Größe von 100 x 80 cm auffalten kann, kommt man auch bei mehrwöchigen Touren meist mit ein bis zwei Kartenblättern aus.

IN NORWEGEN

Das ganze Land ist mit einem vor Ort überall erhältlichen 1:50.000-Kartenwerk erfasst, doch das heißt, dass man bei einer mehrwöchigen Tour meist sieben oder acht Karten mit sich führen muss. Hinzu kommt, dass das *Statens Kartverk* die leider kleinformatigen Blätter zum Teil nur unzuverlässig aktualisiert. Für manche Wanderregionen liegen völlig veraltete Ausgaben vor, in denen Wanderrouten und Hütten noch nicht verzeichnet sind. Hier hilft nur eins: Bei einem Besuch der Touristenbüros vor Ort zeichnet man die Wegführung von dort vorliegenden aktuellen Karten ab. Die norwegischen Wander- und Skikarten decken den Norden nur spärlich ab. Die Wanderkarte Narvik-Abisko ist identisch mit der schwedischen Fjällkartan Abisko-Kebnekaise-Narvik.

IN FINNLAND

Das vom finnischen *Karttakeskus* aufgelegte Kartenwerk erfasst die beliebtesten Wanderregionen im 100.000er-Maßstab. Die Qualität ist mit der der schwedischen vergleichbar. Die finnischen Karten fallen kleinformatiger aus und sind kleiner gefaltet. Sie passen damit auch in die eher knappen Kartentaschen mancher Wanderhosen.

VERKAUF

Am Beginn jeder Etappenbeschreibung habe ich alle benötigten Wanderkarten aufgelistet. Man erhält sie im Normalfall vor Ort am Startpunkt der Wanderung – und zwar in den dortigen Buchhandlungen, Touristenbüros und, in dünn besiedelten Gebieten, mitunter an Tankstellen und im Einzelhandel. Viele Routen in Nordskandinavien überqueren die Grenze und erfordern zusätzlich die Karten des Nachbarlandes, die man zum Teil nur jenseits der Grenze erhält. Es ist bei der TOURENPLANUNG hilfreich, die Karten schon zu Hause zu studieren.

■ Fast alle Wanderkarten vorrätig bzw. einen kurzen Draht zu den Herausgebern in Skandinavien hat: **NORDIS VERSAND**, Postfach 100 343, D–40767 Monheim, Telefon 02173–95370, Fax 02173– 54278, Internet: www.nordis-versand.de, E-mail: Elch@nordis-versand.de.

Hütten

Das auch im Norden hervorragend ausgebaute Netz der Hütten ermöglicht ein angenehmes Wandern mit teils luxuriösen Übernachtungsplätzen sowie der Möglichkeit, Kleidung und Ausrüstung über dem Ofen zu trocknen. Obwohl sich das Hüttensystem in den drei nordeuropäischen Ländern zum Teil deutlich unterscheidet, sollte man sich immer an einige selbstverständliche Regeln halten.

GRUNDREGELN

■ **VOR DEM AUFBRUCH** spült man das Geschirr, lüftet die Hütte, sägt und spaltet für den Nachfolger ausreichend Brennholz, bringt die Betten in Ordnung, wischt oder kehrt den Fußboden und entsorgt den Müll. Der (in Schweden mit *slask* beschriftete) Abwasser-Eimer soll nur an der dafür vorgesehenen Stelle entleert werden, und jeglicher brennbare Müll wird im Ofen verfeuert. Ob sinnvoll oder nicht – im Norden verbrennt man nicht nur Papier, Blasenpflaster und Teebeutel, sondern auch Plastiktüten und -beutel. Am besten, man benutzt solche, bei deren Verbrennung keine schädlichen Rückstände enstehen.

Den noch verbleibenden Müll, der eigentlich nur noch aus Alu-Papier oder gegebenenfalls Konserven bestehen dürfte, nimmt man wieder mit oder entsorgt ihn in (falls vorhanden) den entsprechenden Mülleimern.

Auch der Frischwasser-Eimer soll wieder aufgefüllt werden. Falls man keine eindeutige Beschriftung vorfindet, entnimmt man das Trinkwasser oben am Bachlauf oder am oben gelegenen See und wäscht sich im Gewässer unterhalb der Hütte.

■ Da der Transport in die Berge enorme Kosten verursacht, muss an Holz und Gas **GESPART** werden. So versteht es sich von selbst, einen bullernden Ofen gleich zum Erhitzen des Spülwassers zu benutzen.

■ Obwohl mehrfach beobachtet, sollte man die **HÜTTENBÜCHER** natürlich nicht zum Anfeuern benutzen. Die Einträge der Besucher dienen nicht nur der Statistik und der korrekten Geldverteilung auf die einzelnen Hütten, sondern nützen auch Rettungsmannschaften bei der Suche nach Verunglückten.

■ Apropos **FEUER**: Viele Wanderer, die zu Hause den Komfort einer automatischen Zentralheizung gewohnt sind, haben Probleme mit dem Anfeuern des Ofens. Ich möchte daher einige Tipps weitergeben, dank derer ich das Feuer immer rasch zum Lodern brachte:

Zwei große, gespaltene Holzscheite legt man rechts und links an die Seitenwände des Ofens.

Die Mitte dazwischen füllt man mit einigen Stückchen Birkenrinde – dem besten Zunder im Norden. Obenauf schichtet man locker kleine und dünne Späne. Diese Späne kann man mit dem eigenen Messer von den Scheiten abtrennen.

Quer auf die beiden seitlichen Scheite legt man dünnere Holzscheite, aber so, dass sie den Zunderhaufen in der Mitte nicht zusammendrücken und ihm ausreichend Luft lassen.

Ist das Holz halbwegs trocken und hat der Ofen einen guten Durchzug, muss man nur noch ein Streichholz an die Birkenrinde halten und warten, bis die Hütte schön kuschlig warm wird. Bei nassem Holz kann das Feuermachen zwar manchmal zum Geduldsspiel werden, doch mit entsprechend mehr Zundermaterial kommt man eigentlich immer zum Ziel.

Bis das Feuer kräftig lodert, sollte man je nach Durchzug des Ofens die Luftklappe in der Ofentür relativ weit geöffnet halten, damit es nicht wieder ausgeht. Wenn das Feuer dann gut brennt, garantiert das fast vollständige Schließen der Klappe dagegen eine wesentlich bessere Heizleistung.

IN SCHWEDEN

Die Hütten in Schweden betreut *Svenska Turistföreningen (STF*, der schwedische Touristenverein). Lediglich für die Hütten im Padjelanta Nationalpark ist die *Länsstyrelsens Fjällförvaltning* zuständig.

Die Hütten zeichnen sich durch teils sehr hohen Standard aus und ermöglichen zudem ein relativ risikoloses Wandern: Denn fast jede Hütte verfügt heutzutage über ein Nottelefon, und die von Hütte zu Hütte führenden Wegmarkierungen sind dicht gesteckt und deutlich sichtbar.

Man unterscheidet zwischen Fjällstationen, Fjällhütten sowie Rastschutz-Unterkünfte.

Freiluftdusche in Aktse / Kungsleden ▶

■ Die in der Regel an (großen) Straßen liegenden **FJÄLLSTATIONEN** mit ihren 60 bis 300 Betten bieten mit warmer Dusche, elektrischem Strom und Restaurant nahezu Hotelstandard.

Um die happigen Preisen zu umgehen, kann man sich im Normalfall in den Selbstversorger-Abteilungen der Fjällhotels einmieten.

■ In der Mehrzahl hat man es aber mit **FJÄLLHÜTTEN** zu tun, die durchweg nicht bewirtschaftet sind und 4–60 Betten zur Verfügung stellen. In einigen der größeren Hütten findet man eine Möglichkeit zum Proviantnachkauf.

Während der Hauptsaison im Winter (etwa von Anfang März bis Anfang Mai) sowie im Sommer (etwa von Mitte Juli bis Mitte September) beaufsichtigt ein HÜTTENWART *(stugvärd)* die Hütten, der die Gebühr für Übernachtungen oder Tagesbesuche kassiert. Er sorgt zudem dafür, dass Gasherde funktionieren sowie ausreichend Geschirr vorhanden ist.

Außerhalb der Saison steht stets ein NOTRAUM mit vier bis sechs Betten offen, dessen Nutzung man nach dem Ende der Tour mit einer Post-Überweisung begleicht. Kocher und Geschirr muß man dann freilich selbst mitbringen. Das Bezahlen der Gebühren ist leider nicht für alle Wanderer selbstverständlich, sollte es aber sein.

■ Der **RASTSCHUTZ** darf (außer im Notfall) nicht zur Übernachtung genutzt werden. Er bietet meist nur Schutz für vier Personen und ist mit einem Ofen, doch nicht immer mit ausreichend Brennholz ausgestattet. Umso wichtiger ist es, dass man das wenige vorrätige Brennholz nicht ohne jede Not verfeuert.

■ Übrigens lohnt sich die **JAHRESMITGLIEDSCHAFT** im STF bereits nach wenigen Nächten, da sie Mitgliedern deutliche Preisrabatte gewährt. Seit einiger Zeit richtet der STF die ÜBERNACHTUNGSGEBÜHREN nach der Popularität des Wegs aus: Die stark frequentierten Hütten auf dem nördlichen Kungsleden kosten erheblich mehr als beispielsweise die abgelegene Pältsahütte nahe Kilpisjärvi. Ob dadurch Wanderer auch in unbekanntere Regionen gelockt werden sollen?

IN NORWEGEN

Während die schwedische Infrastruktur im Gebirge relative Sicherheit verspricht, wandert man in Norwegen »ohne Netz und doppelten Boden«. Die meist steileren und längeren Routen werden seltener begangen und besitzen fast nie eine Wintermarkierung; Nottelefone in den Hütten sind eine Rarität. Der eine mag dieses eher einsame Wandern als Vorteil sehen, die andere als Risikofaktor.

Den Norske Turistforening (der norwegische Touristenverein) gründete sich 1868 mit dem Ziel,

SCHNEESCOOTER IN NORWEGEN UND SCHWEDEN

Über die knatternden Scooter mit ihrem kilometerweit wahrnehmbaren Benzingestank sind sich alle Wanderer einig: schön, dass sie in Norwegen verboten sind. Nur Rettungspersonal und die Hüttenbetreuer benutzen sie, und manche Privatleute mit einer Lizenz dürfen im Spätwinter auf speziell gesteckten Routen abseits der Wanderwege fahren.

In Schweden dagegen ist das Scooterfahren zum Volkssport verkommen. Außerhalb der Nationalparks ist das Fahren überall gestattet, und selbst in Nationalparks sind viele markierte Wanderwege zum Befahren freigegeben. In den STF-Hütten treffen daher regelrecht zwei Welten zusammen: die Scooterfahrer einerseits, die auf Anhängern kiloweise leckeres Essen und Alkohol mitbringen und abends rauschende Feste feiern. Die Wanderer andererseits dagegen wollen meist früh aufstehen und ärgern sich oft über die Ruhestörung.

Auch die schwedischen Hüttenwarte betrachten diese Entwicklung besorgt. Eigentlich freuen sie sich mehr über die Skigäste, dürfen aber aus finanziellen Gründen die Masse der Scooterfahrer nicht abweisen. Immerhin versuchen die meisten Scooterfahrer augenblicklich, die angespannte Stimmung durch rücksichtsvolles bis hilfreiches Verhalten zu entschärfen: Sie bieten Wanderern zum Beispiel an, ihren Rucksack bis zur nächsten Hütte mitzunehmen, oder transportieren große Wasserkanister vom Eisloch zur Hütte.

für Gebirgswanderer ein Netz von Unterkunftshütten und markierten Wegen zu schaffen. Er betreut inzwischen gut 300 Hütten und ist in etwa 50 regionale Organisationen unterteilt.

Für Touren im Norden sind dies im Wesentlichen der AOT (*Alta og Omegn Turlag*), der TT (*Troms Turlag*) und der NOT (*Narvik og Omegn Turistforening*). Die Hütten der DNT-Organisationen unterteilen sich in drei Kategorien: bewirtschaftete, unbewirtschaftete mit Proviant zur Selbstbedienung sowie unbewirtschaftete ohne Proviant. Die Hütten entlang des norwegischen Nordkalottleden gehören ausnahmslos Kategorie Drei an und sind stets abgeschlossen. Gottlob haben sich die regionalen Turlags inzwischen auf einen genormten Schlüssel verständigt, so dass man im Prinzip mit einem Schlüssel alle Hütten öffnen kann – »kann« bedeutet, dass manche Schlüssel in einige Schlösser nur hakelig oder gar nicht passen.

■ Um in Hütten des DNT übernachten zu können, müssen Sie entweder selbst **MITGLIED** von DNT oder STF oder in Begleitung eines Mitglieds sein. Den Schlüssel erhalten Sie gegen ein Geldpfand bei bestimmten DNT-Adressen, in manchen Touristenbüros oder, in besonders dünn besiedelten Gebieten, nicht selten an der Tankstelle der nächstgrößeren Ortschaft. Erkundigen Sie sich rechtzeitig im Voraus.

Mitgliedsausweise des STF werden also vom DNT anerkannt und umgekehrt (obwohl dies manche schwedischen Hüttenwarte nicht wissen). Die DNT-Organisationen sind weit weniger kommerziell ausgerichtet als der STF und leben primär vom ehrenamtlichen Arbeitseinsatz ihrer Hüttenbetreuer.

■ Die mit einem Gaskocher ausgestatteten **DNT-HÜTTEN** wirken meist gemütlicher als die drüben in Schweden. Dies liegt am individuellen Schnitt fast jeder Hütte und an der Inneneinrichtung: Ein Sofa und heimelige Vorhänge sind fast die Regel. Schlafsack-Inlets aus dünnem Leinen oder Seide (siehe unter »Ausrüstung, Schlafsäcke«) sind vorgeschrieben und auch hygienisch sinnvoll, da die Matratzen und Decken mit »richtiger« Bettwäsche bezogen sind.

Die PREISE staffeln sich deutlich moderater als in Schweden, und Vollmitglieder erhalten ordentlichen Rabatt. Bezahlt wird nach der Tour per Überweisung oder per Einzugsformular und Kreditkartennummer (zum Beispiel »Visa« oder »Eurocard«).

■ Neben den offiziellen DNT-Hütten existieren in den norwegischen Bergen zahlreiche **ÖFFENTLICHE HÜTTEN**, die meist vom Statskog oder von Grenzpatrouillen betreut und benutzt werden. Sie sind oft in den Karten nicht verzeichnet und daher nur den Einheimischen bekannt. Da auch bisher erhältliche Wanderführer diese meist ein wenig abseits der markierten Routen postierten Hütten verschweigen, habe ich mich entschlossen, auf sie – wo sinnvoll – im Text und in den Kartenskizzen hinzuweisen.

IN FINNLAND

Das finnische Hüttensystem wirkt auf den ersten Blick nicht sonderlich gut organisiert und etwas verwirrend, so dass ich mich auf die wesentlichen Typen beschränke.

■ Meist hat man es mit **AUTIOTUPAS** zu tun – mit offenen und kostenlosen Einöd-Hütten, in die man eine komplette Koch- und Schlafausrüstung mitbringen muss. Brennholz ist normalerweise vorhanden, Axt und Säge fehlen dagegen oft oder sind beschädigt. Die karg ausgestatteten Hütten sind meist übervölkert und verdreckt.

In bestimmten Regionen (wie dem Bärenpfad bei Kuusamo) liegt das daran, dass ganze Schulklassen auf Wandertour gehen. Wenn zum Beispiel 30 Jugendliche mit ihrem Lehrer in eine Hütte für 10 Personen einfallen, hilft nur noch eins: flüchten und draußen auf der Veranda nächtigen, sofern vorhanden. Wer eine südländisch-temperamentvolle Atmosphäre liebt, wird sich in diesem Trubel vielleicht wohl fühlen.

■ Daneben trifft man auf verschlossene **VARAUSTUPAS**, die man vor der Wanderung für bestimmte Nächte mieten kann. Naturgemäß sind diese Hütten weit weniger bevölkert und sauberer.

Oft stehen die Autiostupas und Varaustupas direkt nebeneinander (wie etwa in der Halti-Region), so dass man »ein wenig Ruhe« für einen meist geringen Aufpreis mieten kann. Wenn allerdings ein und dieselbe Hütte in einen offenen und einen verschlossenen Mietraum unterteilt ist, sieht man sich ständig mit der undankbaren Aufgabe konfrontiert, neuankommende unwissende Wanderer aus der bezahlten »privaten« Abteilung zu verbannen.

■ Manchmal stößt man noch auf **PÄIVÄSTUPAS**, das sind nicht für Übernachtungen vorgesehene Tageshütten, und Laavus, halboffene Holzkoten zur Rast, die oft in stürmischen Wintern zerstört werden.

Proviant

EHRENSACHE

Die Zeiten, in denen man seinen Wanderproviant noch nach Skandinavien mitbringen musste, sind vorbei. Da die spezielle Trekkingnahrung der deutschen Outdoor-Läden im Allgemeinen qualitativ nicht besser, aber teurer als die aus dem Supermarkt ist, spricht nichts gegen einen Einkauf am Ausgangspunkt der Wanderung.

Gerade bei der Anreise bringt das den Vorteil, nicht einen schweren Rucksack ins Gepäcknetz zu wuchten oder im Flugzeug für das Übergewicht zahlen zu müssen. Auch das Argument, in Skandinavien sei alles wesentlich teurer, stimmt heute (bis auf Alkoholika) kaum mehr. Milchprodukte, exotische Früchte und Süßwaren sind zwar in der Tat deutlich teurer, aber Frischfisch etwa kostet in Norwegen nur einen Bruchteil im Vergleich zu dem aus Deutschlands Kühltheken. Man muss sich nur ein wenig den einheimischen Essgepflogenheiten anpassen.

Wer nun partout nicht auf seine hochwertige Trockennahrung verzichten mag, bekommt sie, von »Blå Band« oder anderen Firmen, ebenso wie fast alle anderen Waren in den größeren Supermärkten vor Ort zu akzeptablen Preisen. Spiritus ist ein gutes Stück teuer als in Deutschland, aber immerhin findet man ihn unter der Bezeichnung *T-Bränsle* ebenfalls in den Regalen der meisten Supermärkte. Falls Sie dort nicht fünfig werden, bekommen Sie ihn an den Tankstellen, wie auch gereinigtes Petroleum *(lysfotogen* in Schweden, *lysolje* oder *lampeolje* in Norwegen).

Den Provianteinkauf am Reiseziel sollte man als Ehrensache betrachten, da dies gerade bei Zeltwanderern oft die einzige touristische Einnahmequelle darstellt. Dafür spricht auch, dass der Körper, hat er sich akklimatisiert, nicht selten nach anderer Nahrung verlangt, als von zu Hause gewohnt. Und schließlich ist es einfach STILECHT, sich während einer Tour mit einheimischen Nahrungsmitteln wie einer Blaubeersuppe oder getrocknetem Rentierfleisch zu verpflegen!

DIE KOST

Dass man generell auf gesunde Ernährung achten sollte, gilt zu Hause ebenso wie auf Tour. Die in manchen Outdoor-Büchern angepriesene Aufschlüsselung der Nahrung nach Kohlehydraten, Eiweiß, Vitaminen oder Fetten halte ich jedoch für überflüssig. Wer nicht gerade physische Extrembelastungen wie bei einer Antarktis-Durchquerung erlebt, droht weder an Unterernährung noch an Mangelerscheinungen zu leiden, wenn die Ballaststoff-Zusammensetzung eine Zeitlang nicht ganz ausgewogen ist. Paradox, aber wahr: Nur für kurze Zeit angereiste Trekking-Touristen sorgen sich oft intensiver um eine wissenschaftlich perfekte Nahrungszusammensetzung als die Langzeitwanderer, die mehrere Monate oder Jahre auf Tour sind!

■ Der Körper weiß selbst am besten, was er braucht, und wird dementsprechend beim Einkauf darauf aufmerksam machen. Man sollte auf ihn hören! Ich möchte mich darum an dieser Stelle auf **3 TIPPS** zur Ernährung beschränken:

Erstens benötigt der Körper IM WINTER MEHR FETTE, die ihn auch etwas unempfindlicher gegen Kälte machen. Aus diesem Grund packe ich im Winter meist Speck und etwas mehr Margarine ein.

Zweitens ist es nach starkem Schwitzen besonders wichtig, dem Körper wieder GENÜGEND FLÜSSIGKEIT zuzuführen. Ich habe mehrmals erlebt, wie überanstrengte Wanderer nach Erreichen der Hütte fast ohnmächtig zusammensanken. Ich habe mir deshalb angewöhnt, bei zahlreichen Geh-Pausen und gleich nach der Ankunft in der Hütte viel Tee zu trinken: durchaus 2–3 l pro Tag!

Zucker in Form von Schokolade mag bei körperlicher Anstrengung kurzfristig Energie bringen, aber die hält nicht lange vor. Trockenobst ist ergiebiger. Überhaupt rentiert sich bei häufigen Wandertouren die Anschaffung eines DÖRRAPPARATs, – ich empfehle den

»Dörrex« der Firma »Sigg« –, mit dem man alle Arten von Obst und Gemüse selbst dörren kann und auf diese Weise leichtgewichtige, gesunde und doch schmackhafte Menüs zusammenstellen kann.

■ Auf Angaben zur **PROVIANTMENGE** möchte ich prinzipiell verzichten. Den Umfang an Essensvorräten muß jede/r eben selbst kalkulieren, da der Energiebedarf individuell zu verschieden ist. Wer für sich selbst noch keine Erfahrungswerte gesammelt hat, unternimmt am besten zunächst einmal kürzere 1- bis 3-Tages-Touren, um den persönlichen Proviantbedarf zu erforschen.

Man sollte auch prinzipiell RESERVETAGE einkalkulieren – pro Woche halte ich im Sommer zwei, im Winter mindestens drei oder vier Reservetage für angebracht. Diese Reservetage dienen als Zeitpuffer für Notfälle bei Verletzungen, Krankheit oder extremen Stürmen. Falls erwünscht, kann man auch Ruhetage zusätzlich einplanen. Ich leiste mir mindestens einen Ruhetag pro Woche: Ausspannen, Lesen und Wäschewaschen kann herrlich sein in einer gemütlichen Hütte!

CHECKLISTE

Falls Sie Ihren Proviant nicht komplett vor Ort erstehen bzw. auf den einen oder anderen vertrauten Artikel nicht verzichten wollen, nun bereits an dieser Stelle eine Checkliste, die auch als Grundlage für den Provianteinkauf und zur Zusammenstellung der Kochutensilien dient:

■ **AUSRÜSTUNG FÜR DIE OUTDOOR KÜCHE:**

– Kocher, Töpfe, Pfanne.

– Brennstoff, Feuerzeug, Zündhölzer.

– Teller, Tasse, Besteck.

– Spülschwamm, Küchentuch.

– Messer, eventuell Kombizange zu Reparaturzwecken (»Leatherman«, »Gerber« o.ä.).

– Kleine Trinkflasche, im Winter eine Thermoskanne.

■ **ZUM FRÜHSTÜCK**:

– Müsli, Trockenmilch.

– Brot (fertig gekauft oder unterwegs gebacken), Mehl, Backpulver oder Trockenhefe (für Bannocks, Brot oder Frühstücksbrötchen. Einige Hüttenöfen besitzen sogar ein Backofenfach.

– Honig, Marmelade (am besten in bruchsichere Plastikfläschchen umgefüllt).

– Tee, Kaffee, Pulver für Trinkschokolade, Zucker. (Statt dem »unsinnlichen« Instantkaffee bevorzuge ich den skandinavischen Kochkaffee, den man direkt in die Kaffeekanne schüttet und kurz aufkocht.

Nach einigen Minuten ist der Kaffee nach unten gesunken und bleibt beim Einschenken in der Kanne zurück. Der durch die Hütte ziehende Duft hilft morgens enorm beim Aufstehen!)

■ **FÜR DIE RAST UNTERWEGS:**
– Traubenzucker, Schokolade, Müsliriegel, Nüsse, vielleicht zur Abwechslung eine Linzer Torte, warum nicht?
– Suppen; in Skandinavien erhält man richtig leckere Fruchtsuppen!
– Trockenobst.

■ **ZUM ABENDESSEN:**
– Fertiggerichte, zum Beispiel mit Nudeln, Spätzle, Reis, Couscous, Kartoffeln, Kraut etc.
– Margarine, aufs Brot und, sofern nicht fettarm, zum Braten.
– Gewürze; die müssen sein!
– Brause-Vitamintabletten, um das gewöhnliche Wasser schmackhafter zu machen.
– Käse, Speck, Salami, getrocknetes Fleisch.
– Rum.

VORSICHT
Falls in den Wegebeschreibungen nicht anders erwähnt, wie etwa auf dem nördlichen Kungsleden, findet man während einer Etappe keine Möglichkeit zum Proviantnachkauf! Das anschließende Kapitel über Zollformalitäten enthält dafür einige Tipps, wie man es vermeiden kann, den kompletten Proviant für eine lange Tour von Anfang an mitzuschleppen.

Zoll

Die Zollbestimmungen interessieren ausländische Wanderer, die in Nordskandinavien unterwegs sein wollen, nur in zwei Fällen: wenn sie mit Hunden einreisen und / oder Proviant von zu Hause mitbringen wollen.

Die strengen Auflagen für die Einfuhr von Vierbeinern folgen später unter »Lastenhund und Gespann«. Und wie oben ausgeführt, gibt es heutzutage keine Notwendigkeit mehr, den Wanderproviant aus der Heimat mitzunehmen. Wer es dennoch tun will:

■ **ZOLLFREI** darf man maximal 15 kg Lebensmittel pro Person mitbringen, darunter nicht mehr als 1 kg Süßwaren. Auch Medikamente für die persönliche Reiseapotheke sind genehmigungsfrei.

■ Ein **EINFUHRVERBOT** besteht für Pflanzen (auch Kartoffeln und Wurzelgemüse, Bohnen, Erbsen), Milchprodukte (also auch Sahne, Quark, Frischkäse und Eier) sowie Frischfleisch (Fleisch nur in Konserven), es sei denn, es wurde nachweislich in den skandinavischen Nachbarländern eingekauft.

■ **EINFUHRBESCHRÄNKUNGEN** gibt es bei Alkohol und Zigaretten: Maximal 200 Zigaretten, 1 l Schnaps und 2 l Bier oder 2 l Wein und 2 l Bier darf man bei der Einreise nach Norwegen oder Schweden im Rucksack haben. Für den

Rum-Vorrat auf Tour dürfte das allemal reichen.

■ Will man auf mehrwöchigen Touren das Rucksackgewicht vermindern, schickt man einfach **PROVIANTPAKETE** an Zwischendepots – sofern man zwischendurch Siedlungen oder Straßen passiert. Ausgefallenere Dinge, wie Milchpulver oder Spiritus, erhält man nicht in jedem kleinen Kaff, so dass es von Vorteil sein kann, in dieser Weise vorzusorgen.

Nach dem Studium der Karte legt man die erwünschten Depotpunkte fest und besorgt sich die Adressen und Telefonnummern der jeweiligen Anwohner. Besonders öffentliche Institutionen (Jugendherbergen, Postämter, Tankstellen etc.) zeigten sich zuvorkommend und deponierten meine Proviantpäckchen, bis ich sie einige Wochen später abholte.

Freilich sollte man diese Pakete ERST INNERHALB VON SKANDINAVIEN VERSENDEN. Einmal erreicht das Porto von Deutschland aus astronomische Höhen, zum anderen kommen viele Päckchen wegen der Einfuhrbeschränkungen nicht am Zielort an. Ein Liter Spiritus ist gründlichen Zollbeamten Grund genug, das Paket zu konfiszieren.

Geld

Die Öffnungszeiten der Banken entsprechen in etwa denen deutscher Geldinstitute, liegen also werktags von morgens bis zum frühen Nachmittag.

■ Fast alle Banken sind heutztage mit **GELDAUTOMATEN** ausgestattet. Diese akzeptieren alle gängigen Kreditkarten und mehrheitlich auch die EC-Karte, dies aber nicht zuverlässig. In Finnland kommt man mit der EC-Karte kaum weiter.

Bei Redaktionsschluss sehr günstig war die »Postbank Spar Card«, die an allen Geldautomaten mit Visa-Symbol akzeptiert wird und mit der die ersten vier Abhebungen im Ausland gebührenfrei sind; das klassische Postsparbuch, das neben der »SparCard« weiter besteht, ist im Ausland nicht mehr verwendbar.

Euroschecks allerdings werden von den Banken nicht (mehr) eingelöst, hatten sich in den Geschäften und Supermärkten ohnehin nicht durchgesetzt und galten mehr als deutsche Schrulle.

Kreditkarten sind in Skandinavien dagegen viel verbreiteter als im deutschsprachigen Raum. Ob nun Tankstelle, Supermarkt oder Telefonzelle – Kreditkarten werden immer gerne genommen. Besonders verbreitet sind »Visa« und »Eurocard«.

■ So kommt es, dass man auch die **UNTERKUNFT** in den Hütten mit den gebräuchlichen Kreditkarten bezahlen kann.

Ist kein Hüttenwart anwesend, füllt der Gast das sichtbar ausliegende Vollmacht-Formular aus, womit man dem einmaligen Abbuchen der Übernachtungsgebühr zustimmt. Diese Vollmacht wirft man in den dafür vorgesehenen Briefkasten. Die Wandervereine ziehen diese Art der Bezahlung sogar vor, da dadurch die Gefahr sinkt, dass sich größere Geldsummen in den Briefkästen ansammeln und diese von unfeinen Zeitgenossen aufgebrochen werden.

Zeit

In Norwegen und Schweden gilt wie in Deutschland mitteleuropäische Zeit (MEZ), nicht aber in Finnland. Dort wird der Wecker nach der osteuropäischen Zeit (OEZ) eine Stunde vorgestellt.

Die Umstellung auf Sommer- und Winterzeit gilt auch in Finnland, so dass der einstündige Zeitunterschied bestehen bleibt. Gerade beim grenzüberschreitenden Wandern im Norden kann es schon mal passieren, dass man diese Differenz übersieht, wenn man zum Beispiel auf den Bus wartet.

Ausrüstung

Ausrüstungs-Empfehlungen sind immer mehr oder weniger subjektiv. Daher will ich bevorzugt von jenen persönlichen Erfahrungen berichten, die sich mit denen anderer Langzeit-Wanderer decken. Diese Erfahrungswerte habe ich im Wesentlichen während meiner 14-monatigen Outdoor-Zeit im Norden gewonnen, so dass ich daraus immerhin bis zu einem gewissen Grad objektivierbare Schlüsse über Qualität und Haltbarkeit der verwendeten Produkte ziehen kann.

In den meisten Fällen halte ich die so gewonnenen Beurteilungen sogar für aussagekräftiger als die Tests in Outdoor-Magazinen, die innerhalb weniger Tage weder die Haltbarkeit unter realistischen Bedingungen noch Praxistauglichkeit angemessen bewerten können. Das mag der Grund sein, warum ich teilweise zu härteren Urteilen komme als viele meiner fest angstellten Outdoor-Kollegen. Als langjähriger Journalist habe ich zudem häufiger die Erfahrung gemacht, dass man sich nicht prinzipiell unparteiische Urteile leisten darf, wenn man auf Anzeigenkunden Rücksicht nehmen muss. Da dieses Buch ein Wander- und kein Outdoor-Artikel-Führer sein soll, würde es den Rahmen sprengen, hier alle Produkte zu beschreiben, die auf meinen Touren zum Einsatz kamen. Weitere Infos, insbesondere zu einzelnen Produkten und Herstellern, finden Sie auf meiner HOMEPAGE: *www. nordskandinavien.de.* Sie erhalten Zugang in diesen für Leser exklusiven Bereich mit dem Usernamen »Wandern« sowie dem Passwort »Leserinfo«.

Zugegeben: Meine auf Schlittenkufen, Skiern und in Stiefeln zurückgelegten 7.000 Kilometer waren eine überdurchschnittlich harte Belastungsprobe für Kleidung und Ausrüstungsprodukte. Doch wenn zum Beispiel regelmäßig alle sechs Monate die Teleskopstöcke hin waren, kann ich daraus bei nahezu täglicher Benutzung einfach eine durchschnittlich halbjährliche Haltbarkeit ableiten.

Auffallend war, dass ich im Laufe dieser Zeit immer mehr zu schwedischen und norwegischen Produkten überwechselte: Skandinavische Produkte werden für die Benutzung in Skandinavien entwickelt und befolgen durchwegs das einleuchtende Konstruktionsprinzip: SO EINFACH UND DADURCH SO HALTBAR WIE MÖGLICH. Außerdem nehmen sie keine Rücksicht auf modischen Schnickschnack. Eine Devise, die sich besonders in arktischer Natur und unter rauen Bedingungen bewährt!

Sommer

KLEIDUNG
In heutiger Zeit sind bei einer Wanderung High-Tech-Textilien – Kunstfasern und Verarbeitungstechniken, die unter dem Prädikat »atmungsaktive Kleidung« ein Begriff geworden sind – kaum mehr wegzudenken. Bei aller Sympathie für diese Materialien bewahrheiten sich die Lobeshymnen von Herstellern und Outdoor-Presse aber nur zum Teil.

Fakt ist, dass konventionelle BAUMWOLLE viel wiegt, äußerst langsam trocknet und in nassem Zustand nicht wärmt. Bei Wanderungen in Nordskandinavien muss man mit extremer Nässe rechnen, so dass bei Baumwolle die Gefahr der Auskühlung besteht. Tatsächlich mussten schon etliche Wanderer ihre Tour abbrechen, weil sie im Herbst nur mit Jeans, T-Shirt und einem Baumwoll-Pullover ins Fjäll aufgebrochen waren.

KUNSTFASER dagegen wiegt viel weniger und trocknet extrem schnell, trägt sich aber unangenehmer auf der Haut und beginnt durch den Schweiß sehr schnell zu stinken. Viele Hersteller experimentieren daher mit Kombinationen aus Baumwolle und Kunstfaser in verschiedenen Mischverhältnissen.

Generell gilt, dass man VIELE DÜNNE SCHICHTEN wesentlich variabler kombinieren kann als wenige dicke. Dieses Schichten-Prinzip oder »Zwiebelsystem« beginnt bei der Unterwäsche und setzt sich bis zur äußeren Schicht, im Normalfall wind- und wasserdichte Kleidung, fort.

■ Für **UNTERWÄSCHE** hat sich ein sehr hoher Kunstfaser-Anteil (bis 100 %) bewährt, da es hier bei einer schweißtreibenden Tätigkeit wie dem Wandern vor allem auf eine möglichst schnelle Trockenzeit ankommt. Bei Außenbekleidung (wie einer Windjacke oder einer Wanderhose) mischt man meist Baumwolle in einem Anteil von 30 bis 40 % bei, da Baumwolle wesentlich haltbarer und reißfester ist und sich auf bloßer Haut angenehmer anfühlt.

Ich selbst nehme auf einer Sommertour je einen Satz kurz- und langärmelige Unterwäsche mit hohem Kunstfaser-Anteil mit. Für welche Firma Sie sich entscheiden, spielt eigentlich keine Rolle. Ich konnte zumindest zwischen den gängigen Herstellern kaum Qualitätsunterschiede ausmachen. Ein T-Shirt aus Baumwolle steckt bei mir trotzdem immer zusätzlich im Rucksack, da es einfach gut tut, abends die auf der Haut eher unangenehmen Kunstfaser-Klamotten abstreifen zu können.

■ Als zusätzliche Wärmeschicht über die Unterwäsche kommen am besten **FLEECE-JACKEN** zum Einsatz. Jacken bieten gegenüber

Pullovern den Vorteil, dass man über den Reißverschluss flexibler die benötigte Wärme steuern kann. Diese ebenfalls aus schnell trocknender Kunstfaser bestehenden Fleece-Jacken wärmen gut, wenn auch nicht so gut wie Wollpullover. Trotzdem habe ich selbst aus Platz- und Gewichtsgründen nie einen Wollpulli im Rucksack, sondern eine Fleece-Jacke von »Fjällräven« oder »North Face«.

■ Unverzichtbar ist besonders im Sommer ein vernünftiger **REGENSCHUTZ**. Die billigste und bei weitem nicht schlechteste Lösung ist ein über Person und Rucksack zu streifender PONCHO, der eine gute Durchlüftung garantiert und den man zur Not auch als einfaches Zelt nutzen kann. Nachteilig macht sich bemerkbar, dass er bei Wind stark flattert und dann schlecht den Regen abhält.

Die Kombination aus Jacke und Überhose aus »ATMUNGSAKTIVER KLEIDUNG« sitzt da wesentlich besser und hält zumindest die erste Zeit auch hervorragend den Regen ab. Für einen harten Einsatz empfiehlt sich eine Drei-Lagen-Verarbeitung, bei der die Membran fest mit den beiden Trägerschichten verklebt ist. Jacken in Zwei-Lagen-Verarbeitung, die man meist an einem losen Netz-Innenfutter erkennt, gelten als weniger robust. Trotz der Vorteile darf ich nicht verschweigen, dass diese Textilien oft schon nach wenigen Jahren ihre Dichtigkeit verlieren. Einen Risikofaktor stellt das Waschen dar: Selbst präzise nach Anleitung gewaschen, werden solche Textilien zum Teil undicht. Es gibt dafür zwar flüssige Imprägniermittel, die in einem weiteren Waschgang die Wasserdichtigkeit wieder herstellen, doch vor Ort behindert eine solch aufwendige Reinigungsprozedur natürlich.

Der wesentliche Vorteil von »atmungsaktiver Kleidung« gegenüber klassischen Regenjacken: Die Membran ist luftdurchlässig und gestattet – zumindest unter bestimmten Bedingungen – den Feuchtigkeitsaustausch. Die durch den Schweiß erzeugte Feuchtigkeit unter der Jacke kann also nach außen dringen. In der Praxis hat das nur einen entscheidenden Haken: Der FEUCHTIGKEITSTRANSPORT funktioniert nur dann, wenn die Luftfeuchtigkeit außerhalb der Jacke geringer ist als innerhalb. Gerade bei Regen ist das aber eher nicht der Fall. Bei der durch langen Regen extrem feuchten Luft bleibt der Schweiß also eher in der Jacke, so dass man bei solchen Bedingungen – hat man nicht gerade ein Top-Produkt erwischt, und das ist nicht unbedingt am Preis zu erkennen – fast ebenso gut ohne »atmungsaktiven« Regenschutz durch die Berge laufen könnte. Deshalb: Wenn ich eine reine Hüttentour plane, die mir die Möglichkeit zum Trocknen meiner Kleider gewährleistet, nehme ich statt meiner »atmungsaktiven Kleidung« manchmal eine mit essigsaurer Tonerde gegen Regen imprägnierte Baumwolljacke mit und fahre damit auch nicht schlechter.

■ **KÄLTESCHUTZ**: Vergessen Sie selbst im Sommer nicht Mütze oder Stirnband und – sofern Sie ausgesprochen kälteempfindlich sind – Handschuhe. Der nordskandinavische Sommer kann sehr heiß sein, aber auch abrupt zu klimatischen Verhältnissen umschwenken, die man hier in Deutschland als Winter bezeichnen würde. So schwitzte ich Ende August bei fast 40°C und Windstille fürchterlich, bis zwei Tage später ein Sturm fast mein Zelt wegriss und ich am folgenden Morgen in einer verschneiten Landschaft aufwachte.

SCHUHE

■ **GUMMISTIEFEL ODER BERGSTIEFEL?** Diesen Streit führen die skandinavischen Wanderer seit vielen Jahren, und auch ich will meinen (zugegebenermaßen subjektiven) Beitrag dazu leisten. Nach einer »Einsteiger-Zeit«, während der ich in meinen althergebrachten Bergstiefeln mit ständig nassen Füßen durch die sumpfige Landschaft tapste, war ich hellauf begeistert von den festen Jagd-Gummistiefeln der finnischen Firma »Nokia«. In die Sohlen dieser wadenhohen Stiefel ist ein Stahlkeil eingearbeitet, der auch in steinigem Gelände für einen angenehmen Tritt sorgt. Für den Winter bietet »Nokia« sogar Spikes an, die man einfach in die Sohle stecken kann und die das Wegrutschen auf eisigem Grund verhindern. Dass man in solchen Gummitretern ziemlich schwitzt und dass sie weniger Halt in verblocktem Gelände bieten, nahm ich in Kauf.

Als dann die ersten hochschaftigen »atmungsaktiven« Stiefel auf den Markt kamen, war ich Feuer und Flamme. Ich entschied mich für feste Bergstiefel mit ausgezeichnetem Halt im Knöchelbereich, in die bis zur Wadenhöhe eine »atmungsaktive« Membran eingearbeitet war. Ich war selig und watete stets trockenen Fußes durch die zahlreichen Bäche. Vier Wochen lang. Danach waren die Socken sogar nach einem Gang durch eine vom Morgentau feuchte Wiese pitschnass. Auch Einfetten half nur wenige Minuten, denn die Feuchtigkeit drang an der stark belasteten Nahtstelle zwischen Sohle und Stiefel ein. Die Membran schien den enormen Belastungen im Sohlenbereich nicht gewachsen und somit für die Verarbeitung in Schuhen ungeeignet. Von Verkäufern in Outdoor-Läden erfuhr ich später, dass sie mit zahlreichen Reklamationen aus eben diesem Grund konfrontiert seien.

Hoffnungsvoll kaufte ich nun das hochschaftige Modell »Alaska«

der schwedischen Firma »Lundhags«. Diese Stiefel bestehen bis fast in Knöchelhöhe aus einem derb besohlten Gummimantel. Danach folgt ein handgenähter Lederschaft, der dank seiner Luftdurchlässigkeit für nicht minder angenehmes Fußklima sorgt wie eine »atmungsaktive« Membran. Wird dieser Lederschaft regelmäßig eingefettet, so halten die »Lundhags« auch bei langen Touren die Füße vollständig trocken. Ich kenne in der Tat kaum Wanderer, die, unterwegs im Nordland, nicht von ihren »Lundhags« hellauf begeistert sind.

Der These, es gäbe keinen idealen Schuh für jedes nordskandinavische Gelände, möchte ich widersprechen: Es gibt ihn. Die im Knöchelbereich etwas geringere Stützfunktion der »Lundhags« im Vergleich zu derben Bergschuhen nehme ich gern in Kauf. Da man es bei nordischen Touren nicht mit Hochgebirgs-Klettereien zu tun hat, entsteht für mich daraus kein Nachteil.

Besondere Aufmerksamkeit muss man nur der SOCKEN-Kombination widmen, da die »Lundhags« im Gegensatz zu konventionellen Bergstiefeln kein Fußbett besitzen. Bewährt hat sich bei mir folgende Variante: In den Schuh kommt eine Einlegesohle, die den Bereich zwischen Ballen und Ferse stützt. Über den Fuß streife ich zunächst eine sehr dünne Socke aus »Coolmax« oder einem anderen schnell trocknenden Material mit hohem Kunstfaseranteil. Diese Innensocke verhindert die direkte Reibung mit der darüber gestreiften dicken Wandersocke und verringert so die Blasenbildung. Darüber kommt ein Innenschuh, ähnlich denen, wie sie früher aus Rosshaar für Gummistiefel gefertigt wurden. Kommt schließlich noch eine hochwertige Einlegesohle in den Schuh, erhält man, zusammen mit der dicken Drei-Lagen-Polsterung, den gleichen Laufkomfort wie mit dem fest eingearbeiteten Fußbett eines konventionellen Bergstiefels.

Natürlich ist es nicht nötig, sich für das erste Mal im Fjäll gleich einen derartigen »Highend-Schuh« zu kaufen. Denn wer nur auf dem gut ausgebauten Kungsleden unterwegs sein will, kommt durchwegs mit knöchelhohen Schuhen aus. Will man auf Nummer Sicher gehen, kann man noch einfache Gamaschen überstreifen, die in sumpfigen Passagen schon viel Feuchtigkeit abhalten. Ansonsten bewahren Brücken selbst über schmalste Bächlein und zahlreiche Plankenstege über Sumpf-Passagen die Wanderschuhe vor der gröbsten Nässe. Dafür erfordern die stark ausgetretenen Wege des Kungsleden wiederum eine besonders gute Knöchelpolsterung.

TELESKOPSTÖCKE

»Jeder Wanderer mit Teleskopstöcken kommt aus Deutschland«, lautet eine Faustregel. Mag sein, aber diese Wanderstöcke ermöglichen tatsächlich angenehmes und relativ ermüdungsfreies Laufen. Gerade mit einem ziehenden Hund vorneweg oder in langen Blockfeld-Passagen ENTLASTEN die Stöcke die Gelenke und können so manchen Sturz abfangen. Beim WATEN bieten sie zusätzlichen Halt, und wenn man die »Teleskop-Krücken« tatsächlich mal nicht benötigt, schiebt man sie einfach zusammen und schnallt sie an den Rucksack.

Ich benutze seit langer Zeit »Leki«-Stöcke, die mit ihrem gefederten Schaft die Handgelenke spürbar schonen. Die Spitze lässt sich mitsamt des Tellers auswechseln, so dass man auf die Stöcke auch einen breiten Teller montieren und diese in verschneitem Gelände oder im Winter als Skistöcke einsetzen kann.

Als verschleißanfällig bei allen Teleskopstöcken erweist sich der Spreizdübel, der die drei einzelnen Glieder mit einer Schraubverbindung zusammenhält: Durch eindringende Feuchtigkeit und Abnutzung leiert dieser Dübel irreparabel aus, so dass ein guter Teleskopstock meiner Erfahrung nach bei täglicher Benutzung ungefähr ein knappes halbes Jahr hält. Da die meisten ihre Stöcke allerdings nur während eines zwei- bis dreiwöchrigen Urlaubs einsetzen, halten sie bei »normaler« Benutzung dementsprechend einige Jahre.

RUCKSACK

Wer sich einen Rucksack kauft, hat die Qual der Wahl: Wohl in keinem anderen Bereich stößt man auf eine so reichhaltige Auswahl. Bis ich mein passendes Modell gefunden hatte, musste ich viel Lehrgeld bezahlen: Mittlerweile benutze ich den zehnten Rucksack, doch der wird jetzt wohl der endgültige sein.

■ Meine Empfehlung: Der Rucksack sollte so leicht wie möglich sein und nicht mit unnötigem Schnickschnack blenden. Als **FASSUNGSVERMÖGEN** reicht ein 50-Liter-Rucksack für eine dreitägige Zelttour oder einwöchige Hüttentour aus. Wenn ich drei Wochen mit dem Zelt ohne die Möglichkeit zum Proviantnachkauf unterwegs bin, wähle ich einen Rucksack mit 80 Litern. Wer einen größeren Rucksack zu brauchen meint, sollte sich fragen, ob er oder sie nicht zu viel unnötigen Kram durch die Landschaft wuchtet.

■ Rucksäcke mit **AUSSENGESTELL** eignen sich nur für schwere Lasten über 30 Kilo. Soviel auf dem Rücken zu tragen, ist absolut unnötig – es empfiehlt sich in diesem Fall, seine Siebensachen noch einmal auszupacken und mindestens ein Drittel des Gepäcks zuhause zu lassen. Da zudem ein Außengestell-Rucksack bereits leer 4–5 kg auf die Waage bringt, ist von diesen Modellen für normale Touren abzuraten. 18 bis maximal 20 kg Rucksackgewicht – das sollte als Richtwert für eine zweiwöchige Sommer-Zelttour gelten. Da bei einer längeren Tour nur noch Proviant und Brennstoff dazu kommen, kann man mit einer Last von 23 kg bei drei Wochen Tourdauer auskommen.

■ Ein guter Rucksack mit **INNENGESTELL** darf eigentlich nur 2 kg wiegen. In letzter Zeit kam der Trend auf, möglichst ausgefeilte Packsysteme zu entwickeln und diese mit einer Vielzahl von Außentaschen und Riemchen zu verzieren. Das erhöht das Gewicht nur unnötig und sorgt in den meisten Fällen für ein wackeliges Tragegefühl; ich ziehe es aus diesem Grund mittlerweile sogar vor, die Zeltstangen im Hauptfach des Rucksacks unterzubringen. Auch wenn viele Täschchen und außen montierte Gegenstände für mehr Ordnung im Gepäck sorgen, möchte ich davon abraten.

■ Ich bevorzuge äußerlich schlichte Rucksäcke von »Norrøna« und »Fjällräven« mit breiten, weichen, anatomisch geformten **GURTEN**. Einige Nobel-Firmen haben ihre Rucksäcke mit vielfältig verstellbaren Tragegurten ausgestattet, die nach meiner Erfahrung ihr Geld nicht wert sind. Die Hüftgurte sind oft so hart, dass sie schmerzen und blaue Flecken auf den Hüftknochen erzeugen. Auch eine um jeden Preis flexible Verstellmöglichkeit beschert nur unnötiges Gewicht, und die vielen herumhängenden Riemen verhaken sich leicht im Gestrüpp. Zwei bis drei (eventuell abnehmbare) Riemen an jeder Seite reichen, um den nicht voll gepackten Rucksack zu komprimieren und Wanderstöcke oder Skier festzuschnallen.

Warum also nicht einen schlichten Rucksack wählen, der dafür perfekt auf die eigene Anatomie passt und gar nicht erst verstellt werden muss?

■ Auf der Frontseite des Rucksacks sollte man lieber keine schweren oder sperrigen Gegenstände befestigen, da der Schwerpunkt sonst zu weit hinten liegt. Vor den Bauch kann man sich allerdings bei Bedarf ein Täschchen schnallen, das an die Tragegurte gehängt wird. Ohne den Rucksack absetzen zu müssen, gewähren diese Taschen **SCHNELLEN ZUGRIFF** auf Utensilien wie Sonnenöl oder Mückenschutzmittel. Manche Modelle besitzen sogar noch eine Halterung für eine Trinkflasche. Ein fest angenähtes Deckelfach wiegt weniger, schließt dichter und hält den Regen besser ab als ein abnehmbares.

■ Als einziges **ZUBEHÖR** leiste ich mir eine leichte Polyester-Plane, die ich bei Regen schnell über den Rucksack streifen kann. Alternativ dazu kann man alle eingepackten Gegenstände auch in Plastiktüten stopfen, doch dann wird der Cordura- oder Baumwollstoff des Rucksacks trotzdem nass und der Rucksack schwer.

SCHLAFSACK

Schlafsack-Hersteller geben die Wärmeleistung meist in Komfort- und Extrem-Temperaturen an. Maßgeblich für eine halbwegs realistische Beurteilung scheint mir nur die Komfort-Temperatur. Die Temperaturangaben sind ausgesprochen großzügig ausgelegt und mit Vorsicht zu handhaben. Ironisch ausgedrückt: Die Extrem-Temperatur bezieht sich auf einen durchschnittlichen Mann in ausgeruhter Verfassung, der bei der angegebenen Temperatur geradeso nicht erfriert; Arme und Beine erfrieren, während der Rumpf noch ausreichend gewärmt und damit ein knappes Überleben ermöglicht wird.

■ Man muss bei der Wahl des richtigen Schlafsacks berücksichtigen, dass das **WÄRMEEMPFINDEN** individuell sehr verschieden ist. Es hängt nicht nur von der Kältegewöhnung, dem Grad der Erschöpfung und der Ernährung ab, sondern auch schlicht und einfach von einer persönlichen Empfindlichkeit für Kälte. Generell heißt das, dass ausgeruhte Wanderer weniger frieren als erschöpfte, dass gut ernährte Wanderer weniger frieren als hungrige, dass Männer normalerweise weniger frieren als Frauen und dass ans arktische Klima gewöhnte Wanderer weniger frieren als Nordskandinavien-Neulinge.

Es empfiehlt sich, die Temperaturangaben der Hersteller nicht für bare Münze zu nehmen und den neu gekauften Schlafsack vor einer langen Wandertour unter möglichst realistischen Bedingungen auszuprobieren.

Im Zweifelsfall können verfrorene Naturen gut und gern zehn Grad von den Herstellerangaben abziehen, um die für ihren Einsatzzweck passende »Schlaftüte« zu finden. Am besten, man leiht sich für die erste Tour einen Schlafsack und wird sich dabei über das eigene Kälteempfinden klar. Gerade bei Schlafsack und Kleidung kann man nämlich durch genaues Kalkulieren der eigenen Kältegrenze das Rucksackgewicht enorm minimieren. Warum sollte man etwa 600 Gramm Daunen umsonst mitschleppen, wenn man diese Wärmereserve nie benötigt?

Übrigens: Besonders für ein Liebespaar bewähren sich KOPPELBARE Schlafsäcke. Das Koppeln garantiert neben manch weiteren Annehmlichkeiten gut und gern zehn Grad WÄRMERESERVE. Den Umstand der Wärmespeicherung machten sich auch schon die beiden Norweger *Fridtjof Nansen* und *Hjalmar Johansen* während ihrer einzigartigen Nordpolexpedition 1895 zunutze: 15 Monate teilten sie sich einen Doppel-Schlafsack.

■ **MATERIAL**: Kunstfaser oder Daune – das ist die wesentliche Frage, über die man endlos debattieren kann. Beide Varianten bieten ihre Vorteile – die Entscheidung hängt daher nur vom eigenen Geschmack ab.

Der Daunenschlafsack bietet MEHR WÄRMELEISTUNG als Kunstfaser bei gleichem Gewicht. Oder anders ausgedrückt: Bei gleicher Wärmeleistung ist Daune ein gutes Stück LEICHTER als der Kunstfaser-Konkurrent. Ein für den Sommer und Frühherbst ausreichender Daunenschlafsack mit qualitativ hochwertiger Daune wiegt normalerweise nicht mehr als 1 kg. Um einen gleich warmen Schlafsack mit Kunstfaserfüllung zu erhalten, muss man ein Gewicht von 1.500 bis 1.750 Gramm in Kauf nehmen.

Die Vorteile von Kunstfaser: Während feuchte oder gar nasse Daunen kaum noch wärmen, BEHÄLT Kunstfaser seine WÄRMELEISTUNG weitgehend. Außerdem sind Kunstfaserschlafsäcke im Vergleich zu denen aus hochwertigen Daunen bis zu einem Drittel BILLIGER.

Nach meiner Erfahrung hat sich ein WÄRMEKRAGEN am Hals und eine ABDECKUNG DES REISSVERSCHLUSSES selbst bei Sommerschlafsäcken bezahlt gemacht. Diese beiden Details sorgen in kalten Nächten für erstaunliche Wärmereserven und vergrößern das Gewicht kaum. Kleine Personen sollten darauf achten, mit ihren Füßen den Schlafsack gut auszufüllen. Bleibt noch viel »toter Raum« im Fußbereich, kann man diesen auch mit Kleidung füllen und erhält so als Nebeneffekt vorgewärmte Klamotten am nächsten Morgen. Besonders im Winter aber keine nassen Sachen verwenden! Die durchfeuchten nur den gesamten Schlafsack.

■ **INLET**: Für kombinierte Zelt- und Hüttentouren empfiehlt sich zusätzlich ein leichtes Inlet aus Baumwolle oder Seide. Dieser dünne Innenschlafsack reicht in warmen Hütten oft schon aus und sollte ohnehin benutzt werden, um die Matratzen und Bettbezüge nicht zu beschmutzen. In kalten Zeltnächten kann man das Inlet zusammen mit dem »Haupt-Schlafsack« kombinieren, das diesen außerdem vor dem Körperschweiß schützt. Ein weiterer Vorteil: Die Naturfasern des Inlets fühlen sich auf der bloßen Haut wesentlich angenehmer an als die klebrigen Kunstfaser-Materialien der meisten Schlafsäcke.

■ **ISOMATTE:** Die sogenannten »selbstaufblasenden« Isomatten (die man dennoch selbst aufblasen muss) haben sich auf breiter Front durchgesetzt. Tatsächlich bieten diese Matten hervorragende Wärmeisolierung und angenehmen Schlafkomfort bei relativ geringem Gewicht. Die Gründe, die im Sommer für eine althergebrachte Isomatte aus Schaumstoff sprechen, sind der weitaus günstigere Preis, das geringere Gewicht und die Möglichkeit, bei einer Rast schnell eine Sitzunterlage griffbereit zu haben. Bei aufblasbaren Matten hat man nämlich meist keine Lust, sie umständlich aufzupumpen und der Gefahr auszusetzen, mit einem spitzen Stein ein nur unter Mühen reparables Loch zu verursachen.

KOCHER

Besonders Kocher sind Geschmackssache. Ob Dogmatismus oder nicht – ich halte den mit Spiritus heizenden »Trangia«-Sturmkocher für den perfekten Sommerkocher. Fakt ist, dass das schwedische »Trangia«-Modell als einziger meiner vielen getesteten Kocher NIEMALS DEN DIENST VERSAGTE und mit Abstand am einfachsten und schnellsten zu bedienen ist. Hinzu kommt, dass der »Trangia« seine wahre Stärke erst bei stürmischem Wind ausspielt, wenn die meisten Konkurrenten an Heizleistung verlieren oder klein beigeben müssen.

Ich benutze mein Modell schon seit zwei Jahrzehnten und musste es noch nie warten oder reparieren – wer kann das schon von einem anderen Kochermodell behaupten? Die zum Teil deutlich billigeren Nachbauten anderer Firmen weisen übrigens meist nicht die gleiche Qualität des »Trangia«-Brenners auf. Während dieser nach einigen Minuten den Spiritus vergast und so regelrecht den »Heiz-Nachbrenner« einschaltet, dümpelten die von mir getesteten Nachbauten weiter müde auf halber Heizleistung dahin.

Nun weist selbst der »Trangia«-Sturmkocher noch Schwachstellen auf. So etwa die schlechte Regulierung der Flammenstärke, die unter Umständen zu verbrannten Fingern führt. Bastlern bietet der »Trangia« daher noch einige Ansatzpunkte zu Verbesserungen. Ich habe mich beispielsweise am relativ hohen Gewicht gestört und mit einer Blechschere einen Windschutz aus einem Stück Blech ausgeschnitten. Nach dem Vorbild des Originals bohrte ich einige Löcher hinein, die bei Wind die Flamme regelrecht fauchen lassen und die charakteristisch gute »Trangia«-Heizleistung erzeugen. Die Töpfe oder den Kessel kann ich direkt auf den Windschutz stellen, dank der nach innen geklappten Zähnchen am oberen Rand. Zusammen mit einem 1,5-Liter-Topf und einem 1-Liter-Teekessel bringt dieser Kocher lediglich 600 Gramm auf die Waage!

Die auf Campingplätzen beliebten Gaskocher scheiden für eine Fjälltour aus: Sie sind wegen der Kartuschen relativ schwer, und bei tiefen Temperaturen lässt die Heizleistung deutlich nach. Je nach Modell springt der Kocher unterhalb bestimmter Temperaturen sogar überhaupt nicht mehr an. Zur Auswahl stehen noch Petroleum- oder Benzinkocher, die im Kapitel über die Winterkocher näher behandelt werden. Sie sind jedoch allesamt gefährlicher in der Handhabung und vor allem störanfälliger. Hand aufs Herz: Wer will schon immer wieder seinen Benzinkocher demontieren und die Stichflammen spuckende Düse reinigen, wenn man in der gleichen Zeit bereits genüsslich die dritte Tasse Kaffee schlürfen könnte?

Winter

KLEIDUNG

Ein gutes halbes Jahr liegt der Schnee über der schier endlosen nordskandinavischen Bergwelt. Die Temperaturen können ohne weiteres auf –45° C fallen, schon im Mai aber ebenso tagsüber auf +20° C in der Sonne ansteigen. Das Draußensein während der Winterzeit setzt also Funktionsbekleidung voraus, die über diese ganze Temperaturskala hinweg Schutz und Wärme bietet.

■ **AUSSENBEKLEIDUNG** muss nicht wärmen. Sie dient dazu, den Wind abzuhalten und gegen Feuchtigkeit (wie etwa Schneeregen) zu isolieren. Nach meinen Erfahrungen hat sich »atmungsaktive« Außenbekleidung im Winter in keiner Weise bewährt. Das Material verschleißt bei harter Beanspruchung zu schnell, und die ansonsten sinnvolle Atmungsaktivität funktioniert bei Temperaturen unter dem Gefrierpunkt nicht mehr.

Erste Wahl stellt stattdessen Außenbekleidung aus winddichter, sehr FEST GEWEBTER BAUMWOLLE dar, wie von »Norrøna«. Die Baumwolle ist meist mit essigsaurer Tonerde imprägniert, was für den (eher trockenen) Wintereinsatz völlig ausreicht. Nach einer Wäsche muss man jedoch wieder nachimprägnieren.

Schlupfanoraks sind Jacken auf jeden Fall vorzuziehen, da bei Stürmen der Wind sogar noch durch doppelt abgedeckte Reißverschlüsse dringt. Fellstreifen im Kapuzenrand wärmen enorm und halten den Großteil des Windes vom empfindlichen Gesicht ab. Insbesondere die für Erfrierungen anfällige Nase kann man durch eine gut geschnittene Fellkapuze ideal schützen.

Wichtig ist, dass die Jacken auch den Beckenbereich gut abdecken und sich dort gut über einen Zug verschließen lassen, um Wind abzuhalten. Natürlich sollte die Jacke weit genug geschnitten sein, damit man entsprechende Wärmekleidung in mehreren Schichten darunter tragen kann.

Auch Hosen aus winddichter Baumwolle (passend zu den Schlupfjacken) machen im Winter Sinn. Ich habe allerdings selbst bei Starkwind meist nur eine leichte Überhose aus dünnem, aber eben winddichtem Mikrofaser-Material benutzt.

Die Auskühlung bei Wind nimmt mit der Windstärke stark zu. Wie wichtig ein wirkungsvoller Windschutz ist, macht die neben stehende Tabelle klar. Die Windgeschwindigkeiten richten sich nach der offiziellen Beaufort-Skala und enthalten die in der norwegischen Wettervorhersage benutzten offiziellen Windstärke-Bezeichnungen.

■ **UNTERBEKLEIDUNG**: Die Skandinavier bevorzugen als wärmende Unterbekleidung weiterhin Wolle. Obwohl man von den Einheimischen in punkto Ausrüstung normalwerweise nur lernen kann, hat dies aber eher traditionelle und nur bedingt praktische Gründe.

Hochwertige Fleece-Materialien und spezielle KUNSTFASERN sind zumindest bei der Unterwäsche vorzuziehen. Diese Materialien wärmen auch in feuchtem Zustand noch relativ gut, trocknen schnell und vergrößern das Rucksackgewicht kaum. Ein Satz Wäsche zum Wechseln muss natürlich auf jeden Fall zusätzlich im Rucksack stecken.

Beaufort-wert	Deutsche Bezeichnung	Norwegische Bezeichnung	Wind in m/s	Wind in m/s	Lufttemperaturen (real und empfunden)								
					0	-5	-10	-15	-20	-25	-30	-35	-40
2	Leichte Brise	Svak bris	2	7,2	-2	-7	-12	-17	-23	-28	-32	-37	-42
4	Mäßige Brise	Laber bris	7	25,2	-11	-17	-25	-32	-38	-45	-53	-59	-66
6	Starker Wind	Liten kuling	11	39,6	-16	-23	-31	-38	-46	-53	-59	-68	-75
8	Stürmischer Wind	Sterk kuling	16	57,6	-18	-26	-34	-42	-49	-57	-65	-75	-83
9	Sturm	Liten Storm	20	72	-19	-28	-36	-43	-52	-59	-67	-77	-85
							Fleisch kann in 60 Sekunden gefrieren				Fleisch kann in 30 Sekunden gefrieren		

Nachteil der Kunstfaser: Schon nach einem Tag beginnt sie erbärmlich zu stinken. Den Ankündigungen der Hersteller, mit immer neuen Material-Kombinationen diese unangenehmen Gerüche zu vermeiden, sind nur bescheidene Taten gefolgt, die Unterschiede zwischen den einzelnen Marken marginal. Trotzdem macht der Vorteil eines schnell trocknenden und leichten Gewebes beim Wandern den Geruchs-Nachteil mehr als wett, zumal abends gewaschene Kunstfaserkleidung am Ofen bis zum nächsten Morgen wieder bequem trocknet.

Selbst bei Extremtemperaturen bis –40 Grad reicht je nach persönlichem Kälteempfinden ein Satz dicker Unterwäsche, eine dicke Fleece-Schicht und die Baumwoll-Außenbekleidung völlig aus – sofern man sich bewegt. Bei längeren Rastpausen kann es allerdings schnell kalt werden. Gute Erfahrungen habe ich mit Daunenjacken oder -westen gemacht, die man zur Rast schnell überstreift. Besonders verfrorene Naturen können natürlich auch dicke Wollpullis benutzen – schwer und groß, aber eben unvergleichlich warm!

■ **SOCKEN:** Zehen und Finger - das sind die Problemzonen bei Kälte. Besonders bei der Auswahl der Socken sollte man daher viel Sorgfalt walten lassen, da man während einer Pause nicht mal »so eben schnell« weitere Socken überziehen kann. Bei zwei, besser noch drei Paar übereinander gestreifter Socken empfiehlt sich eine Kombination aus dünnen und schnell trocknenden Innensocken mit darüber zwei Paar dicken Socken zum Wärmen.

Ich persönlich empfinde WOLLE im Vergleich zu ebenso dicker Kunstfaser immer als wärmer. Wen wundert's: Manche Norweger erzählen gern Anekdoten über ihre Kindheit, in der sie im Winter ohne Schuhe, aber dafür mit einigen Paar Wollsocken an den Füßen nach draußen gingen. Wie dem auch sei: Im Vergleich zur Kunstfaser trocknet Wolle schlechter, wärmt aber in nassem Zustand besser. Besonders die norwegischen »Devold«-Socken haben es mir angetan, zumal ich trotz langer Suche in Deutschland keine qualitativ vergleichbaren Socken auftreiben konnte.

Als Wärmespeicher dient immer die Luft. Daher sollte man darauf achten, dass die Schuhe im Zehenbereich genügend Platz bieten. Dieses Luftpolster hält die Zehen wärmer als viele eng übereinander getragene Socken. Im Winter ist es besonders wichtig, ein bis zwei trockene Socken-Garnituren als Reserve in den Rucksack zu packen. Um meine als oberste Schicht getragenen Wollsocken trocken zu halten, streife ich im Winter bisweilen eine dünne Plastiktüte darunter. Zugegeben: eine ungewöhnliche Methode mit dem Nachteil, dass die Innensocken die Feuchtigkeit nicht nach außen transportieren können, doch immerhin garantiert sie mir stets warme Füße sowie trockene Übersocken. Meine nassen Untersocken trockne ich dann über dem Ofen oder im Schlafsack.

Wichtig: Nie nasse Sachen einfach nur mit in den Schlafsack in den Fußraum legen! Das bewirkt, dass der gesamte Schlafsack die Feuchtigkeit aufnimmt. Gerade bei einem Daunenschlafsack, der dann nicht mehr wärmen kann, wäre das fatal. Will man nasse Kleidung im Zelt trocknen, legt man sie (auch wenn das im ersten Moment sehr ungemütlich ist) zwischen die nackte Haut und die Unterwäsche. Die Daunen nehmen auf diese Weise kaum Feuchtigkeit auf.

Da auch die Skistiefel über Nacht wieder trocknen sollen, benötigt man zusätzlich ein Paar HÜTTENSCHUHE. Ausgezeichnete Dienste leisten Füßlinge der norwegischen Firma »Norrøna«: Sie sind mit Kunstfasern warm gefüttert und haben eine robuste Cordura-Sohle, mit der man bei Minusgraden sogar längere Zeit im Schnee herumlaufen kann, zum Beispiel für den unvermeidlichen Gang zum Klohäuschen.

Die Füßlinge lassen sich im Rucksack klein zusammenpressen, wiegen wenig und wärmen die Füße zusätzlich in kalten Schlafsack-Nächten. Wenn sich die Sohlenfüllung nach einigen Tagen plattgetreten hat, legt man einfach ein aus einer Isomatte zurecht geschnittenes Stück hinein. Wer es uriger haben will, kann in Nordskandinavien auch die traditionellen, aus Rentierfell gefertigten Schuhe der Sami erstehen. Sie waren schließlich das Vorbild für die Füßlinge und bieten diesen gegenüber (außer im größeren Gewicht sowie Volumen) keinerlei Nachteile.

■ **HANDSCHUHE:** Kältegrade, die kochend heißen Tee in einer Minute bis fast auf den Gefrierpunkt abkühlen, gefährden besonders die Finger. Mehrere Sätze Fingerhandschuhe (möglichst übereinander kombinierbar) und mindestens ein Paar dicke Fäustlinge aus winddichtem Material gehören somit zur Pflichtausrüstung.

Baut man eine Schneehöhle oder errichtet man einen Schneewall als Windschutz für das Zelt, nässen Fleece- und Wollhandschuhe schnell durch und gefrieren anschließend. Aus diesem Grund sollte man immer darauf achten, ein trockenes Paar Ersatzhandschuhe parat zu halten. Wolle oder Kunstfaser? Nun – ein Paar steif gefrorene Fleece-Handschuhe kann man für den Rest der Tour vergessen, sofern man keine Möglichkeit mehr zum Trocknen hat. Wolle dagegen wärmt auch im hartgefrorenen Zustand noch mäßig – ein eindeutiger Pluspunkt im Winter für Wolle! »Mode-Schnickschnack« wie Wollhandschuhe, die innen mit kuscheligem Fleece gefüttert sind, mögen zwar im »Hausgebrauch« angenehmer sein, bewähren sich aber aus den genannten Gründen im winterlichen Fjäll nicht. Ich benutze zwei Paar Fingerhandschuhe aus Fleece, Wollfäustlinge und Baumwoll-Überhandschuhe.

Besonders beim Start frühmorgens, wenn der Kreislauf noch nicht in Gang gekommen ist, können auch die besten Handschuhe eisige Finger nicht verhindern. Hier muss einfach der Körper selbst durch seinen Blutkreislauf Wärme erzeugen (siehe »Auf nordischen Pfaden, Umgang mit der Kälte«).

■ **KOPFBEDECKUNG:** Da über den Kopf etwa 40 % der Körperwärme abgegeben werden, spielt die richtige Kopfbedeckung eine entscheidende Rolle. Wenn der ganze Körper oder die Extremitäten frieren, hilft es in vielen Fällen daher schon, eine MÜTZE aufzusetzen. Man kann sich diese Eigenschaft auch im umgekehrten Fall zunutze machen: Wer schwitzt, nimmt zuallererst die dicke Kopfbedeckung ab.

Für verfrorene Naturen und Hundeschlittenfahrer eignet sich eine Fellmütze mit Ohrenklappen. Günstige Modelle mit extrem dickem Fell kann man ideal vor Ort in Lappland kaufen. (Man mag wegen dem Tierschutz gegen Fellbekleidung argumentieren, doch bietet sie die wohl immer noch besten Wärmeeigenschaften. Auch die Sami, die im Winter tagelang mit ihren Scootern durchs Gebirge fahren, tragen meist spezielle Fellbekleidung aus Rentierfell).

Für Wanderer und Skiläufer, die sich bewegen, reicht aber eine Mütze in den meisten Fällen völlig aus. Ich selbst etwa habe den ganzen Winter ein Fleece-STIRNBAND benutzt und bei Tiefsttemperaturen nur noch meine Kapuze übergestreift. Das an den Kapuzenrand geklettete Fell reicht mir aus, um auf eine Mütze zu verzichten. Durchaus sinnvoll kann es aber sein, eine BALAKLAVA (eine Schlupfmütze, die nur die Augen freilässt) als Reserve mitzuführen. Bei besonders stürmischem Wetter oder bei Übernachtungen im Freien schützt sie den Kopf ausgezeichnet vor Unterkühlung.

SCHNEESCHUHE

Über die meist aus Deutschland kommenden Schneeschuh-Wanderer lächeln die Einheimischen nur abfällig. Und in der Tat gibt es – bis vielleicht auf finnische Waldregionen – wohl kein Gebiet, in dem nicht die Skier den unförmigen Trapper-Tretern überlegen wären. Besonders im Winter geht es darum, schnell große Strecken zurückzulegen. Während es für den geübten Skiwanderer kein Problem ist, in leichtem Gelände 35 Kilometer pro Tag zu laufen, wird der Schneeschuh-Freak vielleicht die Hälfte schaffen. Selbst bei steilen Anstiegen sind die mit Fellen ausgestatteten Skier selbst »Bärentatzen« in High-Tech-Bauweise vorzuziehen. Bei sämtlichen in diesem Buch vorgestellten Touren haben Schneeschuhe ihre Berechtigung nur für Tagesausflüge.

Beim Schneeschuh-Kauf muss man sich grob über Art und Länge der geplanten Tour im Klaren sein. Da man je nach Gelände und Körpergewicht andere Schneeschuhflächen benötigt, muss man schon beim Kauf ungefähr das erwartete Rucksackgewicht abschätzen. Sind die Flächen zu klein, sinkt man ein. Sind sie zu groß, stolpert man ständig über die eigenen Füße.

Da meiner Erfahrung entsprechend sogar bei hochwertigen Schneeschuhen nach einiger Zeit Riemen ausreißen oder Nieten abspringen, sollte man Werkzeug und alle benötigten Ersatzteile für eine vollständige Reparatur mitführen.

SKIER, FELLE

Skier sind da universeller. Dank der meist geringen Steigungen im Norden ist es nicht nötig, gut skilaufen zu können. Die »Bretter« dienen beim Winterwandern nur als verlängerte Schuhe, die das Einsinken verhindern. Das Laufen mit ihnen ermüdet deutlich weniger als mit Schneeschuhen. Wer Angst vor zu rutschigen Skiern hat, kann am Anfang permanent Steigfelle unter die Skier kleben und erzielt damit etwa das gleiche Laufgefühl wie mit Schneeschuhen.

Wird man dann sicherer, kann man beginnen, bei ebenen Strecken und sanften Abfahrten die Felle abzunehmen und den Geschwindigkeitsvorteil der Skier auszukosten. Steilere Abfahrten meistert man mit Spitzkehren schräg zum Hang. Das Wichtigste: Man muss sich vom Zwang frei machen, beim Skilaufen eine sportlich-lässige Figur abzugeben. Wer mit Schneepflug und der »Po-Notbremse« den Berg gut herunter kommt, kann zufrieden sein. Auch nicht jeder Norweger beherrscht schließlich den eleganten Telemarkstil!

Dass die schmalen Loipen-Langlaufski mit leichter Plastikbindung nicht für das ungespurte Fjäll taugen, liegt auf der Hand. Der Rest ist aber weitgehend Geschmackssache.

Folgende Entscheidungen sind zu treffen: Wachsski oder Schuppenski, Stahlkante ja oder nein, Seilzug- oder Dreipunktbindung.

■ **WACHSSKI:** Die Norweger benutzen fast ausschließlich schuppenlose Wachsski, die man je nach Luft- und Schneetemperatur mit anderem Gleitwachs behandeln muss. Der wichtige Bereich ist vor allem die Auftrittsfläche, die bei richtigem Wachsen haften und ein kräftiges Abstoßen ermöglichen soll. Hat man das falsche Wachs verwendet, rutscht man wie auf Glatteis oder muss mit Stollen kämpfen.

Bei starker Steigung kommt zusätzlich Klister zum Einsatz – eine Art Klebstoff, der wie Felle das Zurückrutschen verhindert. Der Nachteil: Vor dem Abfahren muss man diesen Klister wieder abkratzen, da man sonst nicht von der Stelle kommt.

Besser sind da auf jeden Fall STEIGFELLE, die keine Klebereste hinterlassen. Allerdings habe ich bislang noch keine Felle auftreiben können, die man bei Temperaturen unter zehn Minusgraden aufziehen kann und die dann zuverlässig am Ski haften. Das ist furchtbar lästig, da man sich schon morgens entscheiden muss, ob man mit oder ohne Felle starten will. Im ersteren Fall muss man die Felle (und die Skier!) in der Hütte erst anwärmen, damit sie wirklich fest auf den Skiunterseiten kleben.

■ **SCHUPPENSKI:** Hier sorgt eine geschuppte Fläche im Auftrittsbereich für den nötigen Widerstand. Diese Schuppen reichen aus, um auch leichte Anstiege noch ohne Felle und Grätenschritt zu bewältigen. Außerdem entfällt das Wachsen bei den in Skandinavien häufigen Wetterumschwüngen – ein entscheidendes Argument bei ungemütlichem Wetter. Mir reichten diese Vorteile aus, um mich für geschuppte »Novax«-Ski zu entscheiden, unter die ich bei starken Aufstiegen zusätzlich Felle klebte. Zum ungespurten Tourenwandern im Norden hat sich Fischers »E 99 Mountain Crown« bewährt. Meist ließ ich Wanderer mit Wachsskiern, die zahlreiche Pausen zum Wachsen machen mussten, weit hinter mir zurück. Nur im ebenen und leicht abschüssigen Gelände zogen diese wieder locker an mir vorbei, wenn sie dank ihrer richtig gewachsten Skier mit geringerer Reibung dahinglitten.

■ **STAHLKANTE:** Das Argument des geringeren Gewichts von Skiern ohne Stahlkanten zählt eigentlich nur beim Sprint in der Loipe. Im ungespurten Berggelände, wo man ständig über Steine und Felskanten schrappt, schützt eine Stalhkante den Ski. Außerdem bietet sie bei den zahlreichen Hangfahrten zusätzlichen Halt gegen das Abrutschen und gewährt beim Telemark-Fahren eine bessere Führung.

■ **BINDUNG:** Die leichte, auf Loipen weit verbreitete Plastikbindung gibt im harten Wanderalltag schnell den Geist auf. Außerdem kann man sie nur mit den Turnschuh-ähnlichen Langlaufschuhen verwenden, die in Nordskandinavien weder ausreichend wärmen, noch den nötigen Halt bieten. Auch die aus den Alpen bekannten Tourenbindungen taugen kaum, da sie zu starr und schwer konstruiert sind. Die dafür vorgesehenen klobigen Skistiefel gewähren zwar mehr Halt beim Abfahren, sorgen allerdings mit ihrem mörderischen Gewicht schnell für Übermüdung.

Auf meinen Touren bewährt hat sich eine stabile TELEMARKBINDUNG in der gebräuchlichen 75-mm-Norm. Diese Bindung besitzt entweder ein um die Ferse laufendes Stahlseil oder drei Dornen im Bereich der Fußspitze, die in die entsprechenden Löcher eines speziellen Telemarkstiefels passen.

Die bekanntesten und haltbarsten Modelle stammen wieder einmal von einer norwegischen Firma: »Rottefella«. Bei billigeren Ausführungen riss der Seilzug (ausreichend Ersatz mitnehmen!), oder die Schrauben drehten sich aus dem Holz des Skis. Letzteres passierte mir schließlich sogar bei einer Top-Bindung mit Seilzug nach 1.000 Wegkilometern. Da ein Seil eine stärkere Hebelwirkung auf die Bindung ausübt als die Dreipunkt-Dornen-Befestigung, musste das wohl irgendwann passieren. Seitdem ich die Schrauben mit Zweikomponenten-Kleber wieder an einer neuen Stelle im Holz versenkt habe, hält die Bindung dauerhaft und hat nun schon 3.000 Kilometer hinter sich.

SCHUHE, SOCKEN

Die Wahl des richtigen Schuhs hängt vor allem davon ab, ob Schneeschuhe oder Tourenskier zum Einsatz kommen. Für Schneeschuhe – und zwar egal, ob selbstgebastelte »Bärentatzen« aus Lederriemen oder High-Tech-Modelle aus Flugzeugaluminium und Plastik – benötigt man einen FESTEN SCHUH, der der Riemenbindung einen guten Halt entgegensetzen kann.

Viele Schneeschuh-Wanderer benutzen die aus Alaska stammenden »Sorel«-Stiefel. Diese Schuhe bestehen wie die im Kapitel über Sommerstiefel erwähnten »Lundhags« aus einem knöchelhohen Gummischuh, an den ein halbhoher Lederschaft genäht ist. Seine relativ gute Wärmeisolierung bezieht der »Sorel« aus dem dick gefütterten Innenstiefel, den man herausziehen und über Nacht am Ofen gut wieder trocknen kann.

Der »Sorel«-Stiefel ist in verschiedenen Modellen erhältlich, die sich in der Dicke der Fütterung und dem Sohlenprofil unterscheiden. Ein gute Wahl für den Wintereinsatz ist das Modell »Bighorn« mit der Schneesohle, an der sich wegen des kugeligen Profils weniger Schneestollen festsetzen können.

Da dieser Stiefel eigentlich für Fahrten mit dem Hundeschlitten entwickelt wurde, wurde er mir beim Schneeschuhwandern rasch zu warm; dies umso mehr, wenn man wegen des eindringenden Schnees zusätzliche Gamaschen überzieht.

Noch bessere Erfahrungen habe ich mit den nicht so warm gefütterten »Lundhags« gemacht, deren Schaft höher reicht und dichter an der Wade abschließt. Auch das härtere Zellgummi am Unterfuß eignet sich besser für die Riemenbindungen der Schneeschuhe.

Zu den mit einer klassischen Telemarkbindung ausgestatteten Tourenskiern gehören die passenden TELEMARKSCHNÜRSTIEFEL: traditionelle, steife Lederstiefel, die mit ihrer kantigen Vorderform in die Telemarkbindung passen. Mit diesen derb-festen Stiefeln und ihrem griffigen Sohlenprofil kann man auch ohne Skier gut laufen, wenn es einmal nötig sein sollte.

Wichtig: Die Schuhe müssen ausreichend groß sein. Die ZEHEN SOLLEN selbst bei dicken Socken noch genügend Platz für ein wärmendes LUFTPOLSTER HABEN. Die größte Auswahl findet man in Skandinavien.

GAMASCHEN

Gamaschen benötigt man im Winter immer – bei niedrigen Telemarkskistiefeln ebenso wie bei hochschaftigen Stiefeln, die viel Schnee tanken. Wie bei der Jacke ziehe ich auch bei den Gamaschen derbe Baumwolle »atmungsaktivem« Gewebe vor.

Gut bewährt hat sich die »Norrøna«-Befestigung, bei der zwei GUMMIBÄNDER unter der Sohle durchgeführt und auf dem Spann miteinander verhakt werden. Man kann die Gummibänder flexibel auf die benötigte Länge anpassen und auf Tour selbst reparieren. Die Gummibänder zeigten sich erstaunlich belastungsfähig – erst nach 4.000 Weg-Kilometern musste ich sie gegen neue ersetzen.

Ziemlich aufgeschmissen war ich dagegen mit der weit verbreiteten Nietenbefestigung. Gleich auf der ersten Tour lösten sich nacheinander alle vier Nieten meiner teuren Gamaschen. Da ich damals keine Ersatznieten mitführte, musste ich bis zum Ende der Tour ohne Gamaschen auskommen.

Wer schnell schwitzt, kann auch ganz simple Schlupf-Gamaschen wählen. Sie sind klein, leicht und einfach mit Schnürzügen oben und unten festzuziehen. Da sie weder Reißverschlüsse noch Nieten besitzen, kann auch fast nichts daran kaputtgehen.

SCHLAFSACK

Das über Sommerschlafsäcke Gesagte gilt analog für den Winter. Ich persönlich schwöre im Winter noch mehr als im Sommer auf Daunenschlafsäcke; zumindest, wenn man nicht wochenlang im Freien übernachtet und den Schlafsack ab und zu in einer Hütte trocknen kann. Nach meinen Erfahrungen (und denen aller meiner Bekannten) liefern selbst dicke Kunstfaser-Modelle bei weitem nicht die Wärme der entsprechenden Daunen-Modelle.

Hinzu kommt, dass im Winter Gewicht und Packmaß eine besonders wichtige Rolle spielen. Erwartet man Temperaturen von –20 Grad abwärts (und die sind im Norden zur tiefsten Winterszeit fast die Regel), sollte man sich allemal zum Kauf eines hochwertigen Daunenschlafsacks mit 1,5 kg Füllgewicht durchringen.

Die besten Erfahrungen habe ich mit Daunenschlafsäcken von »Marmot«, »Mountain Equipment« und »Feathered Friends« gemacht, die eine Außenhaut aus DRYLOFT besaßen. Dieses völlig winddichte und in Maßen wasserabweisende Material ist nicht nur ideal für Übernachtungen im Freien ohne Zelt, sondern garantiert darüber hinaus einen zusätzlichen Wärmepuffer von ungefähr drei bis vier Grad.

Bei einer reinen Zelttour ist die Benutzung eines »Vapour Barrier Liner« als Inlet ratsam – dieser wasserdichte Kunstfasersack sorgt wie eine Plastiktüte dafür, dass die vom Körper abgegebene Feuchtigkeit nicht in die Daunen gelangt. Die Vorteile eines weitgehend trockenen Schlafsacks überwiegen meines Erachtens die Nachteile des »VPL«: Man schwitzt im eigenen Saft.

■ **RENTIERFELL**: Die im Sommer so komfortablen Luft-Isomatten sind für den Winter auf lange Sicht nicht geeignet. Denn durch das Aufblasen mit dem Mund gelangt Feuchtigkeit ins Innere, die dort vereist und auf Dauer (gemeint: bei monatelangem Einsatz) die Isomatte zerstört. Die im Schnee sowieso nicht sonderlich gute Isolierung der luftgefüllten Isomatte ist so vollends dahin. Wer aber nur ein paar Tage oder Wochen ins Fjäll zieht, kommt mit einer aufblasbaren Matte aus.

Wer viel im Winter wandert, sollte lieber Schaumstoffmatten oder das im Norden bei den Sami gebräuchliche Rentierfell benutzen. Am besten beides zusammen, denn die Kälte dringt bevorzugt von unten in den Schlafsack! Der Schaumstoff sollte mindestens 1 cm dick sein und geschlossene Poren besitzen. Das isoliert die Wärme besser und verhindert, dass sich zu viel an Feuchtigkeit im Schaumstoff sammelt. Das Rentierfell, das man am besten vor Ort in einem der zahllosen samischen Souvenirshops kauft, sollte nicht gegerbt sein. Ein derartiges Fell sieht nicht so geschmeidig aus und eignet daher weniger als Wandschmuck im heimischen Wohnzimmer; doch die fettige und recht raue Hautunterseite isoliert deutlich besser und nimmt weniger Feuchtigkeit auf als ein geschmeidig-weich gegerbtes Fell.

KOCHER
Der Heizwert – also das Verhältnis der Heizkraft zum Gewicht – beträgt bei Spiritus nur etwa die Hälfte der Benzin- oder Petroleumwerte. Dieses Verhältnis verschlechtert sich bei extremen Minusgraden weiter. Hinzu kommt, dass sich Spiritus bei Kälte schlechter entzünden lässt. Obwohl ich also – wie weiter oben im Abschnitt über die Sommer-Ausrüstung deutlich geworden ist – den »Trangia«-Kocher heiß und innig liebe, musste ich mir für den Winter einen anderen Kocher suchen.

Meine Experimente mit Benzinkochern einer renommierten amerikanischen Firma verliefen durchweg negativ. Trotz sorgfältiger Wartung erwiesen sich die getesteten Modelle nach einigen Wochen als äußerst störanfällig; es scheint, als gehe bei diesen zum Teil auf Leichtgewicht gezüchteten Kochern die Robustheit und Zuverlässigkeit verloren. Die Probleme waren immer die gleichen: Nach dem zunächst planmäßigen Entzünden wollten die Kocher nach einigen Minuten den Brennstoff nicht mehr vergasen, worauf hohe und gefährliche Stichflammen auftraten; trotz Demontage, Reinigung, dem Wechsel von Dichtungsringen, Düsen und Brennstoff trat keine Besserung ein. Nach einer Leidenszeit, in der ich mir kaum genug Schnee für meinen Tee hatte schmelzen können sowie meine Finger vom Kocher-Reinigen ständig verrußt waren und nach Brennstoff stanken, hatte ich genug: Ich stiefelte in einen schwedischen Outdoor-Laden und erzählte von meinen Problemen. Man bestätigte mir, dass auch viele seiner Kunden über diese Hightech-Kocher klagen würden, und zeigte mir Petroleum-Modelle von »Optimus«.

Meine Probleme waren gelöst. Seit Jahren verwende ich diese Kocher im Winter, ohne aufwendige Reinigungsmaßnahmen, und noch (fast) nie haben sie mich im Stich gelassen. Meine Favoriten sind der massig-schwere »Hunter« (den es in zwei Größen gibt) und der etwas diffizilere »Loka.« Wer nicht auf jedes Gramm achten muss, ist mit dem »Hunter« gut bedient. Fast alle Norweger benutzen ihn, und ich habe in den Bergen bei manchen Wanderern zehn Jahre alte und verbeulte Exemplare gesehen, die klaglos ihren Dienst verrichten. Auch der »Loka« enthält den bewährten »Hunter«-Brenner, ähnelt aber durch den integrierten Windschutz und den mitgelieferten Kochtopf-Satz äußerlich eher dem »Trangia«. Er arbeitet mit dem an jeder schwedischen Tankstelle erhältlichen »Lysfotogen«, eine Art Flugzeug-Petroleum, und findet ineinander gestapelt in einem kompakten Täschchen Platz.

Ganz klar – es muss nicht »Optimus« sein. Ich halte sie zwar für die robustesten und einfachsten Kocher – Eigenschaften, die sich im Winter stets bewähren. Doch andere Wanderer mögen andere Erfahrungen gemacht haben.

■ **SICHERHEIT**: Noch aus einem anderen Grund halte ich Benzinkocher für problematisch. Benzin ist äußerst leicht entzündlich und stellt somit einen nicht zu unterschätzenden Risikofaktor dar – ein unbemerktes Leck im Kocher oder im Zuleitungsschlauch kann in Sekundenschnelle das ganze Zelt in Brand setzen oder gar zu einer gehörigen Stichflamme führen. Die meist aus Polyester bestehenden Zelte fangen daraufhin sofort Feuer und werden zum Flammengrab ihrer Insassen; jedes Jahr hört man im Norden von solch tragischen Unfällen. Selbst wer das Zelt lebend verlässt, hat schlechte Karten, denn ohne Zelt und Ausrüstung einsam im winterlichen Fjäll ist die Überlebenschance gering.

Das Argument, man dürfe eben den Kocher nicht im Zelt verwenden, ist zu relativieren. Mal ehrlich: Wer wirft nicht bei Kälte oder Sturm nach einer langen Tagesetappe die Sicherheitsbedenken über Bord und köchelt geschützt unter der Zeltapsis? Ganz abgesehen davon, dass im Sturm sowieso jedes Feuerzeug ausgeblasen wird.

Petroleum dagegen entzündet sich viel schwerer und bietet dadurch mehr Sicherheit bei Lecks und Fehlbedienungen.

Außerdem ist dieser Brennstoff der einzige, dessen Heizwert bei sogar extremen Minustemperaturen nicht absinkt. Nicht umsonst wählen die meisten Polarexpeditionen Petroleumkocher. Das Lysfotogen meines »Loka« zeigt sich sogar bei Zimmertemperatur von der Flamme eines Streichholzes völlig unbeeindruckt und entzündet sich nicht. Dafür muss dieser Kochertyp natürlich vorgeheizt werden, um das Petroleum vergasen zu lassen und zu entzünden. Ich verwende dafür auch im Winter am liebsten Spiritus, der im Gegensatz zu den meisten Anzündpasten keine klebrigen Rückstände hinterlässt. Wenn der Spiritus nicht sofort brennt, baue ich mit Zündhölzern einfach ein kleines »Lagerfeuer« in der Vorheizschale.

THERMOSKANNE

Damit man nicht für jeden Schluck Tee erneut den Kocher anwerfen muss, benötigt man im Winter unbedingt eine Thermoskanne: Bei –40 Grad hat sich kochend heißer Tee schon nach 20 Sekunden auf Trinktemperatur abgekühlt, und nach einer Minute ist er kalt. Gegen den Feuchtigkeitsverlust durch Schwitzen, aber auch zum Aufwärmen sollte man stets genug trinken. Eine Literkanne pro Person ist kein Luxus, sondern schlicht nötig. Die schweren, doch gut isolierenden doppelwandigen Kannen aus Metall haben sich bestens bewährt. Achten muss man nur darauf, dass der als Trinkbecher genutzte Deckel nicht aus zwei miteinander verklebten Schalen (oft Metall und Plastik) besteht. Der nach dem Trinken noch feuchte Deckel friert nämlich bei Extremtemperaturen im Gewinde fest, und beim nächsten Aufdrehen löste sich bei mir stets diese Verklebung eher als die Eisschicht im Gewinde. Besser sind da EINWANDIGE DECKEL aus Plastik, wie sie etwa in der Originalkanne von »Thermos« zum Einsatz kommen.

Ein Schuss RUM im Tee schmeckt und wirkt zum Aufwärmen wahre Wunder. Allerdings sollte man zu diesem Mittel erst abends nach vollbrachter Tagesetappe greifen, wenn man im warmen Schlafsack liegt oder neben dem die Hütte anheizenden Holzofen sitzt. Denn der kurzfristig durch den Rum produzierte »Wärmeschub« verfliegt schnell wieder und schlägt im Freien während einer Rast sonst schnell ins Gegenteil um – in eine Abkühlung.

PULKA

Das rauere, unbeständigere Winterklima bringt es mit sich, dass man auf Skitouren mehr Ausrüstung benötigt. Mancher Rucksack wird da schnell zu voll oder zu schwer. Zumindest in überwiegend baumlosen Regionen mit nicht zu steilen Steigungen bietet die Pulka eine wirkliche Alternative, denn eine schwere Last kann man leichter ziehen als tragen.

Neben Glasfiber findet man auch noch gelegentlich Pulkas aus Birkensperrholz, die allerdings deutlich schwerer sind. Am gebräuchlichsten sind die Modelle der schwedischen Firma »Segebaden« und der norwegischen Firma »Fjellpulken«. Die Norweger setzen eher auf eine »Heavy-Duty«-Produktion und fertigen ihre GFK-Schalen wesentlich dicker. Der Bezugsstoff ist mal aus robuster Baumwolle, wie bei »Fjellpulken«, mal aus dünner und nicht sonderlich reißfester Kunstfaser.

Ich bevorzuge die Modelle von »Fjellpulken«, die eine breite Palette anbieten von der Kinderpulka über gewöhnliche Lastenpulkas bis hin zu Expeditions-tauglichen Monster-Pulkas mit einem Fassungsvermögen von gleich mehreren hundert Litern.

Für Touren von ein- bis dreiwöchiger Länge reicht eine normale Lastenpulka mit einer Länge von 1,5 m völlig aus. Das schwere GEPÄCK gehört NACH UNTEN, und während stürmischer Schneegestöber sollten alle noch so kleinen Ritzen und Öffnungen sorgfältig verschlossen werden. Geht es einmal steil bergab, kann man gar die Skier abschnallen und auf der Pulka sitzend frohgemut den Hang hinunterrodeln!

Zugstangen sind für einen oder mehrere voreinander geschirrte

Hunde erhältlich, aber auch für »zweibeinige Zugesel«. Man hängt diese in zwei Ringe rechts und links am Hüftgurt ein. Entweder muss man sich also beim Schuster den Rucksack-Hüftgurt mit diesen D-Ringen bestücken lassen oder (falls man gar keinen Rucksack benötigt) nach einem speziellen Zug-Hüftgurt in den einschlägigen Sportfachgeschäften suchen.

Glücklich kann sich schätzen, wer einen Hund zum Ziehen der Pulka einsetzen kann (siehe unter »Lastenhund und Gespann«).

Zelt

Die Unterscheidung zwischen Sommerzelt und Winterzelt ist in Skandinavien bedeutungslos. Zelthersteller bezeichnen ihr Zelt nämlich dann als wintertauglich, wenn die Gestänge auch harte Stürme überstehen und der Stoff besonders reißfest und belastbar ist. Diese Eigenschaften muss ein Zelt im skandinavischen Fjäll aber das ganze Jahr über erfüllen.

Denn die Stürme im Herbst und manchmal auch im Sommer können genauso heftig ausfallen, und wasserdicht muss ein Zelt sowieso sein. Außer vielleicht im Winter, wo kaum Feuchtigkeit von außen eindringt und eine gute Belüftung wichtiger ist. Im Winter sollte man sich bei großen Zelten für vier Personen oder mehr sogar überlegen, über dem Kochbereich ein (bei Sturm verschließbares) Loch in den Stoff zu schneiden: Die von den Kochern produzierte Feuchtigkeit kann so gut entweichen und schlägt sich nicht als Eisschicht innen nieder. Natürlich muss das mit Bedacht geschehen, damit die Lochränder nicht einreißen oder das Zelt an Stabilität verliert.

■ Sehr windstabil sind **GEODÄTISCHE ZELTKONSTRUKTIONEN** mit ihren an mehreren Punkten überkreuzten Stangen, die sich mit ihrer Spannung gegenseitig stabilisieren. Diese Zelte besitzen aber meist einen entscheidenden Nachteil, der sich bei Regen bemerkbar macht: Man muss das Innenzelt zuerst aufbauen und wirft erst dann das Außenzelt über; je nachdem, wie stark der Regen fällt, ist das Innenzelt (und damit der Bereich, in dem man schlafen wird) entweder feucht oder gar nass bis pitschnass, bevor das Zelt komplett steht.

Und im Winter wird diese Aufgabe bei Sturm und Kälte zum Geduldsspiel: Entweder fliegt das Außenzelt weg, oder man friert sich die Finger ab bei dem Versuch, die Gestänge in die Netzkanäle des Innenzelts zu fummeln. Nicht nur für einen Solo-Wanderer ist es also extrem wichtig, dass man die eigene mobile Hütte bei widriger Witterung allein und zudem in kurzer Zeit aufstellen kann.

■ Wohl deshalb fertigen die bekanntesten skandinavischen Zeltkonstrukteure (»Fjällräven«, »Hilleberg« und »Helsport«) bevorzugt **TUNNELZELTE**. Dieser Zelttyp bietet ein unschlagbares Gewicht/ Raum-Verhältnis und vermittelt dank der großen Apsis einen geräumigen Eindruck. Da man längere Regenperioden nicht ausschließen kann, sollte man ausreichend Platz nicht als Luxus, sondern als Notwendigkeit betrachten. Bei Tunneln kann man gewöhnlich das Innenzelt auch nach dem Aufstellen des Außenzelts einhängen oder sogar (beides ineinander eingehängt) gemeinsam aufstellen. Die Tunnelzelte reichen ihren geodätischen Kollegen in punkto Windstabilität zwar nicht ganz das Wasser, doch richtig aufgebaut und abgespannt übersteht auch ein Tunnel fast alle Stürme. Wer auf Nummer sicher gehen will, kann seine Stangen gegen stabilere ersetzen. Bo Hilleberg bietet etwa für alle seine Zelte neben den normalen 9-mm-Stangen auch welche mit 11 mm Stärke an.

■ Bewährt haben sich komplett verschließbare **LÜFTUNGSÖFFNUNGEN** – natürlich von innen, damit man im Wintersturm dazu nicht das Zelt verlassen muss! Zu schätzen gelernt habe ich ebenso **MOSKITONETZE** in allen Außenzelt-Öffnungen, also auch beim Haupteingang: Zum einen garantierte das meinem unter der Vorzeltapsis schlafenden Husky ein halbwegs von Mücken freies Plätzchen. Und zweitens hängte ich oft das Innenzelt aus, um dank des hinzu gewonnenen Platzes bequem, und vor Mücken geschützt, unter dem Außenzelt zu kochen.

»Snowflaps« – Schneelappen, die verhindern sollen, dass der Winterwind Schnee unter dem Außenzelt hindurch pressen kann – sind nach meiner Erfahrung nicht erforderlich. Sie erhöhen nur unnötig das Gewicht des Zelts. Fast den gleichen Effekt erzielt man, wenn man das Zelt ein wenig in den Schnee eingräbt oder einfach eine kleine Schutzmauer außen herum errichtet.

■ Im Wintergepäck sollte immer ein Zelt dabei sein. Zumindest dann, wenn man nicht schon einige winterliche Fjäll-Erfahrung mit Übernachtungen im Freien bei Sturm gesammelt hat. Wer sich bei einer reinen Hüttentour mit nur einen Biwaksack begnügen will, lebt gefährlich und hat wohl noch keinen Sturm selbst erlebt. **SCHNEESTÜRME** können mehrere Tage dauern und mit solcher Heftigkeit wüten, dass man im Freien die Hand nicht vor Augen sieht und das Gefühl für oben und unten verloren geht. Besonders prekär daran: Diese Stürme können sehr abrupt und schnell beginnen. Es ist also unverzichtbar, den Himmel und die Wetterlage genau zu beobachten und lieber zu früh als zu spät das Zelt aufzustellen. Auch dann, wenn die Hütte nur wenige Kilometer entfernt ist.

Viele der Unglücksfälle im Winter entstehen, wenn Wanderer unbedingt noch die schützende Hütte erreichen wollten und bis zur völligen Erschöpfung orientierungslos dahinirren. Da man ohne Zelt im Sturm noch nicht mal in Ruhe Sachen aus dem Rucksack holen oder gar kochen kann, neigen Wanderer mit Biwaksäcken dazu, zu spät ihr Lager aufzuschlagen und zu früh wieder aufzubrechen. Erschöpfte und Hungrige frieren aber leichter und verlieren sich eher in panischen Kurzschlusshandlungen. Deswegen: Zelt raus und abwarten!

Wer allerdings zu lange gewartet hat und aufgrund des orkanartigen Windes sein Zelt nicht mehr zum Stehen bringt, muss anderweitig Schutz suchen. Viele meiner Kollegen empfehlen, sich eine SCHNEEHÖHLE zu graben. Doch Vorsicht – probieren Sie es einmal selbst aus: Sie werden feststellen, dass Sie meist erst lange nach einer richtigen Stelle suchen müssen, weil sich nur windabgewandte Hangseiten dafür eignen. Außerdem dauert das Graben einer Höhle, die einer Person und dem Rucksack notdürftig Platz bieten kann, schon bei gutem Wetter mindestens eine Stunde. Wenn ein Sturm den soeben herausgeschippten Schnee wieder von der Schaufel in die Öffnung zurücktreibt, natürlich noch viel länger. In dieser Zeit ist man oft schon ausgekühlt.

Dennoch kann natürlich das Eingraben ein Überleben in Notsituationen sichern. Doch man sollte nicht zu viel Zeit und Energie damit verschwenden, ein (zu) großes Loch zu buddeln. Eine kleine Mulde reicht oft schon aus, um möglichst schnell in den warmen Schlafsack zu kriechen, sich zuschneien zu lassen und das Schlimmste abzuwarten. Wenn der Sturm kurze Atempausen einlegt, kann man immer noch versuchen, das Zelt aufzustellen.

Wer mal einen oder gar mehrere Tage bei Sturm »abwettern« musste, weiß die Vorteile eines Zeltes zu schätzen: Man hat mehr Platz, kann relativ gemütlich kochen und dadurch auch noch den Innenraum beheizen. Und man kann in Ruhe durchatmen und hat ganz allgemein ein für die Psyche sehr wichtiges Gefühl der Sicherheit. Ein Sturm mit seiner unvorstellbaren Gewalt kann eklig sein und enorm einschüchtern. Da tut es gut, ein Refugium zu haben, in dem man sich halbwegs sicher fühlt.

Notapotheke

Sich wirklich gegen jede Eventualität mit dem passenden Mittelchen zu wappnen ist freilich nicht möglich. Um den besten Kompromiss zwischen geringem Gewicht und sämtlichen erforderlichen Medikamenten zu finden, sind schon mehrere Touren nötig.

Es folgt ein Blick auf den Inhalt meiner im Laufe der Jahre ständig modifizierten Notapotheke:

■ Verbandszeug, Pflaster, Jod – darunter sollten auch steril verpackte Verbände und elastische Binden sein.

■ Blasenpflaster, Tape – das bei Sportlern gern benutzte Gewebeband hält besser und kostet weniger als spezielle Blasenpflaster.

■ Salbe gegen Verstauchung – bei verstauchten Knöcheln, ebenso wie bei wegen Überanstrengung schmerzenden Knien bewährte sich »Algesal« als regelrechtes Wundermittel und sorgte häufig innerhalb eines Tages für deutliche Besserung.

■ Schmerztabletten – »Aspirin« o.ä.; gegen plötzlich auftretende Zahnschmerzen packt man besser zusätzlich starke Schmerztabletten wie »Dolomo« ein.

■ Darm und Magentabletten – gegen leichte Darmgrippen helfen Kohletabletten, doch zusätzlich sollte man immer ein »Hammermittel« wie »Imodium« im Gepäck haben; isotonische Tabletten versorgen den Körper nach heftigen Durchfällen wieder mit Mineralstoffen.

■ Halstabletten – die in Norwegen in jedem Supermarkt erhältlichen »Repsil« verhinderten bei mir bislang fast immer eine Halsentzündung, wenn ich sie rechtzeitig beim ersten Kratzen im Hals lutschte.

■ Fiebertabletten.

■ Brand- und Wundsalbe – wichtig besonders im Winter, wo man sich leicht die Hände am heißen Ofenrohr verbrennt.

■ »Ballistol« – dieses für das Militär entwickelte Waffenöl desinfiziert im Notfall nicht nur und hilft angeblich bei einem verdorbenen Magen, sondern kann sogar zum Imprägnieren von Lederstiefeln eingesetzt werden.

■ Nähzeug, Sicherheitsnadeln, Nieten.

■ Rettungsdecke – selbst mit einem warmen Schlafsack im Gepäck sollte man eine solche leichte und klein gefaltete Plane prinzipiell mitführen.

■ Ohren- und Augentropfen – wer den starken Wind nicht gewohnt ist, holt sich rasch Entzündungen.

Checkliste

Checklisten können keinen Anspruch auf allgemeine Gültigkeit erheben, sondern verändern sich bei jedem Wanderer im Laufe der Jahre ständig. Meine aktuelle Liste sei als Anregung vorgestellt:

- Je nach Tour 50- oder 75-Liter-Rucksack mit Regenhülle.
- Wanderkarten – gegebenenfalls mit durchsichtiger Klebefolie gegen Regen schützen; eventuell Telefonnummern von Bootsführern notieren.
- Geld in kleinen Scheinen oder Kreditkarte bzw. Kreditkartennummer für die Hüttengebühren.
- Mitgliedsausweis von STF, DNT o.a.
- Schlüssel für DNT-Hütten.
- Schreibzeug, Stifte.
- Lesestoff.
- Kompass, je nach Tour eventuell zusätzlich Höhenmesser, Barometer, GPS-Gerät.
- Signalraketen.
- Zelt, Zeltstangen, Heringe, eventuell eine Unterlegfolie zum Schutz des Zeltbodens.
- Leichter Sommerschlafsack, Isomatte, Inlet.
- »Djungelolja« gegen Mücken.
- Fotoapparat, Filme, Ersatzbatterien, eventuell Stativ.
- Kerzen, Stirnlampe mit Ersatzbatterien.
- Sonnenbrille, Sonnenöl.
- Teleskopstöcke.
- Hochschaftige Wanderschuhe.
- Sandalen zum Waten sowie als Hüttenschuhe.
- Wandersocken, Reservesocken.
- Regenkleidung.
- Wanderhose, Hemd – Fleece in Frühling und Herbst, mückendichtes Canvas im Sommer.
- Funktions-Unterwäsche.
- Fleece-Kleidung.
- Unterwäsche, T-Shirts.
- Käppi als Schutz gegen Sonne und Mücken.
- Stirnband, Handschuhe, Schal.
- Klebeband, Reepschnur, evtl. Zange (»Leatherman-Tool« o.ä.)
- Nähzeug, Sicherheitsnadeln, eventuell Nieten.

HYGIENE

- Zahnbürste, Zahnpasta.
- Neutralseife – biologisch gut abbaubar, verwendbar als Seife, Shampoo und Spülmittel.
- Creme – gegen trockene Haut.
- Handtuch.
- Nagelschere, Feile.
- Klopapier.
- Die Küchenausrüstung (Kocher, Töpfe etc.) kommt im Kapitel »Gut zu wissen, Proviant« ausführlich zur Sprache.

IM WINTER ZUSÄTZLICH BZW. STATTDESSEN

- Ski, Skistöcke und Skistiefel.
- Felle, evtl. Wachs und Klister.
- Reservekabel Seilzug-Bindung.
- Gamaschen.
- Hüttenschuhe.

- Stirnband, Faust- und Finger-Handschuhe, eventuell Balaklava.
- Dicke Bekleidung – viele Socken, eventuell Wollpullover.
- Schneeheringe für das Zelt – gegebenenfalls muss man zusätzliche Schlaufen am Zelt anbringen, um die breiten Schneeheringe einfädeln zu können. Für die am meisten belasteten Stellen haben sich auch Skier als Heringe bewährt.
- Schneeschaufel – unbedingt eine mit Alu- oder, noch besser, Metallblatt; die aus dem Alpinbereich bekannten Lawinenschaufeln mit Plastikblatt brechen rasch, sobald man es mit harschigem oder vereistem Schnee zu tun hat; die meines Erachtens beste Schaufel stammt von »Rottefella« und ist bei DNT und STF erhältlich.
- Warmer Winterschlafsack mit »Vapour Barrier Liner«.
- Schaumstoff-Isomatte und Rentierfell.
- Petroleum-Kocher, Brennstoff, Anzündspiritus, Feuerzeuge, Reparatur- und Reinigungswerkzeug.
- Viele Ersatzbatterien – für die Stirnlampe etc.
- Starke Sonnen-/Gletscherbrille.
- Thermometer mit Spiegel auf der Rückseite – solch ein Kombi-Thermometer, dessen Skala bis minus 50 Grad reichen sollte, hängt bei extremer Kälte am besten schnell griffbereit außen am Rucksack; denn bei Wind und Temperaturen ab –20 Grad abwärts besteht die Gefahr, dass unbemerkt Nase und/oder Wangen erfrieren (siehe dazu die Chill-Out-Tabelle auf Seite 194); besonders als Einzelwanderer sollte man in diesem Spiegel regelmäßig die Hautfarbe kontrollieren und bei geringster Verfärbung sofort schützen.

Anreise

Nach Skandinavien

MIT DEM FLUGZEUG

Das Flugzeug ermöglicht die bequemste und schnellste, aber auch teuerste Anreise. Das Gewichtslimit von 25 Kilogramm für Gepäck überschreitet man normalerweise nie, da man kaum einen entsprechend schweren Rucksack durchs Gelände wuchten wird. Eng kann es allenfalls im Winter mit einer Pulka werden. Da die Preise für Übergewicht recht happig ausfallen, sollte man die schwersten Gegenstände ins Handgepäck nehmen. Grob überschlagen, sind ungefähr Euro 511 (DM 1.000) für einen Flug zu veranschlagen.

Auf schwedischer Seite bieten sich als Flugziele GÄLLIVARE und KIRUNA an, die von Stockholm aus angeflogen werden. In Norwegen empfiehlt sich statt NARVIK besonders der kleine Flughafen BARDUFOSS, den man nach Umsteigen in Oslo erreicht.

Die bekannteste Fluggesellschaft ist »SAS«, die mit der »Lufthansa« kooperiert. Es lohnt sich, nach den aktuellen Sondertarifen zu fragen. In vielen deutschen Reisebüros scheint sich nicht herumgesprochen zu haben, dass »SAS« das ganze Jahr über Sondertarife anbietet, aber wenn man beharrlich bleibt, tauchen die Informationen schließlich doch auf dem Bildschirm auf. Allen touristischen Sondertarifen ist gemein, dass Hin- und Rückflug gleichzeitig gebucht werden müssen und dass der frühestmögliche Rückflug am Sonntag nach Reiseantritt zu bekommen ist, was für die Wanderer, die nicht als Kurzzeit-Urlauber antreten, keine Rolle spielt. Zum Teil bestehen mindestens sieben Tage Vorausbuchungsfrist, wobei man ohnehin nicht allzu lange mit der Buchung warten sollte, da die Zahl der Sondertarif-Plätze begrenzt ist.

Man sollte zudem kleinere Fluggesellschaften wie die norwegische »Widerøe« prüfen, die teils billigere Skandinavien-Pakete als »SAS« anbieten; Widerøe bedient übrigens viele Anschlussflüge ab Oslo.

MIT DEM ZUG

Die Anreise mit dem Zug kommt im Vergleich zum Flug etwa Euro 102 bis 204 (DM 200–400) billiger, erfordert aber mindestens zwei bis drei Tage Zeit. Man kann zwar mehr Gepäck mitnehmen, muss aber beispielsweise eine Pulka penibel stoßfest verpacken, damit sie die ruppigen Verlademethoden auf den Bahnhöfen übersteht. National gebundene Tickets, die in einem bestimmten Zeitraum beliebig viele Fahrten erlauben, können sich je nach Länge der Wandertour bezahlt machen. Das für ganz Skandinavien gültige »ScanRail«-Ticket ist für Wanderer, die nur An- und Abreise sowie höchstens eine Einzelfahrt zwischendurch mit der Bahn absolvieren, nur von eingeschränktem Interesse.

MIT DER HURTIGRUTE
Wer genug Zeit (und Geld) mitbringt, kann mit den Postschiffen, die längst keine Post mehr transportieren (sondern Passagiere und Fracht), entlang der norwegischen Küste gen Norden und wieder zurück tuckern; im Winter sind die Tickets halbwegs bezahlbar, aber ein paar hundert Euro kommen für die zweitägige Passage von Bergen nach Bodø mit Kabine und Mahlzeiten schon zusammen.

Die Hurtigrute verkehrt nur zwischen Bergen und Kirkenes, setzt also eine vorherige Anreise nach Bergen voraus. In Verbindung mit einer Zugfahrt nach Bergen stellt die Hurtigrute einen Kompromiss aus geruhsamer Anreise und günstigeren Reisekosten dar; wohl gemerkt unter der Bedingung, dass man es nicht eilig hat. Je nach Heimatort kann die Anreise nämlich eine Woche und mehr in Anspruch nehmen. Wen die Börse überhaupt nicht drückt, kann mit »SAS« auch von Hamburg nach Bergen fliegen.

MIT DEM EIGENEN FAHRZEUG
Wegen der relativ hohen Flug- und Zugpreise macht sich besonders bei mehreren Personen die Anreise mit dem eigenen Fahrzeug bezahlt; erst recht, wenn man mit einem oder mehreren Hunden in den Norden will. Hinzu kommt, dass die mehrtägige Fahrt in den Norden dabei hilft, sich langsam zu akklimatisieren und in die nordische Landschaft hineinzuwachsen.

KIRUNA, GÄLLIVARE oder JOKKMOKK gelten als günstige Startpunkte vieler Touren, wo man das Auto gut abstellen kann. Von dort aus verkehren sogar außerhalb der Hauptreisesaison Busse zu Start- und Endpunkten von Touren.

Für die Fahrt nach Kiruna benötigt man im Sommer ab Trelleborg etwa drei Tage – zumindest, wenn man zügig und ohne viele Pausen auf der schwedischen Küstenstraße via Jönköping, Örebrö, Gävle und Umeå heizt. Die Anreise über die norwegische E 6 dauert dank einiger kurviger Passstraßen wesentlich länger, bietet aber dafür streckenweise andschaftschaftlich wildere Passagen. Achtung: Überraschend auf die Straße laufende Tiere (Rehe, Hasen, Elche, im Norden vor allem Rentiere) drücken den Kilometerschnitt.

IM WINTER muss man wegen geringerer Fahrgeschwindigkeit und unvorhergesehener Zwischenfälle (Schneestürme) sicherheitshalber zwei Tage mehr für die Anreise einplanen. Man sollte dann auf jeden Fall DURCH SCHWEDEN gen Norden fahren, denn das Autofahren in den norwegischen Bergen erfordert viel winterliche Fahrpraxis – und SPIKES! Da solche Reifen in Deutschland verboten sind, kann man sie erst hinter der Grenze aufziehen. Wenn man häufiger Winterurlaub machen will, rentiert sich ein Kauf: Während des Winters stößt man an vielen skandinavischen Tankstellen auf Sonderangebote von Spikes; ansonsten gibt es die Möglichkeit, die *pigg-dekks* zu leihen. In Schweden sind Spikes zwar hilfreich, wegen der weitgehend flachen und gut geräumten Küstenstraßen jedoch nicht unbedingt erforderlich. Ketten sollten zur Sicherheit ebenfalls mit dabei sein, doch benötigen wird man sie nur selten. Denn man hat es wegen der ausgezeicheneten Räumdiente auf den Straßen fast nur mit Eis und nicht mit tiefem Schnee zu tun.

Auch im tiefen Winter muss man vor dem Reisen im WOHNMOBIL keine Angst haben. Im Gegenteil: Wird man tatsächlich auf einer Passstraße vom Sturm überrascht, kann man ganz gemütlich die Standheizung anschalten, während normale Pkw mit laufendem Motor heizen müssen. Deshalb sollte man immer einen warmen Schlafsack für eine Not-Übernachtung im Fahrzeug dabei haben, aber der steckt bei einer Winterwanderung ja sowieso im Rucksack.

Dafür sind die Wohnmobil-Tarife auf den FÄHREN nach Norwegen und Schweden in den letzten Jahren in die Höhe geschnellt, während sich für Pkw immer noch günstige Angebote in den Preislisten aufspüren lassen. Die Fahrpläne und Preisliste der Reedereien (u.a. »Color Line«, »Stena Line«, »Fjord Line«, »TT-Line«) bekommen Sie in gut sortierten Reisebüros. Wer die Fähre umgehen will, kann seit Sommer 2000 über die Øresund-Brücke zwischen den Ballungszentren von Kopenhagen und Malmö verkehren, wenn auch nicht kostenlos, sondern ab ungefähr Euro 107 (DM 210) aufwärts; die Anfahrt ganz ohne Fähren bedingt aber, dass man von Jütland nach Seeland quer durch Dänemark fahren sowie die Brücken über den Kleinen und Großen Belt in Anspruch nehmen muss, wobei letztere ebenfalls gebührenpflichtig ist. Das strapaziert sowohl die Zeitplanung als auch das Budget, während eine Fährfahrt zu einem günstigen Tarif Kilometer spart und Nerven schont.

TIPPS ZUM WINTERCAMPING

■ **MOTORSTART**: In kalten Nächten eventuell die Batterie ausbauen und mit in den beheizten Wohnraum des Campingmobils nehmen. Man kann sie auch fest dort installieren und mit Kabeln bis zum Motor verlängern. Ich hatte einen VW LT 28 im Einsatz, dessen Batterie zumindest im Fahrerraum stand. Ernsthafte Startprobleme gab's nie. Ich musste zwar bei –40 Grad manchmal eine halbe Minute orgeln, aber dann sprang der Motor an, obwohl widerwillig.

Im hohen Norden sind alle Autos mit einer Motorheizung versehen, die man über ein Stromkabel an öffentlich installierte Steckdosen anschließt. Ob Schwimmbad oder Gemeindehaus – besonders vor kommunalen Gebäuden findet man die »Strom-Zapfsäulen« vor. Aus verständlichen Gründen wird es allerdings nicht gern gesehen, wenn man dort seinen Camper für die Nacht parkt. Meiner Ansicht nach bringt es wenig, sein Auto mit dieser Motorheizung auszustatten. Die Campingplätze haben im Winter überwiegend geschlossen, und wilde »Stellplätze« neben der Straße kennen keine Steckdosen.

■ **ÖL UND KÜHLWASSER**: Weit wichtiger als eine Motorheizung ist ein auf die zu erwartenden Temperaturen abgestimmter Ölwechsel und die Überprüfung des Kühlwassers auf genügend Frostschutzmittel. Die deutschen Werkstätten justieren das in der Regel auf eine Minimaltemperatur um –20 Grad. Rechnen Sie in Lappland jedoch mit Extremwerten von –40 Grad im Dezember und Januar, im Februar mit –30 Grad und –20 Grad im März und April. Kontrollieren Sie auch das Frostschutzmittel im Scheibenwaschwasser.

Die skandinavischen Tankstellen führen im Winter ein anderes Dieselgemisch, weil der Sommer-Diesel bei extremer Kälte »flockt«. Denken Sie daher daran, auch den Dieselkraftstoff im Reservekanister zu ersetzen. Zur Vermeidung von Startproblemen hilft es ferner, den Tank während der Nacht immer möglichst gefüllt zu halten.

■ **WASSER:** Fest installierte Wassertanks – und erst recht solche mit in den Wänden verlaufenden Rohren – sorgen im Winter nur für Scherereien. Als ich bei –40 Grad im Auto nächtigte, kühlte der zimmerwarme Innenraum nach dem Ausschalten der Heizung trotz hochwertiger Zwei-Zentimeter-Isolierung binnen zwei Stunden auf –20 Grad aus.

Ich benutzte daher herausnehmbare Wassertanks, die ich am Morgen darauf vor den Luftöffnungen der Heizungen wieder auftaute. Da dieser Vorgang bei 20-Liter-Kanistern eine Weile dauert, füllte ich schon abends einen Kochtopf für's Kaffeewasser. Den Eisklumpen konnte ich schnell über der Gasflamme zum Kochen bringen.

Frischwasser erhält man am besten an den Tankstellen. Im tiefsten Winter (etwa von November bis Februar) sind die Außen-Wasserhähne abgestellt. Dann hilft nur Nachfragen beim Tankwart und der mehrfache Gang mit einem tragbaren Kanister in den Waschraum der Tankstelle.

■ **EISKRATZER**: Der beste Eiskratzer ist gerade gut genug! Die hohe Luftfeuchtigkeit schlägt sich innen an den Windschutzscheiben als dicke Eisschicht nieder. Im Verbund mit der Scheiben-Heizbelüftung benötigte ich mit dem Eiskratzer fast eine halbe Stunde, bis ich die Scheiben so weit enteist hatte, dass ich losfahren konnte.

■ **RASTPLÄTZE:** Die meisten Rastplätze werden im Norden erst ab Mitte März vom Schneepflug geräumt. Man findet also nur wenige Stellen, um im tiefen Winter neben der Straße zu übernachten. Hat man einen akzeptablen Rastplatz gefunden, sollte man weit vorn an der Ausfahrt parken. Im Falle einer schneereichen Nacht muss man dann nicht stundenlang schaufeln, um wieder zurück auf die geräumte Straße zu kommen.

■ **ENTSORGUNG:** Auch im Winter sind Camper von Rastplätzen abhängig. Dort kann man gut Müll und Schmutzwasser beseitigen, und auf den großen Rastplätzen entlang der Küsten-Hauptstraßen findet man sogar meist ein Entsorgungsmöglichkeit für Fäkalien. Außerdem sind dort die Toilettenhäuschen geheizt – ein Luxus, den man bei –30 Grad zu schätzen lernt! Im Sommer wird »wildes Campen« auf diesen Rastplätzen wegen der Masse an Touristen ungern gesehen, doch im Winter stellt das kein Problem dar – man steht da sowieso allein. Weiter im Inland, wo die Rastplätze teils erst ab April in Betrieb genommen werden, muss man sich anders behelfen. Der Müll kann in Städten entsorgt werden, und für die Notdurft kann man auch mal die Toiletten von öffentlichen Einrichtungen und Tankstellen benutzen.

■ **RÄUMDIENST**: Der winterliche Räumdienst in Skandinavien arbeitet ziemlich schnell, zuverlässig und wesentlich effektiver als unser Winterdienst. Auf schneereichen Passstraßen patrouillieren oft zwei Fahrzeuge – eines mit einer überdimensionalen Schaufel zum Räumen und eines mit einer Schneefräse. Erwarten die Straßenämter außergewöhnlich viel Schnee, werden Passstraßen in der Nacht der Sicherheit wegen mitunter komplett für den Verkehr gesperrt.

Also: Wird man tatsächlich einmal im Fahrzeug eingeschneit, so muss man Ruhe bewahren und ein wenig Geduld haben. Das nächste Räumfahrzeug kommt schneller, als erwartet; bei heftigem Schneetreiben sollte man ihm in einer dichten Kolonne mit den anderen Autos folgen.

■ **PROVIANT:** Wer in der frostigsten Winterzeit das Auto nachts auskühlen oder es sogar ein paar Tage ungeheizt stehen lässt, sollte seinen Proviant auf Frostgefahr überprüfen. Manche Abspülmittel frieren ein und müssen vor Benutzung im heißen Waser aufgetaut werden. Wassertanks müssen geleert werden, das gilt natürlich auch für Mineralwasser- und Limonadeflaschen. Auf Wein und Sekt sollte man lieber verzichten, während »harte Wässerchen« wie Rum, Wodka, Whisky etc. den Frost unbeschadet überstehen.

Auch das Frühstück erfordert ein Umdenken: Marmelade gefriert im Normalfall nicht, während Honig sehr zähflüssig und Nussaufstrich praktisch nicht mehr streichfähig wird. Während Knäckebrot verwendungsfähig bleibt, friert normales Brot friert ein; am besten schneidet man es vorher in Scheiben und röstet es bei Bedarf in der Pfanne.

Statt Milch empfiehlt sich Milchpulver oder kleine Kondensmilch-Portionen. Butter wird knüppelhart, Margarine dagegen bleibt streichfähig. Kekse zeigen sich unempfindlicher gegen die Kälte als Schokolade.

Generell gilt die Regel, dass alle Lebensmittel in möglichst kleinen Portionen zu halten sind, da man sie dann am leichtesten auftauen kann.

Der Frost hat aber auch sein Gutes: Man kann größere Mengen Fleisch oder andere sonst eher leicht verderbliche Waren einkaufen und sie bis zur Benutzung beispielsweise in der Dachbox transportieren.

Zu den Wanderorten

Die folgenden öffentlichen Verkehrsverbindungen sind mit den Anschriften und teilweise auch den Telefonnummern der BusfahrerInnen versehen. Gerade außerhalb der Hochsaison kann man sich so telefonisch bei Fahrer oder Fahrerin nach den Fahrplänen erkundigen. Diese Daten veralten schnell. Im Zweifelsfall helfen die örtlichen Touristenbüros weiter. In der folgenden Übersicht beginnen die Telefonnummern mit der nationalen Kennzahl.

NACH KAUTOKEINO

– Bus ab Enontekiö oder Alta.

■ J.M. Eskelisen Lapin Linjat Oy, Koskikatu 51, SF – 96100 Rovaniemi, Tel. 00358 – 60 – 344 152, Fax 00358 – 60 – 344152 (Finnland).

■ Finnmark Fylkestederi og Ruteselskap, Postboks 308, N –9601 Hammerfest, Tel. 0047 – 7841 1000, Fax 0047 – 7841 2773 (Norwegen).

NACH SAPPEN / SARELV

– Bus ab Narvik/Storslett

■ A/S TIRB, Postboks 33, N– 9301 Finnsnes, Tel. 0047 – 7784 0433, Fax 0047 – 7784 1892 (Norwegen).

NACH PITSUSJÄRVI

– Flugzeug/Heli ab Kilpisjärvi

■ Polar-Lento Oy, 99490 SF–Kilpisjärvi, Tel. 00358 – 696 – 537810 (Finnland).

■ Kilpisjärvi Flightbase, SF–99490 Kilpisjärvi, Tel. 00358–696–537 743 (Finnland).

NACH KILPISJÄRVI

– Bus ab Kiruna / Karesuando

■ J.M. Eskelisen Lapin Linjat Oy (siehe oben unter Kautokeino).

■ Postilinjat, Tel. 00358–060–326 722 (Finnland).

■ Länstrafiken i Norrbotten, Tel. 0046–926–11680 (Schweden).

■ Auskunft über die Bootsverbindungen über den Kilpisjärvi zwischen Kilpisjärvi Vandrarcentrum und Treriksröset unter Tel. 00358 -696 – 77771, 696 – 77783 oder 949 – 394173.

NACH HOLT

– Bus ab Narvik/Bardufoss

■ A/S TIRB (siehen oben unter Sappen / Sarelv).

■ Taxicentralen Rundhaug/Överbygd, N–9230 Backehaug, Tel. 0047–7782 7524 (Norwegen).

NACH INNSET

– Bus ab Narvik/Setermoen

■ A/S TIRB (siehen oben unter Sappen/Sarelv).

■ Per-Arne Haugjord, N–9250 Bardu, Tel. 0047–7718 4588 (Norw.).

Nach Abisko

– Zug/Bus ab Kiruna oder Narvik

■ SJ. Zugfahrplanauskünfte, Tel. 0046–8 – 7622080 (Schweden).

■ Länstrafiken i Norrbotten, Tel. 0046–926 – 11680 (Schweden).

■ Fahrplanauskunft für die Boote auf dem Torneträsk unter Tel. 0046 –10 – 259117 oder 980 – 40056, Fax 0046–980 – 40065 (Schweden).

NACH NIKKALUOKTA

– Bus ab Kiruna

■ Länstrafiken i Norrbotten (siehe oben unter Abisko).

NACH SKJOMDALEN

– Bus ab Narvik

■ Ofotens Bilruter A/S, Postboks 223, N–8500 Narvik, Tel. 0047 – 7692 3500, Fax 0047 – 7692 3530 (Norwegen).

NACH HELLEMOBOTN

– Bootsverkehr

■ Ofotens og Vesterålens Dampskibsselskap A/S, Abt. Bodø, Tel. 0047 – 75521020, Fax 0047 – 7552 0835 (Norwegen).

NACH RITSEM

– Bus ab Gällivare

■ Länstrafiken i Norrbotten (siehe oben unter Abisko).

■ Bootsverbindungcn über den Akkajaure zwischen Ritsem und Vaisaluokta unter Tel. und Fax 0046–9734 2030 (Schweden).

NACH SULITJELMA

– Bus ab Bodø/Fauske

■ Saltens Bilruter A/S, Postboks 104, N–8000 Bodö, Tel. 0047–7552 5025, Fax 0047–7552 0147 (Norw.).

NACH KVIKKJOKK

– Bus ab Jokkmokk

■ Länstrafiken i Norrbotten (siehe oben unter Abisko).

■ Lapplandsflyg AB, S–96202 Kvikkjokk, Tel: 0046–971–21040, im Winter am Umeå Flygplats, S–90254 Umeå, Tel. 0046–90–129 050 (Schweden).

■ Norrlandsflyg AB, S–96202 Kvikkjokk, Tel. 0046–971–21068, im Winter: Box 24, S–98221 Gällivare, Tel. 0046–970 – 14065 (in Schweden). Beide Gesellschaften fliegen nach Staloluokta oder bieten Flüge nach Vereinbarung an.

Neu ...

...sind Charterflüge ab Frankfurt am Main nach Kiruna in Nordschweden. Mit Aero Lloyd, nur von Mitte Juni bis Mitte August. Der Flug allein kostet um Euro 297 (ca. DM 580), Fly & Drive ohne Unterkunft kostet um Euro 357 (ca. DM 700) pro Person.

Zu buchen bei den bekannten auf Skandinavien spezialisierten Reiseveranstaltern, aufgelistet in den Broschüren der nationalen Touristikämter.

Auf nordischen Pfaden

Zur Einstellung

In der Regel fragen mich Wanderer, die zum ersten Mal eine große Tour planen, nach Tipps zu Ausrüstung, Ernährung oder nordischem Klima. So wichtig solche Informationen auch sein mögen – viel wichtiger ist etwas ganz anderes: Meist erzähle ich dann über meine Einstellung zum Unterwegs-Sein in der Natur. Denn die hat sich besonders im Laufe der 14-monatigen Wanderzeit von Grund auf geändert. Und sie hat mir mehr als alle High-Tech-Klamotten oder Signalraketen geholfen, gefährliche Situationen zu erkennen und nicht in Panik zu geraten.

Auch eine perfekte Ausrüstung schützt nicht, sofern man nicht über die nötige SELBSTSICHERHEIT – nicht zu verwechseln mit Arroganz – verfügt, um drohenden Gefahren mit einer positiven Lässigkeit zu begegnen. Ein Beispiel: Nicht nur bei Temperaturen um –40°C spielt es keine große Rolle, ob man nun Super-Fleece der Firma »XY« unter der Jacke trägt oder einen simplen Wollpullover. Wer Angst vor der »lebensbedrohlichen, vernichtenden« Kälte hat, wird frieren. Und zwar weil er/sie weiß, dass er/sie frieren wird.

Hält man sich dagegen die reizvollen Seiten dieser für Mitteleuropäer ungewohnten Rekordtemperaturen vor Augen, nimmt man die Kälte nicht mehr als bedrohlich wahr, sondern empfindet positivere und weit intensivere Merkmale: die knirschende, fast zum Schneiden trockene Luft, die für uns ungewohnte Klarheit und den unbeschreiblichen Geruch der arktischen Luft, in der man beispielweise stinkende Partikel wie Zigarettenrauch noch Minuten später in 100 Meter Entfernung wahrnimmt.

Wer also die Kälte nicht als »Feind« empfindet und wirklich zur inneren Überzeugung gelangt, dass die Kleidung warm genug ist, wird mit Fingerhandschuhen auskommen, obwohl er/sie früher mit fett gefütterten Daunenfäustlingen gefroren hat.

Dieses positiv-neugierige EINLASSEN auf die arktische Natur hilft natürlich nicht nur bei Kälte, sondern auch bei jeglichen »Krisensituationen« – ob es nun seit zwei Wochen ununterbrochen regnet, das Zeltgestänge gebrochen oder gar der Rumvorrat für die restliche Tour im Rucksack ausgelaufen ist.

Ein anderes Beispiel: Wer vom Schneesturm überrascht wird und in Panik gerät, begeht zwangsläufig eine Kurzschlusshandlung. Das muss noch nicht einmal das Weiterlaufen bis zur Erschöpfung sein. Selbst das verzweifelte Zittern in einer Schneehöhle aus Angst vor dem zu »bekämpfenden« Sturm verbraucht Energien.

Wer allerdings die Stärke der Natur neidlos anerkennt sowie ruhig, bewusst und mit positiver Einstellung Entscheidungen trifft, wird gefährliche Situationen gekonnter parieren; und vielleicht sogar noch Spaß dabei empfinden, den Sturmwind einmal so »hautnah« zu erleben. Gefahr geht in den seltensten Fällen von der Natur aus, sondern fast immer von der eigenen Psyche und dem aus unreflektierter Abenteurer-Mentalität resultierenden Fehlverhalten!

Nach Ansicht des irisch-britischen Polarforschers *Ernest Shakleton* zählen Optimismus, Geduld und physische Stärke zu den drei wichtigsten EIGENSCHAFTEN für das erfolgreiche Handeln in polaren Regionen. Recht hat er, wenngleich die physische Stärke bei den vergleichsweise leichten Touren in Nordskandinavien eine untergeordnete Rolle spielt. Die Enttäuschung, sei es über Schneestürme zu einem ungünstigen Zeitpunkt, fad schmeckende und zu kleine Essensrationen oder defekte Ausrüstung, ist dagegen der größte Feind bei langen Wandertouren. Als perfektes Heilmittel gegen die Enttäuschung dient der Optimismus. Betrachtet man die Geschichte der Polarforschung oder auch das Verhalten von Naturvölkern in klimatisch extremen Regionen, so waren es immer Optimismus und Geduld, die das Überleben und Gelingen garantierten. Expeditionen, denen diese Eigenschaften fehlten, waren in fast allen Fällen zum Scheitern verurteilt. Das beste Beispiel dafür war *Robert Scott*.

Was bei Expeditionen das Überleben sichert, sorgt bei Wandertouren immerhin für Freude, Genuss und Erholung. Es geht um die LUST AM DRAUßENSEIN und um die Ruhe, die man innerhalb Europas wohl nur in den arktischen Regionen dermaßen intensiv empfinden kann. Wer unangenehmen Situationen – seien es ekliges Wetter oder vermeintliche Gefahren – mit Ärger, Wut und Ungeduld begegnet, verspielt sich nur die Chance auf eine entspannte Tour und macht sich selbst unnötig das Leben schwer.

Was sich in den unterschiedlichen Assoziationen zu dem Modewort »Outdoor« und zum skandinavischen Begriff »Friluftsliv« (sinngemäß mit »Leben in der Natur« oder »Leben unter freiem Himmel« zu übersetzen) manifestiert, ist somit auch der Unterschied zwischen Verbissenheit und Spaß, zwischen Quälerei und Genuss, zwischen »Expedition« und Erholungstour. So vergleiche man einmal die Südpolberichte von *Arved Fuchs* oder *Reinhold Messner,* die in der deutschen Outdoor-Szene hohe Wellen geschlagen haben, mit den Berichten von Norwegern, die beinahe jährlich und ohne eine übermäßige Promotion zu den Polen wandern; sogar Frauen im Alleingang oder ein Mann mit amputierten Armen bleiben von der Öffentlichkeit unbemerkt.

Warum auch nicht? Die Zeiten der Rekorde, der Ersteroberungen und Wettrennen sind vorbei.

Verhalten in der Natur

Was viele Wanderer immer wieder erstaunt: Auch eine dünn besiedelte Region wie Nordskandinavien erfordert von jedem Einzelnen, bestimmte Regeln einzuhalten. In diesen arktischen Breitengraden reagiert die Natur nämlich besonders empfindlich auf Zerstörungen und menschliche Eingriffe. Trittspuren können in sumpfigem Gelände jahrelang sichtbar bleiben, während zurückgelassener Müll über Jahrzehnte nicht verrottet. In diesem sensiblen Umfeld sollte man sich seines Verhaltens also ständig bewusst sein und nicht blind auf das sogenannte »Jedermannsrecht« *(allemansrätten* auf schwedisch, *allemansretten* auf norwegisch) pochen, das dem Einzelwanderer unter bestimmten Bedingungen das Übernachten und Zelten sogar auf Privatgrund gestattet.

ALLEMANSRÄTTEN

Das Allemansrätten stammt aus einer Zeit, in der Reisende im Allgemeinen nicht zu ihrem Vergnügen unterwegs waren und sich niemand mit dem Problem steigender Touristenzahlen befassen musste. Es erlaubte, über das Land anderer zu gehen, wenn keine alternativen Wege da waren. Wurde der Reisende von der Dunkelheit eingeholt oder von schlechtem Wetter überrascht, durfte er auf dem Grund und Boden anderer übernachten. Er durfte sich von der Natur ernähren, wilde Beeren und Pilze sammeln sowie für den Eigenbedarf nicht geschützte Blumen pflücken.

Obwohl sich die Zeiten geändert haben, wird das Allemansrätten in Schweden noch immer recht großzügig gehandhabt. Generell sei voraus geschickt, dass es ohnehin nicht für Autofahrer oder Gruppen (ab etwa 3–4 Personen) gilt, außer im Notfall. Wenn nun Autofahrer gelegentlich ihr Zelt für eine Nacht an einem hübschen See aufschlagen und bleiben dürfen, beruht das allein auf der Gastfreundlichkeit der Skandinavier. Damit das so bleibt, ist es notwendig, dass sich alle an die Regeln halten und die Freiheiten mit Bedacht in Anspruch nehmen.

Leider haben verantwortungslose Zeitgenossen seit einigen Jahren das Allemansrätten in die SCHLAGZEILEN gebracht: Bäume mussten als Brennholz herhalten, Entenküken als Braten auf dem Lagerfeuer, Müll wurde haufenweise an den Rastplätzen zurückgelassen, Zelte wurden gleich neben Bootsstegen auf Privatgrund aufgeschlagen. Offensichtlich als »Jedermanns *Recht*, in der Natur zu tun und zu lassen, wozu man gerade Lust hat« – so haben die Verursacher das Allemansrätten für sich selbst ausgelegt. Deshalb lesen es die Skandinavier auch nicht mehr gerne, dass in deutschsprachigen Publikationen immer noch der Begriff »Jedermannsrecht« für das Allemansrätten verwendet wird. Er begünstigt einfach zu viele Missverständnisse in sich.

Sollten jedenfalls Entgleisungen wie die oben beschriebenen überhand nehmen, werden sich diejenigen durchsetzen, die das Allemansrätten einschränken oder gar ganz aufheben möchten. Dieser Personenkreis ist durchaus einflussreich und seine Gründe sind nachvollziehbar.

Rücksichtsloses Verhalten beruht – spart man an dieser Stelle einmal die Entenküken und den Müll aus – meistens auf Unkenntnis oder Fehlinformation und weniger auf bösem Willen. Deshalb möchte ich im Folgenden die Rechten und Pflichten des Allemansrätten vorstellen, damit Sie vor Ort mithelfen können, den Fortbestand dieses Rechts zum Gemeingebrauch der Natur noch für lange Zeit zu sichern.

Und scheuen Sie sich nicht, Übeltäter auf ihr Tun hin anzusprechen.

Wer sein Zelt in Norwegen und Schweden in freiem Gelände aufschlägt, sollte den Mindestabstand von 150 m zum nächsten Haus wahren und am besten dort um Einverständnis bitten; in Finnland darf nur an bestimmten gekennzeichneten Rastplätzen gezeltet werden. Beeren und Pilze dürfen für den unmittelbaren Verzehr gepflückt werden, wobei in Nordskandinavien regional begrenzte Einschränkungen Ausländern das Pflücken der arktischen Moltebeere untersagen.

ES IST VERBOTEN

- mit motorisierten Fahrzeugen im Gelände (außer auf befestigten Wegen) umher zu kurven. Das Befahren von Privatstraßen *(Enskild väg)* ist verboten: *Ej motorfordon* oder *Biltrafik förbjuden;*
- störenden Lärm zu verursachen;
- ohne Erlaubnis über Höfe oder Hausgrundstücke zu fahren; es könnte als Hausfriedensbruch ausgelegt werden;

■ fremde Schuppen, Brunnen oder andere Anlagen zu nutzen, an Stegen und Ufern anzulegen oder festzumachen, sofern diese auf Privatgrundstücken liegen;

■ ohne Einwilligung des Grundbesitzers länger als einen Tag zu zelten. Gruppen müssen prinzipiell die Genehmigung des Grundbesitzers einholen;

■ in Sichtweite von Häusern / Ferienhäusern ohne Einwilligung des Grundbesitzers zu zelten oder in Wohnwagen / Wohnmobilen zu übernachten;

■ bestellte Äcker, eingezäuntes oder anderweitig abgegrenztes Terrain zu betreten. Eingefriedetes Weideland darf nur überquert werden, wenn das Vieh nicht gestört wird, Zäune nicht beschädigt und geschlossene Gatter nicht offen gelassen werden.

■ Bäume und Büsche zu fällen, Äste oder Zweige abzubrechen, Borke oder Rinde abzuschälen. Das gilt auch für entwurzelte Bäume;

■ Pflanzen unter Naturschutz zu pflücken oder auszugraben;

■ in Nationalparks Mineralien mitzunehmen;

■ Vogelnester, Baue und Nisthöhlen zu beschädigen, Vogeleier zu entnehmen und Jungtiere zu behelligen;

■ Tiere zu jagen, zu fangen, zu töten oder auch nur zu stören. Hunde sind vom 1.3. bis zum 20.8 anzuleinen und in der übrigen Zeit zu beaufsichtigen;

■ ohne entsprechende Erlaubnisscheine zu jagen oder zu angeln;

■ auf Felsgestein Feuer zu machen, da es bei großer Hitze verfärben oder zerspringen kann;

■ Abfall an Raststellen zu hinterlassen. Das Vergraben ist eine schlechte Lösung, weil es Tiere gibt, die diesen Abfall wieder ausgraben und sich, zum Beispiel an scharfkantigen Konservenbüchsen oder Scherben, verletzen können. Auch Abfalltüten, die neben der Mülltonne stehen, werden von Tieren auseinandergenommen. Wenn die Mülltonne voll ist, muss man den Abfall mitnehmen;

■ Toilettentanks außer an Tankstellen und auf Campingplätzen zu entleeren. Beim Zelten in freier Natur sind Exkremente zu vergraben.

IN DEN NATIONALPARKS

Eine weitere Leitlinie für korrektes (soll heißen: rücksichtvolles und naturverträgliches) Wandern stellen die Schutzbestimmungen der Nationalparks dar, auch wenn die Wanderwege manchmal außerhalb verlaufen. In bestimmten Nationalparks weichen die Bestimmungen vom Allemansrätten ab. In allen Nationalparks darf man kein Lagerfeuer entzünden, und auch im Notfall aus herabgefallenen Zweigen nur, sofern kein behördliches Verbot dagegen besteht (Sarek). Im Padjelanta Nationalpark darf man Schlittenhunde vom 1. Januar bis zum 30. April mitbringen, wenn man sie ständig unter Aufsicht hält. Kungsleden-Wanderer, die zum Beispiel die Randgebiete des Stora Sjöfallet und Sarek Nationalparks durchqueren, dürfen (laut Auskunft der örtlichen Touristbüros) ihre Hunde mitnehmen, wenn sie immer an der Leine gehalten werden und man die markierten Wege nicht verlässt. Es versteht sich von selbst, dass der Hund keine Rentiere aufschrecken oder gar jagen sollte – in der Regel erschießen die Sami einen wildernden Hund sofort.

■ **INFORMATION**: Für jeden Nationalpark ist in den örtlichen Touristenbüros eine gesonderte Broschüre erhältlich, die über Flora, Fauna und geografische Besonderheiten informiert. Darin kann man die präzisen lokalen Verhaltensregeln nachlesen (während das Allemansrätten ein ungeschriebenes Gesetz ist).

ZUM SCHUTZ DER FAUNA

■ Fast ganz Nordskandinavien ist ein Areal der samischen **RENTIERZUCHT**.

Als Wanderer begegnet man häufig einzelnen Tieren oder sogar ganzen Herden. Es mag paradox klingen, aber trotz der schier endlosen Weite muss man den Rentieren genügend Platz lassen. Auch wenn die zahlreichen Möglichkeiten zur Fotosafari noch so sehr reizen, sollte man den Tieren unbedingt ausweichen und keinesfalls auf sie zurennen. Dies gilt besonders in der Zeit vor und nach der Kälbermarkierung, die meist von Mitte Juli bis Mitte August stattfindet. Schon das unvorsichtige Verhalten eines einzigen Wanderers kann die zweiwöchige Arbeit eines Sami zunichte machen. Hinzu kommt, dass die Rentiere für den strengen Winter alle ihre Kraftreserven benötigen. Allein das Fliehen vor einem streunenden Hund kann ein junges Ren so schwächen, dass es den Winter am Ende nicht überleben wird.

■ **SCHNEEHÜHNER** wird man vor allem im Frühsommer häufiger aufscheuchen. Mit flügellahmen Bewegungen versuchen die Muttertiere, die passierenden Wanderer von ihrem Gelege abzulenken. Man sollte ihnen den Gefallen tun und weder das Muttertier noch den Schneehuhn-Nachwuchs in räuberischer Manier verfolgen.

Orientierung

WEGMARKIERUNGEN

Die Wegmarkierungen sind auf Sommerwanderer ausgerichtet. Die Mehrzahl der Wanderer ist eben im Sommer unterwegs; zum anderen sind Markierungen, die nicht auch noch bei meterhohem Schnee erkennbar sein müssen, wesentlich einfacher anzubringen.

SOMMERMARKIERUNGEN sind meist nichts weiter als rote Farbflecken, die auf Bäume und große Steine gekleckst werden. Manchmal haben sich die Wegmarkierer sogar die Mühe gemacht, Steinhäufchen aufzuschichten. Die Norweger verwenden den Buchstaben »T« (für *turist)* als Markierungssymbol. In der flachen Tundralandschaft Nordfinnlands findet man dagegen meist Holzpfähle von etwa einem Meter Länge und mit orangefarben angepinselter Spitze.

Richtige WINTERMARKIERUNGEN gibt's nur in Schweden, in Form von 2–3 m hohen Metallstangen mit einem roten Plastikkreuz, die auch bei miesem Wetter noch relativ gut aus dem *White Out* herausleuchten. Wer dagegen in Norwegen wandert, darf sich nicht auf Markierungen verlassen, denn die Steinhäufchen verstecken sich im Normalfall unter dem Schnee. Nur ins Eis gesteckte Zweige helfen (ebenso wie in Schweden) im Spätwinter beim richtigen Weg über gefrorene Gewässer. Die fehlende Wintermarkierung bereitet jedoch keine Probleme – im Gegenteil: Den vorwiegend in den Tälern verlaufenden Weg findet man bei gutem Wetter relativ mühelos, und keine endlose Stangenreihe verschandelt die ansonsten unberührte Landschaft. Freilich gewährleisten die Holzpfähle in Finnlands Tundra nicht die gleiche Sicherheit wie Schwedens Metallstangen.

WEGWAHL

Steht man vor der Situation, sich eine eigene Route im Gelände zu suchen, folgt man je nach Jahreszeit anderen Regeln.

■ Im **SOMMER** bestimmen vor allem Gewässer die Wegwahl: Seen und Sümpfe zwingen zur Umrundung, Flüsse erfordern eine bisweilen lange Suche nach der besten Watstelle. Um durch das stellenweise im Wasser ertrinkende skandinavische Gelände zu finden, sind Umwege und Steigungen nötig, denen man im Sommer eher lässig entgegensehen kann: Steile Anstiege bereiten weniger Probleme als im Winter, und schlechtes Wetter auf ausgesetzten Hochebenen kann kaum je gefährlich werden. Im Gegenteil: Gerade die geschützten Flusstäler sind es, die nun die meiste Kraft kosten. Denn matschiger Untergrund und widerborstiges Weidendickicht sind die unangenehmsten Gegner des Sommerwanderers.

■ Ganz anders im **WINTER**, wenn die zugefrorenen Wasserflächen im wahrsten Sinne des Wortes die Wege ebnen. Was im Sommer mühevolle Umwege erforderte, wird nun zu den einfachsten Etappen – die Querung der Eisflächen. Zugegeben – es gehört Mut dazu, das erste Mal die mühsam auf und ab verlaufende Sommermarkierung am Ufer zu ignorieren und die eigene Spur einfach schnurstracks über das Eis zu ziehen. Doch an-

Zur Zeit der Schneeschmelze oder nach langen Regenperioden können weggespülte Stege und Brücken für nasse Füße oder sogar unangenehme Umwege sorgen ▶

ders ist es kaum möglich, nennenswerte Tagesetappen zurückzulegen; erst recht, wenn man dadurch schwere Steigungen vermeiden kann, bei denen man umständlich Felle aufschnallen und eine schwere Pulka Schritt für Schritt nach oben wuchten muss.

Bei all meinen Wegbeschreibungen habe ich auf ALTERNATIVE WINTERROUTEN hingewiesen, wo sie sich anbieten oder gar empfehlen. Wer eigene Touren abseits der Beschreibungen plant, sollte auf der Karte auch Paralleltäler genau studieren und auf Skitauglichkeit überprüfen. Wenn sich auf diese Weise ein saftiger Aufstieg oder ein bewaldetes Tal vermeiden lässt, sollte man nicht lange zögern. Denn bei starkem Gefälle versteckt sich oft ein schnell strömender Fluss unter der unsicheren Eisdecke. Auch der Schnee wird dort immer weicher und klebriger sein als auf einem ebenen, dem Wind ausgesetzten Hochplateau. Das Gleiche gilt für bewaldete Täler, die zwar ein wenig Schutz gegen garstiges Wetter bieten, dafür allerdings die Orientierung zusätzlich erschweren.

■ Übrigens: Alle Wegbeschreibungen in diesem Buch verlaufen **VON NORDEN NACH SÜDEN**. So hat man immer die Sonne im Gesicht (obwohl man selbstverständlich ebenso in die entgegengesetzte Richtung wandern könnte). Gerade im tiefen Winter mit seinen kurzen Tagesperioden kann dieser Umstand Stimmung und Wohlbefinden gehörig beeinflussen.

CROSS-COUNTRY-GEHEN

Alle in diesem Buch beschriebenen Hauptrouten besitzen zumindest eine Sommer-, in weiten Teilen auch eine Wintermarkierung. Das Winterwandern auf einem sommermarkierten Weg bereitet keine Probleme, sofern noch genügend Reste der Sommermarkierung aus dem Schnee blitzen und der Pfad durch markante Täler führt, wodurch die Orientierung anhand topografischer Karten bei klarem Wetter ziemlich leicht fällt. Weicht man dennoch vom vorgesehenen Weg ab, so sorgt der durch den Schnee nivellierte und oberflächlich vereiste Untergrund in der Regel für ein gutes Vorwärtskommen.

Einige der vorgeschlagenen Alternativrouten verlaufen allerdings auf unmarkierten Pfaden oder gar durch ungespurtes Gelände. Diese von mir sorgfältig ausgewählten Routen vermeiden schwieriges Gelände und sind daher nach einer Gewöhnungsphase kaum schwerer zu begehen als die markierten Wege. Sie sollen aber auch ermuntern, die ausgetretenen Pfade gelegentlich zu verlassen und sich seinen eigenen Weg durchs Fjäll zu suchen, wo sich die Landschaft manchmal noch wilder und reizvoller präsentiert.

Nur Mut – das ist nicht so schwer und mühsam, wie man vielleicht vermutet. Man kann klein anfangen und zunächst nur in kurzen Schleifen vom Weg abweichen oder ein Parallel-Tal durchwandern. Das für das Cross-Country-Wandern nötige Selbstbewusstsein wächst dabei ebenso wie die Erfahrung, allein anhand der Karte einen gangbaren Weg festzulegen und anschließend im Gelände zu laufen.

Probieren Sie es aus – Sie werden schnell von selbst lernen, wo an Talrändern ein hinderliches Dickichtgestrüpp wächst und wo ein Berghang zu mühsam zum Besteigen wird, ab welcher Breite Flüsse unpassierbar sind und wann vermeintliche Abkürzungen zu Umwegen werden. Folgende Ratschläge sollten Sie beherzigen:

- **FRAGEN** Sie alle passierenden Wanderer und Einheimische am Startpunkt einer Tour über mögliche Wege und Landschafts-Spezifika aus. Zumindest die meisten Skandinavier tauschen bereitwillig ihr Wissen aus und werden Sie mit den notwendigen Informationen versorgen.
- Machen Sie sich immer klar, wie und auf welchem Weg Sie bei einem **UNFALL** am schnellsten wieder zurück zum markierten Weg oder zu einer Siedlung kommen. Kalkulieren Sie auch die in etwa benötigte Zeit. Einzelwanderer sollten Informationen über Länge und Verlauf ihrer Tour hinterlassen, so dass Rettungsmannschaften wissen, wo sie zu suchen haben.
- Lernen Sie Ihre persönliche Leistungsfähigkeit kennen, um **TAGESETAPPEN** realistisch einteilen zu können. Schließlich hängt auch die Menge des Proviants unmittelbar davon ab.
- Und das Wichtigste: Vergleichen Sie die Landschaft ständig mit der **KARTE**. Mit ein wenig Übung werden Sie sich wochenlang nur anhand der Karte orientieren und den Kompass nur noch bei dichtem Nebel oder bei Schneegestöber aus der Tasche ziehen müssen.

HILFSMITTEL

Kompass, GPS, Höhenmesser, Barometer, Thermometer und Uhr – manche Wanderer sind besser ausgerüstet als eine meteorologische Forschungsstation. Notwendig ist eigentlich nur ein Kompass und der sichere Umgang mit diesem Instrument. Denn im Normalfall reicht eine Karte zur Orientierung aus, wenn man darin geübt ist, das Gelände auf der Karte zu erkennen und ohne langes Überlegen den Standort und die Marschrichtung zu bestimmen.

- Der **KOMPASS**, den ich während meiner 14-Monate-Tour nur ein einziges Mal wirklich benötigte, muss dann nur bei schlechter Sicht oder in unübersichtlichem Gelände zum Einsatz kommen, etwa in flacher Tundra ohne charakteristische Merkmale, in Waldgebieten, auf Hochplateaus im Gebirge etc.

Den Umgang mit dem Kompass zu erklären würde zu weit führen. Beachten Sie in diesem Fall die Literaturhinweise oder die fast allen besseren Kompassen beiliegende Bedienungsanleitung.

Wer noch keinen Kompass besitzt, sollte sich für ein Modell aus dem mittleren Preisniveau entscheiden. Die reichen sogar für gehobene Wander-Ansprüche aus, während die billigsten Kompasse häufig zu ungenau arbeiten oder schnell Luftblasen in der Flüssigkeit entwickeln. Mit Modellen der schwedischen Firma »Silva« habe ich die besten Erfahrungen gemacht, doch auch die von »Suunto« oder »Recta« erfüllen meiner Erfahrung nach ihren Zweck.

Empfehlenswert sind ein PEILSPIEGEL sowie eine MISSWEISUNGSKORREKTUR. Der zum genaueren Peilen äußerst hilfreiche Spiegel kann zur Not auch beim Rasieren helfen, und eine fest einstellbare Missweisungskorrektur erspart gerade im hohen Norden mit den zum Teil beachtlichen magnetischen Missweisungen ständige manuelle Korrekturen. Denn wer denkt schon daran, bei jeder neuen Peilung die Missweisung neu einzurechnen?

■ **GPS-GERÄT**: Ein *Global Positioning System* ist ein ursprünglich für den Kriegseinsatz entwickeltes Navigationssystem zur Fernsteuerung von Raketen. Auch zivile Anwender können mittlerweile von dieser Technologie profitieren, um ihren genauen Standort zu ermitteln. Wie das funktioniert? Das GPS-Gerät ermittelt die Entfernungen von derzeit 24 rund um den Erdball kreisenden Satelliten, um daraus die eigene Position zu errechnen. Die Signale von drei Satelliten reichen schon aus für eine 2D-Navigation (Breiten- und Längen-Position). Mit dem Signal eines vierten Satelliten wird 3D-Navigation möglich, also die zusätzliche Bestimmung der Meereshöhe. Ein wolkenbedeckter Himmel mindert den Signalempfang kaum, wohl tun dies aber hohe Bergketten in einem tief eingekerbten Tal. Man erkennt schon hier das sinnvollste Anwendungsgebiet – die Seefahrt. Denn auf offenem Meer helfen weder markante Punkte bei der Orientierung, noch behindern Hindernisse den Empfang der Satellitensignale.

Es lag nahe, das GP-System auch beim Wandern als Alternative oder unterstützendes Hilfsmittel zum Kompass zu testen. Da ich immer an neuen Technologien interessiert bin, hatte ich während meiner 14-monatigen Tour ein Modell stets griffbereit am Rucksackgurt hängen.

Mein ernüchterndes Resultat: Das in jüngster Zeit populär gewordene Hilfsmittel zur Satellitennavigation ist beim Wandern in Nordskandinavien schlicht ÜBERFLÜSSIG. Trotz intensiver Verwendung gab es keine einzige Situation, in der mir das GPS wirklich geholfen oder gar Vorteile gegenüber dem Kompass beschert hätte. Dagegen stieß ich auf sehr viele Schwachpunkte: Erstens reagierte mein Modell zu schwerfällig, um es beim Laufen wie einen Kompass als ständigen Richtungszeiger zu benutzen. Zweitens liegt es im System begründet, dass das Gerät die erwünschte und vorher zu programmierende Richtung überhaupt nur bei Bewegung anzeigt – ein entscheidender Nachteil gegenüber dem Kompass; bei der Rast oder bei Stillstand gibt es also keine Möglichkeit, mit dem GPS magnetisch Nord oder die Marschrichtung zu ermitteln. Drittens war der Batterieverbrauch zu hoch, um das Gerät ständig betriebsbereit zu halten; die vier Batterien hielten bei Dauerbetrieb maximal zehn Stunden, bei Kälte deutlich weniger. Man wird also in der Praxis das Gerät häufiger abschalten und nur im Falle einer Kurskorrektur wieder erneut starten. Dann aber benötigt das GPS je nach Satelliten-Deckung ein bis manchmal fünf Minuten zur Errechnung des Standpunkts. Features wie die Berechnung der Luftlinien-Entfernung zum Zielpunkt sind zwar amüsant, doch während einer Wanderung keinesfalls zwingend notwendig; dies umso mehr, da man die Standortbestimmung und die anschließende Luftlinien-Abschätzung bei normaler Sicht auch mit dem Kompass vornehmen kann. Viertens beträgt die Genauigkeit des GP-Systems in Friedenszeiten etwa 70–100 Meter; diese Abweichung ist viel zu groß, um sich zum Beispiel bei Schneesturm und schlechter Sicht per Satellit zur Hütte führen zu lassen. Wenn die USA allerdings Krieg führen (wie damals gegen den Iran), erreicht die Genauigkeit wenige Meter; da es weder kalkulierbar noch wünschenswert ist, bei der Wanderung auf amerikanische Kriegsführung zu hoffen, scheidet der Einsatz des GPS als Not-Navigationsinstrument bei schlechter Sicht aus. Neuere Generationen werden zwar genauer arbeiten, doch eine wirklich »idiotensichere« Navigation werden die GPS-Geräte wohl noch lange nicht garantieren können. Und fünftens war mein Modell als elektronisches Gerät zu anfällig und zu unzuverlässig, um als alleiniges Navigationsinstrument zu dienen: Ich hatte zwar bei pfleglicher Behandlung keinen kompletten Ausfall zu vermelden, doch die Elektronik und das Display sind zu kälteempfindlich für einen ernsthaften Wintereinsatz; ab etwa –20 Grad abwärts musste ich das Gerät ständig am Körper aufwärmen, und selbst dann benötigte das Display noch zehn Sekunden zum

Aufbau des nächsten Bilds oder verweigerte den Dienst komplett.

Das Resümee: Vorteile gegenüber einem Kompass bietet das GPS lediglich bei schlechter Sicht, doch zum »Blind-Wandern« bei schlechter Sicht reicht die Genauigkeit nicht aus. Justiert man den Kompass rechtzeitig vor einem Unwetter, erzielt man mit ihm die gleiche Präzision. Und bei guter Sicht gelingt die Navigation mit Karte und gegebenenfalls Kompass ohnehin immer viel schneller.

■ Seit Jahren benutze ich immer wieder gern eine **ELEKTRONISCHE UHR** von »Casio«, in die ein Kompass, ein Höhenmesser, ein Thermometer und ein Barometer integriert sind.

Der KOMPASS reicht natürlich nicht als Marschkompass aus. Dazu ist seine Skala viel zu ungenau, und er lässt sich schon von kleinen Metallteilen wie etwa einem Wanderstock in die Irre führen. Außerdem misst der Kompass den Nord-Magnetismus nur einmal auf Knopfdruck – bei jeder Drehung des Handgelenks muss man also neu den Knopf betätigen. Er reicht allemal, um die grobe Himmelsrichtung zu bestimmen oder sich bei einer kleinen Unsicherheit Gewissheit zu verschaffen, wenn man den Hauptkompass nicht extra aus dem Rucksack fummeln will. Man sollte aber immer noch einen konventionellen Kompass mitführen.

Der HÖHENMESSER dagegen reagiert erstaunlich genau, wenn man ihn bei Luftdruckveränderungen neu einstellt. Dazu muss man nur an bestimmten Wegpunkten, bei denen die Höhe bekannt ist (Seen, Pässe etc.), die Uhr auf die entsprechende Angabe der Karte justieren. Im Vergleich mit konventionellen Höhenmessern zeigt sich der der »Casio«-Uhr zumindest in punkto Zuverlässigkeit und Genauigkeit ebenbürtig. Schon allein wegen dieser Funktion ist die Uhr ihr Geld durchaus wert und kann bei Gebirgswanderungen zum Einsatz kommen.

Auch den BAROMETER nutze ich gern, da er die mbar-Angaben der letzten 24 Stunden in einem Diagramm speichert und somit Luftdruckveränderungen anschaulich darstellt. Legt man viele Steigungen zurück, kann man mit diesen Werten natürlich nicht so viel anfangen. Gerade die über Nacht in einer Hütte gemessenen Schwankungen halfen mir dagegen schon manches Mal, eine drohende Schlechtwetterfront rechtzeitig zu erkennen.

Mit dem THERMOMETER kann man wenig anfangen, da der Sensor durch die Handwärme verfälschte Werte liefert. Die gemessenen Temperaturen fließen immerhin zu einem kleinen Teil bei der Höhenberechnung mit ein und verhelfen dieser zu einem genaueren Ergebnis. Da die Uhr bei

–20 Grad schlapp macht, ist es damit aber nicht weit her.

Solange sie am Handgelenk blieb, steckte die Uhr sogar extreme Winterkälte weg; die von der Haut abgegebene Wärme reichte aus, um die Elektronik am Leben zu erhalten.

Last but not least nutze ich den eingebauten Wecker, um an kurzen Wintertagen morgens rechtzeitig aus den Federn zu kommen.

SAMISCHE ORTSNAMEN

Ein Kapitel über samische Namen in diesem Buch zu finden mag manchem Leser vielleicht überflüssig oder uninteressant vorkommen. Warum sollte sich der Wanderer mit der samischen Sprache beschäftigen? Nun – wer allein aus dem Namen eines Tales dessen Beschaffenheit (bewachsen, sumpfig etc.) ableiten kann, wird sich leichter im Gelände orientieren.

Man muss dazu wissen, dass das Samische – wie jede Sprache eines Naturvolkes – viele verschiedene Begriffe enthält, um geografische Gegebenheiten zu beschreiben. Im Deutschen ist ein Berg nur ein Berg oder vielleicht noch ein Hügel. Das mag für den Alltag in Mitteleuropa ausreichen, nicht aber für die Sami, die sich seit Jahrhunderten in Nordskandinaviens Natur orientieren müssen.

Die Sami besitzen zum Beispiel mehr als 100 verschiedene Wörter für »Berg«, da präzise Beschreibungen der Landschaft oder der Wetterbedingungen für sie von lebenswichtiger Bedeutung sind. Eine samische Wegbeschreibung lautet daher etwa: »Passiere den Berg, der wie eine Nase aussieht, gehe dann durch ein offenes, weites, mit kleinen Sträuchern bedecktes Tal und weiter zu einem See zwischen zwei anderen Seen«.

Als die schwedischen und norwegischen Geografen vor Jahrzehnten Karten anlegten, fragten sie die einheimischen Sami nach den Namen für all die Berge, Seen und Flüsse. Da das Samische damals nur eine gesprochene und noch keine geschriebene Sprache war, verstanden einige der Geografen die Namen falsch. Das führte dazu, dass beispielsweise die norwegischen Karten lange Zeit eine wilde Mischung aus samischen, norwegischen und samisch-norwegischen Namen enthielten. Erst in den neueren topografischen Karten tauchen oftmals die ehemaligen samischen Namen wieder auf. Seit 1998 verwendet auch das schwedische Landesvermessungsamt *Lantmäteriet* bei seinen Fjällkarten wieder die offizielle samische Orthografie.

Dieses Wiedereinführen der Originalnamen führt dabei bisweilen zu verwirrenden Resultaten. Ein Beispiel: Der Gouaudelisjavrre in den Bergen bei Narvik heißt soviel wie »der See zwischen zwei anderen Seen«. Die norwegischen

Geografen bezeichneten ihn als Gautelis-See – ein Name, der gar nichts bedeutet, nicht einmal im Norwegischen. Inzwischen ist er in den Karten wieder in der originalen samischen Form verzeichnet. Leider hat die norwegische Regierung aber in der Zwischenzeit diese Region zur Wasserkraftgewinnung ausgebeutet. Was früher einmal drei Seen in einer Reihe waren (der Vannaks, der Gautelisjavrre und der Båtvann), präsentiert sich nun als ein einziges, aufgestautes Wasserreservoir. Und dieser Stausee heißt nun ausgerechnet »der See zwischen zwei anderen Seen«.

In vielen Fällen kann der Wanderer aber aus den samischen Namen geografische Gegebenheiten ABLEITEN, die ihm bei der Orientierung im Gelände helfen. Folgend die wichtigsten Begriffe:
- *áhpi* Moor
- *aedno* großer Fluss
- *bákti* steile Bergseite
- *cohkka* Bergspitze
- *corru* Bergrücken
- *gáisi* steile Bergspitze
- *gorsa* Schlucht
- *javri / jaure* See
- *jeaggi* Sumpf
- *jietnja* Gletscher
(zum Beispiel Gihccejietnja)
- *johkka* schmaler Fluss
(zum Beispiel Bealccanjokka)
- *láhku* Hochebene
- *luokta* Bucht (z.B. Saltoluokta)
- *rieppe* Gegend, wo ein Tal endet
- *suolo* Insel
- *vagge* breites, weites Tal
(zum Beispiel Daertavagge)
- *varas* kleiner Berg
- *varri* Berg (z.B. Stalluvarri)
- *vuobme* bewaldetes Tal
(zum Beispiel Gåldavuobme)
- *stuor* groß
- *unna* klein
- *oar'ji* west
- *nuorta* ost
- *lul'li* süd
- *davvi* nord
- *alla* hoch
- *pajeb* höher
- *vuolep* niedriger
- *gas'ka* in der Mitte (z.B. Gaskasvarri, Berg zwischen zwei Flüssen)

Weitere spezielle Beispiele aus der nordnorwegischen Bergregion:
- *Coavvevarre* der Berg mit den drei Hörnern
- *Cunovuopmi* weites Tal mit Wald
- *Cainhavagge* das Specht-Tal
- *Gallamjokka* der Fluss, den man kreuzen kann. (Gallam bezeichnet den passierbaren Teil des Flusses.)
- *Muotaguobla* der Berg mit steilen Schneehängen. (»Muota« ist der Schnee. »Guobla« bedeutet, grob übersetzt, steile Bergseite.)
- *Oallavagge* die »Hauptstraße«. (Gemeint ist eine wichtige Nord-Süd-Verbindung in den Bergen.)
- *Gahpercohkka* die Berge mit einer Nebelhaube auf der Spitze. (»Gahper« ist eine Kappe, die man auf dem Kopf trägt.)
- *Basejavrre* See neben einem Platz für religiöse Zeremonien.

Leider haben sich die Norweger, Schweden und Finnen auf KEINE EINHEITLICHE SCHREIBWEISE der samischen Namen geeinigt. So liest man beispielsweise in den norwegischen Karten den Namen *Råstajav'ri*, während der gleiche See bei den Schweden als *Rostajávri* verzeichnet ist. Um eine möglichst leichte Orientierung anhand der Karten zu ermöglichen, orientiert sich dieses Buch an der Schreibweise in den jeweiligen landesspezifischen Karten.

Die TABELLE dient als Übersicht für die häufigsten geografischen Bezeichnungen in den Routenbeschreibungen und auf den Karten. Es würde den Lesefluss nicht gerade unterstützen, müsste ein Autor

Schwedisch	**Norwegisch**	**Finnisch**	**Deutsch**
älv	elv, å	joki	Fluss
bäck, å	bekk	puro	Bach
bro	bro	silta	Brücke
dal	dal	laakso	Tal
fjäll	fjell	tunturi	Gebirge
fors	stryk, foss	koski	Stromschnelle
gård	gård	piha	Hof
glaciär	bre, jøkul	jäätikkö	Gletscher
kulle	høyde, bakke	vaara	Hügel
led	rute	polku	Weg, Pfad
ö	øy	saari	Insel
rastskydd	gamme	laavu	Rastschutz
rygg	hei, ås	tunturiselänne	Bergrücken
sjö	sjø, vatn	järvi	See
skog	skog	metsä	Wald
stuga	hytte	tupa, maja	Hütte
tjärn	tjern	lampi	kleiner See
topp	topp, tind	kero, vuorenhuippu	Gipfel
träsk	myr	aapa	Sumpf, Moor
vattenfall	foss	köngäs	Wasserfall

Die schwedischen und norwegischen Wörter stehen ohne angehängte bestimmte Artikel (en, et, a); siehe auch den Kastentext auf Seite 24.

ständig daneben schreiben, ob es sich um einen Gletscher, Berg oder Hügel handelt. Und vor Ort ist es allemal von Vorteil, hat man diese Bezeichnungen verinnerlicht.

GRENZPASSAGEN
Die hier vorgestellten Wanderrouten halten sich möglichst weit abseits von Siedlungen und Straßen. Das bringt mit sich, dass man häufig in der Nähe der Landesgrenzen unterwegs ist, die gewöhnlich im Hochgebirge von Gipfel zu Gipfel verlaufen.

Das Überschreiten der Grenze zwischen Schweden und Norwegen ist kein Problem und an jeder Stelle erlaubt.

Anders dagegen an der Grenze von Norwegen zu Finnland: Man darf hier nur an OFFIZIELLEN STELLEN die Grenze passieren, die leider nur in den finnischen und nicht in den norwegischen Karten verzeichnet sind. Die markierten und in diesem Buch beschriebenen Wege führen alle durch diese »Grenzübergangs-Fenster« und gestatten teilweise sogar, etwa zwei bis fünf Kilometer vom Weg abzuweichen.

Man sollte sich an diese Bestimmung halten, denn ich habe mehrfach Wanderer getroffen, die sogar während der tiefsten Polarnacht beim ungesetzlichen Grenzübertrittt erwischt wurden und Geldbußen zahlen oder sogar Tage im Arrest verbringen mussten.

Outdoor-Küche

Im Laufe der Jahre finden Wanderer ihren eigenen Stil in der Outdoor-Küche. Die einen schwören auf leichte und tütenfertig abgepackte Trockennahrung, die anderen nehmen einzelne Zutaten mit und kombinieren diese je nach Tageslaune vor Ort. In der Tat: Wer nur wenige Tage unterwegs ist, kann es sich durchaus leisten, Zwiebeln, Knoblauch, Tomatenmark und Käse für eine feine Nudelsauce mitzutragen. Je nach Länge meiner Tour packe ich eher leichte Fertignahrung oder eher Einzelzutaten in den Rucksack. Mit ein wenig Planung kann man nämlich selbst auf Wandertouren, wo es auf leichtes Gepäck ankommt, feine Menüs köcheln, ohne das Gewicht in die Höhe schnellen zu lassen. Als Anregung für weitere Kombinationen seien drei typische Menüs genannt, die auf meinen kürzeren Touren zum Einsatz kommen.

■ **MENÜ 1**: Knäcke-Schnittchen mit Pfeffer-Salami – Fusili mit Gemüse-Allerlei und Pesto Genovese – karamellisierte Zimtäpfel in Vanillesauce.

■ **MENÜ 2**: Ein Gläschen Martini mit Oliven – eingelegter Schafskäse auf Vollkorn-Tundrafladen – Couscous mit Tomatensalsa und Parmaschinken – Fruchtkompott mit Limettensaft.

■ **MENÜ 3**: Tomatensuppe mit gerösteten Croutons – Fischsuppe mit gewürztem Kartoffelbrei, bei Anglerglück mit gebratenen Fischstückchen – Schoko-Bannocks mit Café Amaretto.

■ Die Ergänzung des Speiseplans mit Nahrungsmitteln direkt aus der nordischen Natur ist nur bedingt möglich. Ich kenne zahlreiche Wanderer, die dabei kläglich gescheitert sind – insbesondere auf häufig begangenen und entsprechend abgegrasten Routen wie dem Kungsleden.

Denn neben zahlenmäßig unbedeutenden Pilzfunden kann man nur mit zwei Komponenten rechnen: **FISCH SOWIE** (im Herbst) **BEEREN**. Die bei uns unbekannten Moltebeeren findet man nur selten. In manchen Regionen dürfen sie sogar nur von den Einheimischen gepflückt werden, und ihr säuerlicher Geschmack mundet nicht jedem. Ende September kann man dagegen oft eine reiche Blaubeerernte einfahren, die sich ausgezeichnet im Müsli oder Pfannkuchen verwerten lässt.

ANGELN

Das Fischen ohne Lizenz ist nur im Meer erlaubt. Für alle anderen Gewässer, also Flüsse und Süßwasserseen, benötigt man eine Lizenz. In vielen Nationalparks wie dem Sarek oder Stora Sjöfallet ist das Fischen ohne Ausnahme untersagt. Im Padjelanta etwa darf man, immerhin nach dem Kauf eines Angelscheins, innerhalb eines Kilometers Abstand vom Wanderweg für den Eigenbedarf fischen. Gefangene Fische dürfen aber nicht aus dem Park mitgenommen werden.

■ Den **ANGELSCHEIN** kann man für verschiedene Zeiträume erwerben: Es gibt Jahres-, Monats-, Wochen- bis hin zu Tageskarten. Die einzelnen Bestimmungen unterscheiden sich regional so stark, dass man sich vor Ort beim Touristenbüro erkundigen sollte.

■ Oft hörte ich Kommentare wie: »Ach, da im einsamen Norden erwischt mich eh niemand!« Die Strafen bei Missachtung sind aber streng. Als ich im Alta-Canyon entlangwanderte, kam sofort ein Aufseher im Boot angetuckert, der meinen eingefahrenen und am Rucksack befestigten Teleskop-Wanderstock für eine Angel gehalten hatte und mich auf das strenge Angelverbot hatte hinweisen wollen.

Gerade in einer »freien« und dünn besiedelten Region sollte man sich an die **SPIELREGELN** halten. Denn Lachsgewässer beispielsweise müssen mit enormem Arbeitsaufwand gepflegt und überwacht werden, um den Fischbestand zu sichern. Nur durch regulierende Maßnahmen wie Angellizenzen weiß man, wo wieviel gefischt wird und wo man dementsprechend wieder neue Fische aussetzen muss. Die Schwarzfischer erhöhen durch ihre scheinbar folgenlose Gesetzesübertretung also nicht nur die Angelscheingebühren für die ehrlichen Fischer, sondern tragen zum Aussterben der sowieso schon gefährdeten Fischpopulationen bei; selbst in der einsamen nordischen Weite, wo Ökosysteme besonders labil sind und Fischbestände sehr empfindlich auf Überfischung und kleinste Krankheiten reagieren.

■ Wer gern fischen geht, muss auch im Winter nicht zurückstecken. Im Gegenteil: Das **EISFISCHEN** ist populär in Skandinavien. Man bohrt dazu mit gewaltigen Eisbohrern Löcher durch das meterdicke Eis und fädelt die Schnur in dieses Loch. Die speziellen Angelruten aus Plastik führt fast jeder Supermarkt. Um es auch beim Eisfischen schön gemütlich zu haben, lassen sich die Angler einiges einfallen: Nachdem sie mit einem Motorbohrer ihr Loch gebohrt haben, ziehen sie mit dem Scooter einen Wohnwagen auf Kufen über das Loch. Diese mit einem Ofen beheizbare Mini-Hütte hat keinen Boden, so dass man auch im Winter windgeschützt bei einer Tasse Kochkaffee dem Angelvergnügen nachgehen kann.

Achtung also beim Winterwandern, besonders über bei Eisfischern populäre Gewässer – wenn die etwa 50cm breiten Löcher noch nicht vollständig wieder überfroren sind, kann man leicht in so eine verwaiste »Wasserfalle« tapsen.

Trinkwasser

IM SOMMER

Das Wasser in Nordskandinavien besitzt nahezu überall Trinkqualität. Viele deutsche Wanderer benutzen zwar Desinfektionstabletten oder filtern gar das Wasser mühsam, doch ich bin noch auf keinen einzigen Einheimischen gestoßen, der derlei Vorsichtsmaßnahmen getroffen hatte. Als ich das erste Mal im Norden unterwegs war und bei einem Haus um Trinkwasser bat, blickten mich die Bewohner verwundert an. Sie antworteten: »Warum holst Du Dir das Wasser nicht in dem See nebenan? Unsere Wasserleitung saugt das Wasser auch direkt aus dem See!«

TIPPS FÜR UNTERWEGS

Nach meinen Erfahrungen kann man das Wasser auf allen Touren (außer wenn im Text anders angegeben) trinken, sofern man dabei Folgendes beachtet:

■ Möglichst aus **FLIEßENDEN** oder stark fließenden **GEWÄSSERN** trinken. Flüsse eignen sich besser als Seen oder gar Tümpel.

■ Falls man die Wahl hat, sollte man **KLARES WASSER** statt trü-

Aus dem Winterleben gegriffen: Trinkwasser holen vom entfernten See mit einer Hundestärke (oben); Outdoor-Snack mit getrocknetem Rentierfleisch und Bannocks (unten) ▶

bem wählen. Die Trübung stammt im Norden zwar meist nur von ungefährlichen Humusstoffen, aber sollte das Wasser wirklich einmal verschmutzt sein, verstärkt der Humus die gesundheitsschädliche Wirkung.

■ Wenn **VERSCHMUTZUNGEN** auftreten, stammen sie meist von Menschen oder verendeten Tieren. Man sollte also Gewässer beispielsweise in der Nähe von Campingplätzen oder Siedlungen meiden. Auch von Flüssen, an deren Oberlauf Rentierherden weiden und Kot hinterlassen, sollte man die Finger lassen.

■ Im Frühjahr, zur Zeit der **SCHNEESCHMELZE**, muss man besonders vorsichtig sein. Die Gewässer sind angefüllt mit monatealtem und teils durch Tierkot verschmutztem Schnee. Besonders in waldigen Gebieten mit zahlreichen Tieren empfehle ich während dieser Zeit, statt Flusswasser lieber sauberen Schnee zu schmelzen oder das Wasser doch wenigstens abzukochen.

■ Da man in der Regel im Stundenrhythmus, manchmal sogar in kürzeren Zeitabständen auf **WASSERQUELLEN** trifft, ist es wirklich nicht nötig, große Wasserflaschen mitzuschleppen.

Ich fülle selbst an heißen Sommertagen häufig nur ein kleines Viertelliter-Fläschchen, das bis zur nächsten Wasserquelle spielend ausreicht.

IM WINTER

Anders im Winter: Da verhindert eine meterdicke Eis- und Schneeschicht das direkte Schöpfen aus Gewässern. Wenn während der Hauptsaison (also etwa von Mitte März bis Anfang Juni) die schwedischen Hüttenwarte anwesend sind, bohren sie mit mächtigen Eisbohrern Löcher ins Eis und decken diese mit Holzplanken gegen erneutes Überfrieren ab – ein hilfreicher Service, denn so kann man mit geringem Aufwand das Wasser eimerweise schöpfen.

Wer noch vor der Hauptsaison unterwegs ist, muss SCHNEE SCHMELZEN: eine langwierige, doch nach einer Eingewöhnungszeit unkomplizierte Angelegenheit. Da der Schnee auf etwa 20 % seines Volumens zusammenschmilzt, muss man oft wieder vor die Hütte und den Topf erneut mit Schnee auffüllen. Man kann die Ausbeute erhöhen, wenn sich schon etwas Wasser im Topf befindet und man den Schnee kräftig zusammenpresst. Um Brennstoff zu sparen, stellt man die Töpfe oder Metalleimer am besten direkt auf den Hüttenofen. Trotzdem: Das Schneeschmelzen bleibt (besonders bei mehreren Gästen in der Hütte) eine abendfüllende Beschäftigung.

Verhalten in Not

Ist es tatsächlich passiert – das Unglück, das man immer befürchtet hatte: keine Panik! Notsituationen in den Bergen bestehen meist darin, dass man nicht mehr weiter kommt, sei es wegen einer Verletzung oder wegen eines Unwetters. Im zweiten Fall besteht kein Anlass zur Unruhe: abwarten und Tee trinken. Proviant für einige Reservetage sollte man sowieso immer dabei haben, und eine sorgfältig zusammengestellte Ausrüstung macht das Erfrieren unwahrscheinlich.

Bei einer Verletzung oder einer ernsten Krankheit sieht die Sache anders aus. Wenn man zu zweit auf Tour ist, kann normalerweise der Wanderpartner Hilfe holen, nachdem er den Verletzten versorgt hat. Wer allerdings allein unterwegs ist, muss aus eigener Kraft zurück in die Zivilisation kommen oder wenigstens AUF SICH AUFMERKSAM MACHEN (siehe unten).

Die meisten STF-Hütten besitzen ein NOTTELEFON, und auf populären Routen trifft man mehrere Wanderer täglich. Bei Solo-Touren habe ich mir angewöhnt, mehrere rote und grüne SIGNALRAKETEN mitzuführen. Wird eine rote Signalrakete gesichtet, läuft eine effektive und oft aufwändige Rettungsmaschinerie an. Das kann teuer werden, wenn kein wirklicher Ernstfall vorliegt; sind etwa einige Mitglieder einer Wandergruppe im Sturm verloren gegangen, sollten sie lieber grüne Raketen (das Zeichen für Entwarnung) einsetzen, um sich wieder zu sammeln. Man darf andererseits nicht zu viel von diesen Leichtgewichts-Raketen erwarten – wenn schlechte Sicht herrscht und nicht gerade jemand zum richtigen Zeitpunkt in die richtige Richtung schaut, verpuffen sie wirkungslos.

Am besten sollte man sich ständig bewusst sein, welche Route man bei einem Notfall nehmen würde und wie lange der WEG ZURÜCK in die Zivilisation dauern würde. Aus diesem Grund habe ich die wichtigsten Ausstiegsrouten für jede Tour angegeben. Sehen Sie sich aber auch selbst auf der Karte an, wo diese Routen verlaufen: Wie lange man im Notfall zum Hilfe-Holen bräuchte, spielt in einer riskanten Situation eine nicht unerhebliche Rolle.

VORBEUGUNG

Damit es gar nicht erst zu Notsituationen kommt, sollte man sich (besonders als Wander-Neuling) an die in ganz Skandinavien gültigen *Fjällvettreglerne* (eine Art Gebirgs-Verhaltensregeln) halten. Sie fassen kurz und knapp alle Empfehlungen zusammen, die ich an verschiedenen Stellen im Buch näher ausführe wie auch problematisiere:

■ **1.** Gehe keine lange Tour ohne Training.
■ **2.** Hinterlasse eine Nachricht, wohin du gehst.
■ **3.** Unterschätze nicht das Wetter, höre die Wettervorhersage.
■ **4.** Höre auf erfahrene Wanderer, insbesondere Einheimische.
■ **5.** Rüste dich gut gegen Unwetter aus, selbst auf kurzen Touren.
■ **6.** Denke an Karte und Kompass.
■ **7.** Gehe nicht allein.
■ **8.** Kehre rechtzeitig um – es ist keine Schande umzudrehen.
■ **9.** Sei sparsam mit Deinen Kräften und grabe Dich in den Schnee ein, wenn notwendig.
■ Viele Skandinavier nehmen ein **HANDY** mit in die Berge. Eine gute Idee, doch die in Deutschland angebotenen Handy-Netze decken leider (noch) nicht alle nordskandinavischen Gebirgsregionen ab.

Jahreszeiten

Die zwei »Wander-Jahreszeiten« – also Sommer und Winter – stellen nicht nur ganz unterschiedliche Ansprüche an Ausrüstung und Kondition. Die nordische Natur verändert ihren Charakter so grundlegend, dass man ein aus dem Sommer bekanntes Gebiet unter der weißen Schneedecke kaum wieder erkennt.

Die meisten Wanderer starten ihre ersten Touren im Sommer. Das macht Sinn, denn die sommerliche Witterung birgt keine lebensgefährlichen Situationen, vom Waten durch reißende Flüsse abseits der markierten Wege einmal abgesehen.

Der WINTER dagegen zeigt sich mit zwei Gesichtern: Bei Sonnenschein, Windstille und Pulverschnee wähnt sich der Skiwanderer im siebten Himmel. Innerhalb weniger Stunden kann das Wetter allerdings völlig umschlagen: Sturmböen machen es schwer, sich überhaupt auf den Beinen zu halten, warmer Schnee pappt in zentimeterdicken Lagen an den Skiern, und das Schneetreiben kann so dicht sein, dass die wenige Meter entfernte Streckenmarkierung hinter einer weißen Wand verschwindet. Besonders heimtückisch ist in solchen Fällen die diffuse Helligkeit, die Himmel und Schnee zu einem kontrastlosen »White Out« verschmilzt und die es unmöglich macht, Bodenwellen oder Hindernisse zu erkennen.

Dennoch: Wer nur einmal im nordischen Winter unterwegs war, hat sich meist schon mit dem SKI-TOUR-FIEBER infiziert – die unfassbar klare Luft, die weiße Weite und die Ofen-gewärmte Behaglichkeit der Berghütten bieten Erlebnisse, deren Reize wohl nur diejenigen nachvollziehen können, die solche Touren unternommen haben.

Im Vergleich zum Sommer bringt der Winter einige entscheidende Vor- und Nachteile mit sich. Die Vorteile: Das Skiwandern gewährt ein gemütlicheres Laufen, denn durch die gleitenden Bewegungen entsteht ein flüssigerer Laufstil. Die im Sommer holprigen und mit Stolpersteinen gespickten Wege bereiten im Winter dank der glatten Schneedecke meist keine Probleme. So lassen sich längere Tagesetappen zurücklegen, werden dank der Skier die eher sanften Abfahrten zum reinen Vergnügen, sind die meisten Seen und Flüsse vollständig überfroren, so dass man fast immer den direkten Weg über das Eis nehmen kann.

Als Nachteile muss der Winterwanderer schwereres Gepäck in Kauf nehmen und auf gnadenlose Stürme gefasst sein. Der beste Schutz dagegen: viel Geduld, Zeit und ausreichend Reserveproviant. Während ich zum Beispiel diese Zeilen schreibe, sitze ich in der südnorwegischen Bjørdalsbu fest. Dichtes Schneetreiben und immenser Gegenwind hindern mich schon den vierten Tag am Weiterlaufen – wieder einmal habe ich erfahren, dass man bei einer zweiwöchigen Wintertour für etwa vier weitere Tage Reserveproviant einpacken sollte.

Die Winter-Wandersaison beginnt schon im JANUAR und reicht in den nordskandinavischen Bergen BIS ETWA MITTE MAI. Kurz nach dem Jahreswechsel erlebt man vielleicht sogar die idyllischsten Wintermomente: Die erstmalig wieder über den Horizont tretende Sonne zeichnet pastellweiche Farben auf den Himmel, knackige Minusgrade sorgen für perfekte Schneeverhältnisse, und über die ganze Nordhalbkugel flackernde Nordlichter zeigen des Nachts faszinierende Schauspiele.

Noch bis Mitte März wandert man weitgehend allein in den Bergen. Danach begegnet man zunehmend Touristen wie Einheimischen. Den Höhepunkt erreicht der Boom zu OSTERN, wenn halb Skandinavien in die Berge strömt. Dann kann es vorkommen, dass in einer mit 16 Betten ausgestatteten Hütte 96 Personen übernachten (müssen), wie ich es in einem Hüttenbuch entdeckte – der Hüttenwart schlief, um dem Gedränge zu entgehen, in einer Schneehöhle.

Nach Ostern wird es schlagartig ruhig, und Anfang Mai ziehen die Hüttenwarte wieder ab. Wer die Täler meidet, kann sogar bis Ende Mai problemlos und einsam Skitouren im Norden unternehmen.

Danach wird der Schnee *rotten*, wie die Norweger sagen: Er fällt bleischwer in sich zusammen. Es beginnt damit, dass die Schneedecke beim Betreten quadratmetergroß wegbricht und bis zum Grund nach unten sackt, die Skier unter sich begrabend. Es braucht viel Kraft, um die »Bretter« aus dem nassen Schnee nach oben zu heben. Wiederholt sich das Malheur mehrfach oder sackt der Schnee gar weitflächig bis zum Erdboden durch, so dass man mit den Skiern eine metertiefe Schneise in den wässrigen Schnee »fräsen« muss, kann man ebenso gut gleich aufgeben.

Doch schon einen guten Monat später – Anfang Juli – ist die Zeit für die Wanderstiefel gekommen. »Gestern war Frühling«, sagen viele Skandinavier. In der Tat: Der eigentliche Frühling dauert im Norden oft nur wenige Tage und geht abrupt in den SOMMER über.

Eine Faustregel in vielen Wanderführern besagt, keine Sommertouren vor dem 20. Juli zu starten. Ich halte das für übertrieben: Schon ab dem 1. Juli kann man schön gemütlich durch die sommerlichen Berge streifen und muss sich kaum mehr mit reißenden Flüssen herumplagen. Wer allerdings wasserdichtes Schuhwerk besitzt und gelegentliche Schneefelder nicht scheut, kann je nach Region die Sommersaison schon ein paar Wochen eher eröffnen.

Ende Juli/Anfang August tummeln sich dann die meisten Wanderer in den Hütten: 80 Gäste pro Nacht sind auf dem Kungsleden keine Seltenheit. Ab Mitte September wird es wieder einsam. Eigentlich seltsam, denn der einsetzende Herbst bietet perfekte Voraussetzungen: Die Flüsse führen wenig Wasser, der sumpfige Boden ist nach kalten Nächten trittfest überfroren, und die Pflanzen leuchten in schier unbeschreiblichen HERBSTFARBEN. Angst vor dem ersten Schneefall ist unbegründet. Bis Mitte Oktober bleibt der Schnee normalerweise nicht lange liegen und behindert das Wandern im ungünstigsten Fall für ein paar Tage in geringem Maß.

Dann allerdings folgt eine Zeitspanne, in der es ungemütlich wird: HERBSTSTÜRME peitschen Eisregen über das Fjäll, stramme Minusgrade wechseln abrupt mit sintflutartigen Regenfällen. Erfahrene Wanderer mit guter Kondition können zwar theoretisch auch jetzt unterwegs sein, werden aber selten Spaß dabei haben. Richtig gefährlich kann es gar von Ende November bis zur Jahreswende werden, wenn die großen Gewässer zwar überfrieren, aber noch nicht genügend Halt zum Betreten bieten. Man sollte in dieser Periode unbedingt noch die Sommerrouten benutzen, deren Markierungen sich zum Teil aber bereits unter einer dicken Schneedecke verstecken.

Vor dem Queren von großen Flüssen oder Seen empfiehlt es sich, die Einheimischen über die Eisdicke und die besten Wege zu befragen. Wer schon viel Wandererfahrung gesammelt hat, eine gute Winterausrüstung besitzt sowie vor körperlich anstrengenden Touren nicht zurückschreckt, sollte aber auch diese Jahreszeit einmal kennen lernen. Es lohnt sich!

Es versteht sich von selbst, dass diese Wander-Jahreszeiten nicht verlässlich für den gesamten nordskandinavischen SUBKONTINENT mit seinen riesigen Ausmaßen gelten. So kann es durchaus sein, dass man Mitte Juni noch mit Skiern und Pulka in den Narvik-Bergen unterwegs sein kann, während im klimatisch milden Abisko-Tal bereits das Gras grünt. Und während der eine noch durchs dick verschneite Dividal stapft, freut sich die andere am warmen Frühling in den Tälern von Hemavan.

In den GRENZBEREICHEN zwischen Winter und Sommer muss jeder selbst Erfahrungen sammeln – einfach zu unterschiedlich sind die klimatischen Verhältnisse in den einzelnen Tälern.

Zugegeben – es mag anstrengender sein, zu diesen Zeiten auf Tour zu sein. Dafür BELOHNT die Natur mit Einsamkeit und hierzulande unbekannten Erlebnissen. Zum Beispiel im Frühling: Bäche schälen sich aus der noch meterdicken weißen Decke und höhlen die verbliebenen Schneebrücken weiter aus. Eisschollen treiben knirschend den Fluss hinunter, wenn wieder einmal die nur noch dünne Eisschicht eines Sees weiter bergauf aufgebrochen ist. – Oder: Nach einem milden Herbsttag kriecht man am nächsten Morgen aus dem dick verschneiten Zelt und wandert plötzlich durch eine weiße, erstarrte Landschaft, in der die Rentiere hektisch nach den letzen Flechten des ausklingenden Jahres schaben.

SCHNEEBRÜCKEN

Schneebrücken, die Flussläufe überspannen, ersparen manchmal mühevolles Waten. Man sollte sich allerdings immer erst von der Tragkraft der Schneebrücken überzeugen, und zwar durch einen Blick in die Tunnelöffnung oder vorsichtiges Prüfen mit dem Wanderstock. Die GEFAHR brechender Schneebrücken ist natürlich IM FRÜHLING UND FRÜHSOMMER am größten. Obwohl man davon ausgehen kann, dass die im Hochsommer noch existierenden Brücken nun auch den Rest des Jahres halten werden, sollte man beim Überschreiten nie leichtsinnig werden. Eine herabstürzende Schneedecke kann zu gebrochenen Knochen, bei einem tiefen und reißenden Fluss im schlimmsten Fall gar zum Tod führen.

Auch beim Laufen über lange Schneefelder (um die man selbst im Hochsommer nicht herumkommt) muss man stets auf das Durchbrechen gefasst sein. Unterirdisch verlaufende Bäche höhlen diese Schneedecken von oben unsichtbar aus und sacken beim Betreten plötzlich ab. Auch wenn man dabei meist nur 20 bis 30 Zentimeter nach unten kracht, sollte man sich vorsehen: Da dies meist bei der vollen Belastung eines Beins (wenn das Knie gestreckt ist) passiert, kann man sich leicht Gelenkverletzungen zuziehen.

WATEN

Während auf populären Routen wie dem Kungsleden sogar schmalste Bächlein mit Brücken ausgestattet sind, kommt man bei den meisten restlichen Passagen selten um das Waten herum. Beim »Königsweg« reichen also knöchelhohe Schuhe aus, doch für den Nordkalottleden sollte man wadenhohe Stiefel benutzen, um nasse Füße zu vermeiden. Im FRÜHJAHR allerdings, wenn viele der Brücken im wahrsten Sinne des Wortes »den Bach hinunter gegangen sind«, sowie nach starken, anhaltenden REGENPERIODEN, wenn der Wasserstand bisweilen beängstigende Ausmaße annimmt, sollte man beim Waten auf bestimmte Faktoren achten: Wassertiefe, Wassertemperatur, Strömungsgeschwindigkeit, Flussbreite und Sicht auf den Grund.

■ Keine fließenden Gewässer durchwaten, deren Wasser bis zur Hüfte oder gar höher reicht. Schon ab Kniehöhe kann eine Flussquerung für Ungeübte gefährlich werden. Markierte Wege führen normalerweise zu einer einfachen **WATSTELLE**. Falls nicht, lohnt sich auch ein längerer Umweg zu einer geeigneteren Passage.

■ Je breiter oder gar aufgefächerter der Fluss, desto geringer sind im Normalfall die **STRÖMUNG UND** die **WASSERTIEFE**.

Bei mäandernden Flüssen fließt das Wasser in der Außenkurve gewöhnlich sehr schnell; falls möglich, sollte man beim Waten diese Kurvenbereiche meiden.

■ Bei tiefen und schnell strömenden Flüssen immer **RECHTWINKLIG ZUR STRÖMUNG** waten, mit dem Blick flussaufwärts. Ein Holzstab oder zwei **WANDERSTÖCKE** zum zusätzlichen Sichern benutzen! Der Stock dient dabei als drittes Bein vor dem Körper, auf das man sich während eines Schrittes abstützen kann. Der Körper lehnt sich also zur Strömung hin und kann dem Wasserdruck leichter standhalten.

■ Immer langsam-bedächtig waten und jeden Schritt genau **ÜBERLEGEN**. Dies gilt besonders bei milchig trübem Wasser, wo man den Grund nicht erkennen kann. Unüberlegtes Hetzen führt bei glitschigen Steinen meist zu Stürzen. Achtung beim Tritt auf Steine: Die Strömung wälzt selbst große Steine auf dem Flussgrund entlang. Der Wanderstock hilft beim Sondieren des Grunds und dem Testen riskanter Steine.

■ Hüftgurt des Rucksacks öffnen und Schultergurte etwas lösen, um im Falle eines **STURZES** den Rucksack schnell abstreifen zu können. Es kann auch hilfreich

Im Frühjahr und nach ergiebigen Regenfällen gestaltet sich die Suche nach der günstigsten Watstelle am schwierigsten (oben); Bilderbuch-Markierung im norwegischen Fjell (unten) ▶

sein, den Rucksack so umzupacken, dass der Schwerpunkt tiefer liegt.

■ Reicht der Wasserstand über den Stiefelschaft, sollte man Sandalen oder Turnschuhe benutzen. **AUF KEINEN FALL BARFUß** waten! Hat man keine Watschuhe dabei, zieht man vorher die Socken aus und leert anschließend das Wasser wieder aus den Stiefeln. Die Socken werden so wenigstens nicht klatschnass – das mindert das Risiko von Blasen. Besonders in eiskaltem Wasser sollte man die Gefahr der Unterkühlung während längerer Watpassagen nicht unterschätzen. Auch hier kann es ratsam sein, lieber nasse Stiefel in Kauf zu nehmen und dafür keine Beinahe-Erfrierung in Sandalen zu riskieren.

■ Immer **EINER NACH DEM ANDEREN** waten. Am Ufer wartende Wanderer können bei Stürzen besser helfen und gefährliche Stellen bei ihrem Vordermann studieren.

■ Nach starken Regenfällen hilft es oft, einen Tag zu **WARTEN**. Auch am Morgen führen die Flüsse gewöhnlich weniger Wasser, da die Sonnenwärme den ganzen Sommer über Schneefelder und Gletscher abschmilzt und dann tagsüber die Gewässer deutlich anschwellen lässt.

MÜCKEN

Dem »Fluch des Nordens« entgeht man im SOMMER nicht. Zahllose Artikel, Erzählungen und teils auch Schauermärchen ranken sich um die berüchtigte Mückenplage in Nordskandinavien.

Fakt ist: Schon Ende Mai taucht eine schmierig-schwarze Schicht auf dem langsam abtauenden Eis der Seen auf: Mückenlarven, die schlagartig mit dem ersten warmen Südwind im Juni schlüpfen.

Bis etwa Mitte August muss der Wanderer mit diesen dichten Mückenschwärmen leben. Danach setzen normalerweise die ersten leichten Nachtfröste ein, so dass man spätestens ab Mitte September wieder mückenfrei durchs Fjäll wandert. Je nördlicher und je mehr im Landesinneren, umso zahlreicher treten die Mücken auf. Bei einer Juli-Wanderung in der Finnmarksvidda sind es gut und gern 1.000 Mücken, die den Wanderer auf Schritt und Tritt begleiten. Da hilft nur eins: Ruhe bewahren. Denn je mehr man um sich schlägt, desto wilder werden die Attacken der Mückenweibchen.

Mit dem richtigen MÜCKENMITTEL kann man diesem Ansturm allerdings recht lässig entgegenblicken. Hierzulande übliche Mittelchen versagen in diesen extremen Situationen ebenso wie jedes andere mit abschreckenden Duftstoffen arbeitende Mückenöl. Den besten Schutz bieten sogenannte »Kontaktmittel« wie das schwedische »Djungelolja«, die schon das Landen der Blutsauger verhindern: Bei der Berührung mit der eingeölten Haut verbrennen sich die Biester ihre Füßchen und heben deshalb sofort wieder ab. Auch wenn diese Kontaktmittel tadellos wirken, kann man sich vorstellen, dass sie der menschlichen Haut nicht gerade gut tun. So hat der Hersteller die Rezeptur des »Djungelolja« ändern müssen, als ernst zu nehmende Hautunverträglichkeiten bekannt wurden.

Man sollte sich daher sparsam mit Mückenmitteln einreiben und lieber möglichst viele Hautpartien mit SCHÜTZENDER KLEIDUNG bedecken. Extrem dicht gewebter Baumwoll- oder Kunstfaserstoff schützt genauso und vor allem gesünder vor den Stichen der Mückenrüssel.

Da man die Kopfhaare schlecht einölen kann, benützt man am besten einen Hut oder ein Schirmkappe aus mückendichtem Stoff. Bleiben nur noch die Schleimhautbereiche bei Mund, Nase und Augen, die man nicht mit den ätzenden Kontaktmitteln behandeln sollte. Wie schon weiter oben erwähnt: Ruhe bewahren. Oder Augen zu und durch. Im wahrsten Sinne des Wortes.

BESONDERE GEFAHREN IM WINTER

■ **BEURTEILUNG DES EISES**: Eine der größten Annehmlichkeiten des Winterwanderns – das einfache Überqueren der zahlreichen Wasserflächen – kann unter ungünstigen Bedingungen zur erheblichen Gefahr werden. Wegen der strengen Winter (je nach Region liegen die Tiefsttemperaturen bei –20 bis –50°C) ist die Gefahr des Einbrechens dank meterdicker Eisdecken relativ gering. Dennoch sollte man beim Betreten der Eisflächen stets vorsichtig und aufmerksam sein.

Stehendes Wasser überfriert leichter als fließende Gewässer, und kleine Wasserflächen wiederum schneller als große. Man kann daher keine allgemein gültigen Regeln geben, wann das Eis sicher genug zum Betreten ist. Auf manchen Flüssen bildet sich schon Ende Oktober ein dicker Eispanzer, während der gewaltige Torneträsk bei Abisko oft im Dezember noch nicht ganz sicher ist.

Im Allgemeinen kann man ab Mitte Januar bis Anfang Mai alle Gewässer problemlos überqueren, muss aber trotzdem manchmal dünnes Eis oder gar offene Stellen meiden.

Etwa ab Mitte März erhält man auf nahezu allen offiziellen Routen den Luxus einer Eis-Markierung: Die in den Schnee gesteckten Birkenzweige leiten sicher auf der besten Passage über das Eis. Auf besonders populären Passagen wie dem Kungsleden findet der Wanderer sogar Informationstafeln mit ständig aktualisierten Messungen zur Eisdicke.

Das Eis eines Sees sollte mindestens 10 Zentimeter, das eines Flusses mindestens 20 Zentimeter dick sein. Da man aber selbst kaum Bohrungen vornehmen wird, muss man sich an andere Regeln halten:

- FLUSSMÜNDUNGEN (sowohl auf Seen wie auf Flüssen) sind zu MEIDEN. Denn das strudelige Wasser verzögert die Eisbildung. Auch von Felsblöcken oder anderen aus dem Eis ragenden Objekten sollte man sich aus dem gleichen Grund fernhalten.
- Bei Flüssen wählt man (wie im Sommer) eine möglichst BREITE STELLE, da dort die Fließgeschwindigkeit geringer ist. Dementsprechend meidet man Flusspassagen mit starkem Gefälle und bei Biegungen besonders die Außenkurven.
- Mühsam zu begehen, doch relativ sicher sind Stellen, an denen durch Druck aufgeworfene Schollen wieder zu dicken Klumpen zusammengefroren sind.
- Da Schnee gut gegen Kälte isoliert, sind Stellen mit BLANKEM EIS sicherer als mit Schnee bedeckte.
- Ein nahezu unkalkulierbares RISIKO stellen STAUDÄMME zur Elektrizitätsgewinnung dar. Da die unterirdischen Zu- oder Abflüsse nicht sichtbar sind, kann man deren Position nur schwer abschätzen. Hier hilft nur eines: mit Einheimischen sprechen oder diese Stellen weiträumig meiden. Alle mir bekannten unsicheren Stellen (und dies sind besonders bei Narvik sehr viele!) habe ich in den Karten verzeichnet.

Im Lauf der Zeit entwickelt man durch Erfahrung und Gespräche mit Skandinaviern einen »Riecher« für gefährliche Stellen. So lange man den noch nicht hat, ist übertriebene Vorsicht angebracht. Bei einem »unguten Gefühl« kann man die Gefahr durch folgende Verhaltensregeln verringern:

- Möglichst nicht allein unterwegs sein, und selbst dann immer nacheinander Flüsse überqueren, um die BELASTUNG des Eises zu MINIMIEREN. Skier verteilen das Körpergewicht übrigens auf eine größere Fläche als Schneeschuhe.
- Bei schmalen Gewässern kann der Begleiter vom Ufer aus mit einem TAU sichern.
- Die Skibindung sowie den Hüft- und Brustgurt des Rucksacks so weit lockern oder öffnen, dass man im Falle eines Einbruchs Skier und Rucksack schnell abstreifen kann.
- Auf die andere Seite führende SCHNEESCOOTER-Spuren geben fast schon eine Garantie für die Tragfähigkeit, selbst wenn eine offene Stelle im Eis mit munter dahinrauschendem Wasser nur wenige Meter entfernt ist. Bis zu einem gewissen Grad kann man vermeintlich unsichere Passagen prüfen, indem man mit den Skistöcken kräftig in das Eis hackt.

Wanderer, die bis Ende Mai noch mit Skiern unterwegs sind,

müssen sich in einem Gelände zurecht finden, das mit aufbrechenden Gewässern geradezu gespickt ist. Keine Panik! Fast immer findet sich einige Meter weiter eine sicher tragende Schneebrücke.

Im schlimmsten Fall heißt es eben: Waten! Man sollte dabei wegen des unbekannten Untergrunds und der Erfrierungsgefahr die Schuhe nicht ausziehen. Warum auch? Mit einem Paar trockener Ersatzsocken und einem wärmenden Hüttenofen für die kommende Nacht kann man dieser Situation lässig ins Auge sehen!

■ **LAWINENGEFAHR**: Da Nordskandinaviens Berge nicht so hoch und so steil sind wie die der Alpen, ist auch die Lawinengefahr deutlich geringer. Obwohl die markierten Wege normalerweise auf Lawinen-sicherem Terrain verlaufen, darf man das Risiko dennoch nicht unterschätzen. Dies gilt umso mehr, sobald man ungespurtes Gelände durchstreift. Folgende Punkte sollen helfen, Lawinen-gefährdete Hänge zu erkennen und zu vermeiden:

– BEWUCHS: Vergleichsweise sicher sind bewaldete Hänge. Die Bäume geben dem Schnee Halt und weisen darauf hin, dass hier seit längerer Zeit keine schweren Lawinen (mehr) aufgetreten sind.

– Kahle und steile Hänge sind am gefährlichsten. Ungefähr ab einer HANGNEIGUNG von 30 Grad können Lawinen auftreten, die durch bestimmte Wind- und Temperaturverhältnisse gefördert werden. Ab 50 Grad Neigung kann sich andererseits nicht mehr genügend Schnee ansammeln, um in großen Lawinen abzubrechen.

– Besonders gefährlich sind die windabgewandten Hänge, da der WIND am Kamm Überhänge aufschichtet, die dann leicht zur Leeseite hin abbrechen.

– Gefährlich sind starke TEMPERATURWECHSEL. Bei Tauwetter wird der Schnee nass und rutscht durch das höhere Gewicht leichter weg. Auch bei einem starken Temperaturabfall sollte man vorsichtig sein, denn durch die veränderte Struktur ist der Schnee ebenfalls Spannungen ausgesetzt.

– SONNE: An einem warmen Sonnentag sollte man die nach Süden zeigenden Kämme im Auge behalten, wenn die Wärme zum Antauen des Schnees ausreicht. Noch gefährlicher sind aber normalerweise die nach Nordosten zeigenden Überhänge. Zum einen lagert sich wegen dem meist aus Südwest wehenden Wind dort der meiste Treibschnee ab. Und zum anderen verfestigen die tieferen Temperaturen auf dieser der Sonne abgewandten Seite den Schnee nicht so intensiv.

– NEUSCHNEE: Starke Schneefälle erhöhen das Lawinenrisiko – insbesondere bei einer Schneedecke, die dem Neuschnee keinen Halt bietet.

Alle in diesem Buch beschriebenen Winterrouten führen durch breite Täler, so dass man sich gefahrlos in der Talmitte oder der dem Lawinenhang abgewandten Talseite halten kann. Dazu sollte man die obigen Regeln beherzigen. Besonders all jene, die auf eigene Faust Wege durch Lawinengefährdete Fjällregionen (z.B. den Sarek Nationalpark) suchen.

■ **SCHNEEBLINDHEIT**: Ein halbes Jahr – von November bis April – verwendete ich meine Sonnenbrille nur selten, obwohl ich oft ganze Tage lang in gleißender Sonne lief. Während meine Mitwanderer starke Gletscherbrillen trugen, blieben meine Sonnengläser eigentlich immer im Rucksack. Meine Augen hatten sich an die Helligkeit gewöhnt. Das dachte ich zumindest.

Ende Mai, bei einer Skitour im Dividal, als der in sich zusammenfallende Schnee das Laufen fast unmöglich machte, war ich eines Abends nach einem bewölkten Wandertag schneeblind. Meine Augen tränten, brannten unerträglich und ertrugen selbst die gedämpfte Mitternachts-Helligkeit nur noch hinter den schützenden Vorhängen einer Berghütte.

An Schlaf war nicht zu denken. Sobald ich die Augen schloss, schmirgelten die Lider auf meinen Pupillen so stark, als hätte jemand Sand in die Augen geschüttet. Die Tage danach lief ich nur noch nachts und mit der schützenden Gletscherbrille über meinen Augen. Tagsüber ruhte ich mich aus, ohne viel schlafen zu können. Erst nach ein paar Tagen war der Spuk endlich vorbei.

Ich hatte bis dato nicht gewusst, dass das trübe Halblicht des Spätwinters viel leichter Schneeblindheit erzeugt als das gleißende, sich auf Schnee und Eis spiegelnde Sonnenlicht. Besonders im Mai mit seinen taghellen Nächten unterschätzt man leicht die Gefahr einer Schneeblindheit.

Und ich ahnte nicht, dass sich eine Schneeblindheit NICHT gemächlich ANKÜNDIGT: Wenn man erste Anzeichen in den Augen spürt, ist es bereits zu spät. Also: Ab Januar, wenn die ersten Sonnenstrahlen wieder kommen, gehört eine Sonnen- oder sogar Gletscherbrille zur Ausrüstung. Und ab April ist das Tragen dieser Brille bei langen Tagesetappen Pflicht.

■ **UMGANG MIT DER KÄLTE**: Wer zum ersten Mal die richtige Kleidung für Temperaturen von minus 40 Grad auszuwählen hat, wird unwillkürlich an ein »Michelin-Männchen« denken, das sich in seinen zahlreichen Daunenschichten kaum mehr bewegen kann. Auch mir erging es kaum anders: Auf meinen ersten Wintertouren kleidete ich mich viel zu warm. Welche Bekleidung im Winter zweckmäßig und ausreichend ist, steht im Abschnitt über die Winterausrüstung. Man kann jedoch auch allein durch entsprechendes Verhalten der Kälte begegnen.

Auch noch so dicke Kleidungsschichten und Daunenschlafsäcke werden nämlich nicht warm halten, wenn der Körper nicht von sich aus gelernt hat, Wärme zu produzieren. Erst dann wird die Kleidung in der Lage sein, Wärme zu konservieren.

Um diese WÄRMEPRODUKTION zu trainieren, empfiehlt sich die Kombination zweier Methoden: Erstens muss der Blutkreislauf gut arbeiten, beziehungsweise wieder in Gang kommen. Zweitens kann eine Art autogenes Training für »psychische Wärme« sorgen. Außerdem gewöhnt man sich schlicht und einfach an Kälte – jede/r kann selbst feststellen, dass er/sie immer seltener friert, je öfter er/sie im Winter unterwegs ist.

Mit ein wenig Übung kann der Körper lernen, bei Bedarf die Extremitäten schnell und effektiv zu durchbluten. Das sorgt auch für eine generell höhere Temperatur im Rumpfbereich, so dass man auf Dauer mit weniger Kleidung auskommen wird. Um den Blutkreislauf aktiv anzuregen, setzt man den Körper abwechselnd der Kälte und Wärme aus, veranstaltet also eine Art »Wechselduschen«. Man beginnt etwa damit, solange wie möglich ohne Handschuhe auszukommen. Wenn die Finger zu brennen beginnen (also nicht erst, wenn sie sich schon taub anfühlen!), »flüchtet« man kurzzeitig in Handschuhe oder steckt eine Hand in die Tasche, um sie wieder aufzuwärmen. Sobald die eine Hand wieder halbwegs warm ist, ist die andere an der Reihe.

Ergänzend dazu kann man die Hände öffnen und schließen, um die Finger (oder natürlich auch die Zehen) ständig in Bewegung zu halten. Praktiziert man dieses Blutkreislauf-Training über längere Zeit, wird man mit Erstaunen feststellen, dass die Hände auch bei windigem Wetter zehn Minusgrade ohne Handschuhe aushalten.

Morgens beim Start, wenn der Kreislauf noch nicht recht in Gang gekommen ist, kommen zusätzlich »härtere« Maßnahmen zum Einsatz. Durch Willen kann man das Wärmeempfinden des Körpers beeinflussen, doch das erfordert Training: Gebetsmühlen-artig mit jedem Schritt wiederholte Beschwörungsformeln wie »die Finger werden warm« dienen dazu, von den steifen Fingern abzulenken und eine »innere Wärme« herbeizukitzeln. Ganz nebenbei entsteht so auch ein Bewusstsein, dass die Kälte eigentlich ganz harmlos ist und einem nichts anhaben kann.

Lastenhund und Gespann

Einreise

War es bis vor einigen Jahren auf Grund strengster Quarantänebestimmungen noch nahezu unmöglich, eigene Hunden nach Norwegen oder Schweden mitzunehmen, so haben sich die Einreisebedingungen inzwischen gelockert. Da aber Tierseuchen wie Staupe oder Tollwut in diesen beiden Ländern nicht vorkommen, müssen immer noch Auflagen erfüllt werden.

NACH SCHWEDEN

Die aktuelle schwedische Regelung ist auch im Internet auf der Homepage der Botschaft unter www.schweden.org zu erfahren.

■ **FRISTEN**: Der Hund muss bei der Einreise mindestens sieben Monate alt sein und darf sich in dem letzten Jahr nur im Bereich der EU/EFTA aufgehalten haben.

■ **IMPFUNGEN**: Der Hund muss bei der letzten Tollwutimpfung mindestens drei Monate alt gewesen, die Impfung gegen Staupe und Leptospirose / Parvovirose mindestens einen Monat vor der Einreise durchgeführt worden sein.

■ Der Hund muss eine eindeutige **IDENTIFIZIERUNG** besitzen, entweder in Form einer Tätowierung oder eines Mikrochips.

■ Am besten gut ein halbes Jahr vor der geplanten Einreise stellt man den Antrag auf **EINFUHRGENEHMIGUNG** beim schwedischen *Statens Jordbruksverk,* S-55182 Jönköping. Der Antrag ist bei diesem Amt oder bei den Konsulaten erhältlich. Er kostet Euro 61,36 (DM 120), unabhängig davon, ob ein oder mehrere Hunde in dem Antrag aufgeführt werden. Selbst ganze Hundegespanne kosten also nicht mehr Antragsgebühren als ein einzelnes Tier. In dem Formular muss man u.a. bereits das ungefähre Einreisedatum angeben und alle Hunde samt Tätowierung bzw. Chipnummer angeben.

Ein bis zwei Monate braucht die schwedische Behörde, um die Einfuhrgenehmigung zu registrieren und wieder zurückzuschicken. Die Genehmigung ist ab dem Einreise-Zeitpunkt für ein Jahr gültig, muss also für die Reise im kommenden Jahr eventuell neu beantragt werden, je nach Reisedatum.

■ Die Wartezeit sollte man nutzen, um die höchste Hürde zu nehmen: die **TOLLWUT-BLUTPROBE**. Frühestens 120 Tage nach der Tollwutimpfung entnimmt der Tierarzt eine Blutprobe, die bei einem von den Schweden anerkannten Labor auf genügend Antikörper untersucht wird; eine Liste der anerkannten Labors ist den Einfuhrunterlagen angefügt. Dieses Labor benötigt für die Untersuchung, je nach Andrang, bis zu drei Wochen. Erreicht die Blutprobe des Hundes nicht den vorgeschriebenen Wert, geht die Prozedur von vorne los: Tollwutimpfung, 120 Tage warten, Blutprobe. Inzwischen kann es knapp werden mit den Terminen, weshalb man wirklich frühzeitig mit diesem Verfahren beginnen und eine Pufferfrist einkalkulieren sollte.

Mein RAT: Legen Sie den Impftermin so, dass Sie die Blutprobe so schnell wie möglich nach Ablauf der 120 Tagedurchführen lassen können; denn in diesem Fall wird das Blut natürlich noch die meisten Antikörper enthalten.

IMMERHIN: Wird der Hund innerhalb von 365 Tagen erneut gegen Tollwut geimpft, ENTFÄLLT die Blutprobe und damit der größte Aufwand im Falle eines erneuten Antrags für die nächste Reise nach Skandinavien.

■ Innerhalb von zehn Tagen vor der Einreise muss schließlich noch ein **AMTSTIERARZT** eine Parasitenbehandlung gegen Bandwürmer durchführen und attestieren.

Er muss in diesem Attest außerdem die korrekt durchgeführten anderen Impfungen samt der Tollwut-Blutprobe kontrollieren und bestätigen.

■ Für alles zusammen – Tierärzte, Labor und Einfuhrgenehmigung – muss man mit **KOSTEN** von etwa Euro 153 (ca. DM 300) für einen Hund bzw. Euro 204 (ca. DM 400) für zwei Hunde rechnen.

■ Mit all diesen Unterlagen bewaffnet meldet man sich dann beim schwedischen **ZOLL**. Die Kontrolle der Einfuhrpapiere erfolgt rasch und routiniert innerhalb kurzer Zeit. Auf keinen Fall sollte man die Zollstelle durchfahren, falls die Zollbeamten den Hund nicht bemerken. Da nur eine vom Zoll abgestempelte Einfuhrgenehmigung gültig ist, könnte man sonst im Land Ätrger bekommen. Ausländer mit Tieren fallen auf und werden mitunter kontrolliert, wie gesagt nicht aus Schikane, sondern weil man das Land frei von Tollwut halten möchte.

NACH NORWEGEN

Im Oktober 1998 änderte Norwegen seine Regelung, die man im Internet unter www.norwegen.org abrufen bzw. sich von der Botschaft schicken lassen kann. Die Behörden haben die Bestimmungen in einigen Punkten gelockert, in einem Punkt aber auch verschärft.

■ Der Hund muss nur in den letzten **SECHS MONATEN** in Staaten von EU / EFTA gelebt haben.

■ Die **EINFUHRGENEHMIGUNG** ist **NICHT** mehr mehr vorgeschrieben, wohl aber sind es Impfungen, Blutprobe, Wurmkur und Attest.

■ Das Bestätigen von Impfbescheinigung und **GESUNDHEITSBESCHEINIGUNG** (die bedeutet: der Hund ist gesund und gegen Bandwürmer behandelt; sie darf zur Einreise nicht älter als 10 Tage sein) muss kein Amtstierarzt mehr vornehmen; es reicht ein »normaler« Tierarzt.

■ Obwohl man dem Hund bereits zu Hause innerhalb von zehn Tagen vor der Einreise eine **BANDWURMKUR** verabreicht hat, muss man in Norwegen abermals innerhalb von sieben Tagen nach der Einreise zum Tierarzt, um noch eine Bandwurmbehandlung vornehmen zu lassen. Das ist ärgerlich, denn der Hund leidet unter einer zweimaligen Wurmkur innerhalb so kurzer Zeit.

■ Wenn Sie **ÜBER SCHWEDEN** einreisen und die vom dortigen Zoll abgestempelte Einfuhrgenehmigung vorzeigen, können Sie ohne weitere Formalitäten mit ihrem Hund hin- und herreisen.

NACH FINNLAND

■ Wenn Sie nur Finnland besuchen, brauchen Sie für den Hund nur eine **IMPFBESCHEINIGUNG** gegen Tollwut, aus der Impfstoff, Impfdatum, Name und Adresse des ausstellenden Arztes hervorgehen. Die Impfung darf maximal ein Jahr und mindestens 30 Tage zurückliegen. Infos gibt das Landwirtschafts- und Forstministerium: Fax 00358 – (0)9 – 160 3338.

Allergien

WER LEIDET UNTER WEM?

Halb Skandinavien leidet unter allergischen Reaktionen auf Hundehaare – zumindest hat man oft diesen Eindruck, wenn man mit einem Hund im Norden unterwegs ist. Dass man die Vierbeiner nicht in öffentliche Gebäude wie Bahnhöfe oder Gaststätten mitnehmen darf, kann man noch verschmerzen: Man muss sie eben vor dem jeweiligen Gebäude anbinden. Richtig ärgerlich wird es aber, wenn man seinen Hund nicht einmal in den Bus oder in eine Hütte mitbringen kann. Manche Busfahrer wollen tatsächlich den Hund in den dunklen Frachtraum sperren, in dem die Gepäckstücke mitunter hin- und herschleudern, andere lehnen den Transport eines Hundes rundweg ab mit dem Argument, einige Fahrgäste könnten eine Hundeallergie haben – selbst wenn Hundehalter und Hund die einzigen Fahrgäste wären.

In den norwegischen DNT-Hütten trifft man auf regional unterschiedliche Regeln. In der Gegend um Narvik kann man seinen Hund jeweils in die kleinere der beiden Hütten mitnehmen, während in den Hütten des »Troms Turlag« der Hund in keine der beiden Hütten darf; besonders bei Wintertouren werden aber manche Hunde mit dünnem Fell während einer

Übernachtung im Freien fürchterlich frieren.

Doch in Norwegen gilt das gesellschaftliche Übereinkommen, jede noch so kleine Minderheit nicht zu diskriminieren, und dazu zählen eben auch die Hundeallergiker. Das führte während meiner Touren einmal so weit, dass in einer geräumigen Dividalhütte elf Personen gern einen Hund mit in die Hütte genommen hätten, mit der Absprache, ihn in einer abseitigen Ecke in einem eigenen Raum zu halten. Doch eine angebliche Allergikerin bestand darauf, den Hund zu entfernen (obwohl der sich schon eine Weile vor ihrer Ankunft in dem Raum aufgehalten hatte und sie über keine Beschwerden klagte), sei es aus Schikane oder übertriebener Ängstlichkeit.

Schön wäre es, wenn die Norweger sich zu einer ähnlichen Regelung wie die Schweden durchringen könnten: Dort wird einer der Hüttenräume für Hundebesitzer frei gegeben, die auch für ihre Tiere eine Übernachtungsgebühr zahlen müssen.

Klima und Fell

Ein Hund muss sich zumindest im Winter ebenso ans arktische Klima gewöhnen wie sein Besitzer. Während selbst »im Wohnzimmer« aufgewachsene Huskys durch ihr dickes Fell kaum Umstellungsprobleme haben, sollte man Hunden mit »normalem« Fell einen Schutz gegen die Kälte spendieren.

■ Diese **HUNDE-MÄNTEL** bedecken Rücken und Flanken; fixiert werden sie mit Riemen unter dem Bauch. Achten Sie dabei auf eine warme Polsterung und winddichtes Material. Die besten Hunde-Mäntel erhält man in großen norwegischen und schwedischen Sportgeschäften oder bei Versandhandlungen für Schlittenhunde-Zubehör. Ja, Sie haben richtig gelesen – die meisten deutschen Schlittenhunde sind inzwischen so stark mit Jagdhunden gekreuzt worden, dass diese im wahrsten Sinne des Wortes »dünnfelligen« Sprinter selbst bei den hiesigen Wintertemperaturen schon einen Mantel brauchen!

■ Je nach Haltung und Lebensbedingungen entwickelt ein Hund ein unterschiedlich dickes Fell. Wenn das Tier draußen im Zwinger lebt oder Zeit hat, sich schon im Sommer und Herbst über an die nordische Winterkälte zu **GEWÖHNEN**, wird sein Pelz viel dichter und dicker ausfallen.

■ Je nach Art und Länge der Fellhaare bekommen Hunde im Winter Probleme mit **SCHNEEKLUMPEN** zwischen den Pfoten. Besonders bei Vierbeinern mit dünnen Haaren und mit Pfoten, deren Ballen sich beim Auftreten stark auseinander spreizen, setzt sich Schnee in dicken Klumpen fest, die beim Laufen anwachsen und dem Hund große Schmerzen bereiten können. Am häufigsten tritt dieses Phänomen bei Temperaturen zwischen plus und minus fünf Grad auf, also um den Gefrierpunkt.

Um diese Laufbehinderung von vornherein zu verhindern, empfiehlt es sich, die Fellhaare zwischen den Ballen kürzer zu schneiden und jeden Morgen dick mit Vaseline oder einem speziellen Pfotenfett aus der Tierhandlung einzufetten.

■ Auch **BOOTIES** – eine Art Hundeschuhe – könnten Abhilfe schaffen, doch ich habe keine sonderlich guten Erfahrungen damit gemacht. Die in Fachgeschäften und im Schlittenhunde-Zubehör erhältlichen Booties sind nur sehr einfach geschnitten, und viele Hunde verlieren sie schon nach relativ kurzer Zeit. Wer sich die Mühe machen will, näht seinem Hund daher Booties AUF MAß.

Booties erhält man für gewöhnlich aus Polyestergewebe oder Fleece. Während sich das robuste Polyester für steinige und nasse Sommerwege empfiehlt, kann Fleece bei Temperaturen unter –5 Grad sinnvoller sein. Denn dann ist der Schnee schon so trocken, dass das Fleece während des Laufens nur mäßig Nässe aufnimmt. Zudem finden die Pfoten so besseren Halt im rutschigen Schnee als mit einer glatten und unangenehm harten »Polyestersohle«.

Auf jeden Fall gehört ein kompletter Satz Booties in die »Hundeapotheke«. Denn im Winter können vereiste Schneekristalle bei großer Kälte so messerscharf werden, dass sie selbst Belastungs-gewohnten Pfoten tiefe Schnitte und Risse zufügen. Ziehen Sie dem Hund rechtzeitig die Booties über, bevor er sich blutende Wunden zuziehen kann.

■ **HUNDEAPOTHEKE**: Auch im Sommer kann sich der Vierbeiner freilich an scharfen Felskanten oder Dornen verletzen. Je nach Tiefe der Wunde muss man dann einen Verband anlegen und darüber als Schutz ein Bootie streifen.

Stopfen Sie vor dem Anlegen des Verbands kleine Wattestreifen zwischen die Krallen! Ansonsten werden die Krallen durch den darüber gespannten Verband so schmerzhaft zusammengepresst, dass der Hund nur noch humpeln kann. Außerdem sollten Sie den Verband großzügig mit wasserfestem Klebeband sichern. Das abschließende Bootie als letzte Schicht dient dann dem Schutz des Verbandes gegen Feuchtigkeit und Schmutz. Außerdem verhindert es, dass Ihr »Pelztier« bei jeder Gelegenheit den Verband abzuknabbern versucht.

In die Hundeapotheke gehört: Watte – Verbandsmaterial (ausreichend zum täglichen Wechseln) – Klebeband (z.B. Gewebeband) – ein kompletter Satz Booties (also vier Stück).

Training und Psyche

Viel wichtiger als die klimatische Anpassung ist das körperliche und mentale Training, wenn der Hund Leistung bringen soll – also eine Pulka ziehen oder Packtaschen tragen wird.

Auch wir bewältigen ja nicht »vom Schreibtisch weg« eine mehrwöchige Wandertour mit schwerem Gepäck mühelos. Wie Sie den Hund körperlich auf seinen Job vorbereiten, folgt weiter unten im Abschnitt über Packtaschen. Was viele Hundebesitzer völlig unterschätzen, ist jedoch die geistige Vorbereitung, die – wie bei uns Menschen – gerade unter extremen Bedingungen und Belastungen zum wichtigsten Aspekt wird.

Der Hund muss immer HOCH MOTIVIERT sein. Während wir Menschen uns mit der Aussicht auf das baldige Ziel, eine heizbare Hütte oder Leckereien aus dem Rucksack motivieren können, muss der Hund anderweitig Lust an seiner Arbeit finden. Denn er weiß ja schließlich nicht, wann ein Bergkamm erreicht ist und wird die Versprechungen eines Wurstzipfels, wenn er schön brav bis zur Hütte durchhält, selten verstehen.

Nein – der Hund muss Spaß empfinden und eine positive Grundstimmung mit dem Ziehen seiner Pulka verbinden. Sie erreichen dies mit zahlreichem Lob, und wenn Sie einmal tadeln, muss der Hund wissen, was genau er falsch gemacht hat. Hier unterscheidet sich der Vierbeiner übrigens kaum vom Menschen – auch der Wanderer wird sich nur dann schnell und mühelos in den Bergen bewegen, wenn er ausgeglichen und positiv gestimmt ist. Dieser Punkt kam in den vorangegangenen Kapiteln schon oft zur Sprache, und er spielt tatsächlich eine entscheidende Rolle für Erfolg oder Misserfolg einer Tour – bei Mensch wie bei Tier, und bei einem Tagesspaziergang ebenso wie bei einer mehrwöchigen Polarexpedition in der Arktis.

Damit der arbeitende Vierbeiner von vornherein diese positive Grundstimmung erleben kann, muss man ihm ein ständiges Gefühl der Unterforderung vermitteln. Man achtet also darauf, dass der Hund im Training seine Leistungsgrenze nicht annähernd erreicht. Und man legt Pausen ein, bevor der Hund nicht mehr weiter möchte. Der Zug- oder Lasthund muss förmlich denken: »Wieso hält dieser Trottel ausgerechnet jetzt an, wo alles so einfach geht und ich gern weiterlaufen würde?«

Mit dieser motivierten Grundstimmung als Basis kann man dann die Trainingsetappen immer mehr verlängern. Bei einem Einzelhund können das zunehmend längere Spaziergänge sein, wobei man das Gewicht der Packtaschen stufenweise erhöht. Auch bei einem Gespann verlängert man nicht nur die Strecke, sondern packt mehr Gewicht auf. Falls das nicht möglich ist, sorgt man mit der Bremse dafür, dass sich die Hunde immer mehr anstrengen müssen.

Für eine Tour im Norden spielt die Geschwindigkeit keine Rolle, wohl aber das gezogene GEWICHT. Hunde, die hierzulande in den Rennen vorderste Plätze belegen oder sich im Iditarod-Rennen in Alaska qualifizieren, taugen daher nur bedingt für ernsthafte Touren in Nordskandinavien. Denn man darf sich bei einer Tour in den nordischen Bergen (im Gegensatz zu den Schlittenhunde-Rennen) niemals auf das Vorhandensein einer gespurten Loipe verlassen.

Der Hund muss in der Lage sein, sich durch Tiefschnee zu quälen und dabei möglichst sein eigenes Körpergewicht zu ziehen. Zum Vergleich – bei vielen Rennen ziehen die Hunde nur etwa 10–20 % ihres Körpergewichts, müssen dafür aber eine bestimmte Geschwindigkeit halten.

Bei einer Tour im Norden regulieren die Vierbeiner dagegen ihr Tempo weitgehend selbst. Bergauf geht es manchmal nur im Zeitlupentempo vorwärts, Zentimeter für Zentimeter. Bergab dagegen spurtet der Hund mit der Pulka im Schlepptau, so schnell die Pfoten tragen; oder so stark der Mensch mit seiner Leine die Pulka abzubremsen vermag.

Immer aber muss der Hund wissen, dass es ohne seinen Einsatz keinen Meter vorwärts gehen wird. Erst dieses Wissen sorgt dafür, dass der Hund nicht gleich beim ersten kleinen Widerstand lustlos stehen bleibt. Während nämlich Rennhunde verwundert über die ungewohnte Kraftanstrengung einer Bergpassage stoppen, wird der fachgerecht auf Touren trainierte Hund über Stock und Stein durch den Tiefschnee pflügen; soweit es seine Kräfte zulassen.

Doch als oberstes Gebot gilt stets: Er darf den SPAß an der Sache nicht verlieren. Bleibt der Hund aus Erschöpfung oder Überforderung von selbst stehen, hat man schon fast verloren. In vielen Fällen kann man die Tour tatsächlich aufgeben, wenn es nicht gelingt, dem Hund wieder Motivation und Vertrauen in die gemeinsame Unternehmung zu vermitteln.

■ Es empfiehlt sich, auch einem einzelnen Hund einige grundlegende **KOMMANDOS** beizubringen. Sie sollten sich nicht darauf verlassen, dass Sie immer nur selbst vorspuren und der Hund mit seiner Pulka stets auf Ihrer Loipe

TRAINING MUSS SEIN

Nach all den sportlichen Norwegern, die mich mit strahlendem Lächeln und forschem Entdeckerblick begrüßten, wirken diese zwei untersetzten Gestalten wie unfreiwillige Marx Brothers: Mit hochrotem Gesicht und gebeugt unter der Last ihrer Rucksäcke stolpern mir zwei ältere Herren entgegen. An ihrer Seite trottet ein mittelgroßer Jagdhund mit Packtaschen auf seinem Rücken.

Auch mein Hund trägt Taschen, die allerdings – nach meiner nunmehr zweiwöchigen Rundtour durch den Dividal-Nationalpark – fast leer sind. Mit ängstlichem Blick fragen mich die beiden Norweger, wieviel ich meinem Hund denn aufladen würde. Ich gebe meine Erfahrung weiter, dass ein Hund ohne weiteres ein Drittel seines Körpergewichts tragen könne, wenn er gut trainiert sei. Im Falle meines Huskys, der seit einem halben Jahr hartes Training erhält, wären das also 8–10 Kilo. Meiner Frage, wieviel denn ihr Hund trage, weichen sie geschickt aus. Nach kurzem Informationsaustausch über Woher und Wohin keuchen die beiden weiter.

Mehr über die zwei Männer erfahre ich erst am Nachmittag in der Gappohütte von einem anderen norwegischen Wanderer, der gerne im Licht der Mitternachtssonne läuft und sich gerade wieder auf den Weg macht: Am Vorabend seien sie völlig erschöpft in die Hütte gestolpert, auf einem Rucksack obenauf die Packtaschen des Hundes festgeschnallt. Verlegen hätten sie erzählt, dass sie ihrem Hund zum ersten Mal Packtaschen aufgeladen und diese gleich mit 15 kg Gewicht gefüllt hätten. »Nach einigen Kilometern hat der Hund dann gestreikt, sich hingelegt und ist nicht mehr aufgestanden. Die beiden Burschen waren somit gezwungen, die Hundepacktaschen selbst zu tragen«, lacht der Norweger. Er schultert seinen Rucksack und verabschiedet sich mit den Worten: »Heute morgen bekam der Hund dann nur noch zwei Kilo in seine Taschen, der Rest landete in den Rucksäcken der beiden.«

Gemessen an der gebeugten Haltung der Männer muss das eine ziemliche Menge gewesen sein. Dazu muss man allerdings wissen, dass viele Norweger dazu neigen, leckere Dosengerichte, Fleisch und Glasflaschen mit Hochprozentigem durch die Berge zu buckeln, um sich einen genüsslichen Hüttenabend zu leisten.

folgen wird. Spätestens bei Abhängen oder Schneestürmen treten Situationen auf, wo der Hund auch mal vorauslaufen und auf Kommandos hören muss. Ideal wäre es, wenn die Befehle für rechts und links ihn bewegen, sogar eine gespurte Loipe zu verlassen und im Tiefschnee in die gewünschte Richtung zu wechseln.

Auch die Kommandos für »Stop« und »Weiter« sollte der Vierbeiner beherrschen. Das Stop-Kommando ist deshalb so wichtig, weil der Hund auch tatsächlich nur bei ausdrücklichem »Stop« anhalten sollte und niemals (!) von selbst stehen bleiben darf – zum Beispiel aus Überanstrengung oder einer Laune heraus. Es liegt an Ihnen zu erkennen, wann der Hund einen toten Punkt erreicht. Bringen Sie ihn unbedingt vorher mit Ihrem Stop-Befehl zum Stehen und lassen Sie ihn ausruhen. Nur das wird ihm das Gefühl vermitteln, dass er jede Steigung auch aus eigenen Kräften schaffen kann. Der »Weiter«-Befehl dagegen hilft, den Hund bei einem Hindernis, z.B. einer Schneewehe zu einer kurzzeitigen Spitzenleistung anzufeuern.

Futter

Was auch immer Sie Ihrem Hund sonst vorsetzen – bei mehrtägigen Wandertouren kommt aus Gründen des Gewichts und der Haltbarkeit nur TROCKENFUTTER in Frage. Am besten, man packt jede Tagesration gleich in einen separaten Plastikbeutel. Das hilft nicht nur beim gerechten Rationieren des Futters, sondern vermeidet bei einer Bachdurchquerung, dass im Falle eines undichten Beutels der gesamte Futtervorrat aufgequollen und damit unbrauchbar ist.

Die meisten Hersteller bieten in ihrem Trockenfutter-Sortiment verschiedene Qualitätsstufen an. Das hochwertige »Premium-Futter für den aktiven Hund« (wie es gerne in den Broschüren heißt) ist für Spitzensportler-Hunde konzipiert, die viel Leistung bringen müssen. Der wesentliche Unterschied: Dieses Futter enthält mehr Fett. Denn Fett ist die Substanz, aus der der Hund die meiste Energie ziehen kann.

Auch wenn Ihr Hund bei einer Wandertour keine Spitzenleistung vollbringen muss, empfiehlt sich dieses relativ teure Premium-Futter, da es bei gleichem Nährstoffgehalt weniger wiegt. Das bedeutet, dass Sie kleinere Rationen einpacken müssen und damit das Gewicht deutlich reduzieren können.

Weichen Sie das Trockenfutter vor dem Verfüttern in Wasser ein – das ist für den Hund bekömmlicher und versorgt ihn gleich mit etwas Flüssigkeit. Gerade Trockenfutter vergrößert nämlich den

Wasserbedarf enorm. Einige Stunden nach dem Fressen wird der Hund einen Riesendurst bekommen – achten Sie also besonders im Winter darauf, dass Sie genug Schnee geschmolzen haben und Ihrem Vierbeiner ausreichend Wasser vorsetzen können. Praktisch sind Futterschüsseln aus Metall, die sie direkt auf den Ofen stellen können.

Packtaschen

Wer wandert, nimmt gern seinen Hund mit. Nicht nur Schlittenhunde können ohne weiteres einen Teil des Gepäcks selbst tragen und somit den eigenen Rucksack um ein gutes Stück erleichtern. Wichtig ist nur, dass der Hund eine gewisse Mindestgröße besitzt (ab Cocker-Spaniel aufwärts) und man ihn langsam an seine Aufgabe heranführt und trainiert.

Damit der Hund überhaupt Spaß an seiner Aufgabe entwickeln kann, muss seine Packtasche gut sitzen. Während sich allerdings die Outdoor-Firmen bei Rucksäcken für uns Zweibeiner selbst übertreffen mit immer neuen Materialien und Tragesystemen, sieht es bei den Hundepacktaschen noch recht dürftig aus: Viele Tragetaschen sitzen schlecht, wurden aus schnell verschleißenden Materialien genäht und erwecken den Eindruck, als hätte kaum einer der Hersteller seine Packtasche mal einige Tage lang »am Hund« ausprobiert.

WORAUF ACHTEN?

Seit vielen Jahren bin ich nun auf der Suche nach der »perfekten Packtasche« und habe während dieser Zeit nahezu alle vielversprechenden Modelle getestet. Obwohl sicher jeder Hundebesitzer bezüglich der Taschen-Ausstattung individuelle Vorlieben hat und jeder Hund eine individuelle Körperanatomie aufweist, gibt es doch einige Grundbedingungen, die jede Tasche erfüllen muss:

- Sie sollte auf die **GRÖßE** des Hundes abgestimmt sein. Damit sowohl eine zierliche Golden-Retriever-Hündin als auch ein bulliger Malamute-Rüde eine passende Packtasche findet, sollte ein Hersteller seine Taschen in mindestens drei, besser fünf Größen fertigen.
- Die Packtasche sollte drei längenverstellbare **GURTE** mit Schnellverschluss besitzen: zwei am Bauch und einen an der Brust. Da besonders Schlittenhunde stark ziehen, sollte der Brustgurt breit geschnitten und gut gepolstert sein. Die Schnalle dieses stark unter Zug stehenden Brustgurtes darf sich niemals selbst öffnen. Ein Verschluss, der sich bei Belastung nur noch umso stärker schließt, ist jedenfalls einer Schnellverschluss-

Schnalle vorzuziehen, die schon mal unter unglücklichen Umständen aufspringt.

■ Da fast jeder Hund vorbeiziehenden Rentierherden gern »einen Besuch abstattet«, muss ein **RING** oben am Rückenende zum Einhängen der Leine vorhanden sein. Bei gut sitzenden Taschen ersetzt er somit das Zuggeschirr.

Übrigens: Um die Leine nicht in der Hand halten zu müssen, benutze ich einen gepolsterten Bauchgurt oder einen Rucksack mit Hüftgurt, an dem ich an beiden Seiten ein Flachband mit D-Ringen in Zugrichtung angebracht habe. Da ich die Leine mit einem Karabiner dort einhängen kann, habe ich die Hände frei für Wanderstöcke.

Gerade bei stark ziehenden Hunden und langen Passagen bergab danken es die Knie- und Fußgelenke, wenn man der Zugrichtung mit Stöcken entgegenwirken kann. Als Karabiner benutze ich meist einen »Panik-Karabiner«, der im Schlittenhunde- und im Pferdefachhandel erhältlich ist. Er lässt sich auch unter Zug öffnen, so dass man keine Gefahr läuft, im Falle eines Sturzes mit dem Hund zusammen den Berghang hinunterzurutschen.

■ Damit die Tasche nach einem Regenguss nicht tagelang nass bleibt, sollten Stoff und vor allem Polsterung aus einem schnell trocknenden **MATERIAL** bestehen: kein Teddy- oder Fleece-Stoff also bei der Polsterung, sondern geschlossen poriger SCHAUMSTOFF, umnäht mit einem wasserabweisenden Nylongewebe.

Das Stoffmaterial sollte möglichst LEICHT UND dennoch ABRIEBFEST sein. Ideal ist ein imprägnierter Cordura-Stoff, der an den stark beanspruchten Stellen (besonders den vorderen und äußeren Unterkanten) mit Leder verstärkt ist. Jeder Hund muss sich zu Beginn erst an seine »neue Breite« gewöhnen und wird noch ständig mit den Taschen an Bäumen und Steinen entlangschrammen.

■ Die Tasche muss so geschnitten sein, dass die **HAUPTLAST** fast auf den Schulterknochen des Hundes sitzt. Aus diesem Grund sollten die Packtaschen vorne breiter und tiefer als hinten sein. Dieser anatomische Schnitt garantiert zudem, dass sich der Hund auch hinlegen kann, ohne mit seinen Hinterläufen an die Tasche zu stoßen.

■ **VOLUMEN**: Die Packtasche soll groß genug sein. Als Faustregel gilt, dass untrainierte Hunde höchstens ein Viertel, ans Tragen gewöhnte Hunde etwa ein Drittel (manchmal auch mehr) ihres Körpergewichts tragen können.

Bei meinen Wanderungen trug mein (relativ kleiner) Siberian Husky zuletzt das geräumige Drei-Personen-Zelt, den Kocher und sein eigenes Futter für zwei bis drei Wochen.

Taschenvolumen	Hundegewicht	Schulterhöhe
15 l	12-16 kg	45 cm
20 l	16-22 kg	55 cm
30 l	22-30 kg	65 cm
40 l	30-40 kg	70 cm
50 l	über 40 kg	über 70 cm

Mein persönlicher Rat: lieber eine etwas größere Tasche, die man mittels Kompressionsriemen bei Bedarf verkleinert. Die meisten Packtaschen-Hersteller bieten zu kleine Modelle an. Das führt dann dazu, dass die bis zum Rand beladenen Taschen sich nicht mehr eng an den Hundekörper schmiegen und bei jedem Schritt abenteuerlich hin- und herwackeln.

■ Die Deckel der Tasche sollten schnell zu öffnen sein, aber dennoch so dicht schließen, dass keine Gegenstände herausfallen können: Das heißt **REIßVERSCHLÜSSE**, die gegen Regenwasser abgedeckt sein sollten. Die meisten Taschenhersteller benutzen aber zwei Steckschnallen pro Seite. Bei einer nur halb gefüllten Tasche kann es da passieren, dass ein Packbeutel herausfällt. Abhilfe würde hier die bei Rucksäcken übliche Methode schaffen: ein zusätzlicher, wie ein Sack mit einem Kordelzug verschließbarer Schneefang, über den dann die eigentliche Deckeltasche mit zwei Schnallen läuft.

■ **EXTRAS** wie reflektierende Leuchtstreifen an der Seite oder D-Ringe auf der Taschen-Oberseite sind Geschmackssache. Ich persönlich schätze sie allerdings sehr, da ich meinem Hund gern leichte Utensilien wie etwa eine Isomatte auf den Rücken schnüre.

■ **MODELL**: Die einzige Tasche, die meiner Erfahrung nach alle diese Bedingungen erfüllt, ist nur in Norwegen und Nordschweden anzutreffen. Sie wird von der Firma »Nordtro« im nordnorwegischen Alta unter der Bezeichnung »Laika« produziert. Man erhält sie in norwegischen Sport- und Jagdgeschäften oder kann sie bestellen bei: Nordtro A.S., N–9086 Sørkjosen, Tel.: 0047–7776 5500.

■ **TIPPS**: GEWÖHNEN Sie Ihren Hund langsam an die Packtasche. Beim ersten Spaziergang mit der neuen Tasche sollten Sie noch keine Gewichte einladen. Steigern Sie das Gewicht nach und nach, und sparen Sie nicht an Lob. Zwei Dinge sind es, die den Hund das Gewicht gern tragen lassen: Ihre Zufriedenheit und die Gewissheit, dass er mit Ihnen und der Packtasche auf dem Rücken immer spannende Wanderungen erleben wird.

Achten Sie beim PACKEN penibel darauf, die beiden Einzeltaschen gleich schwer zu beladen. Ansonsten wird die Packtasche schon bald ständig auf eine Seite rutschen und den Hund irritieren.

Packen Sie die Taschen ähnlich wie Ihren »Menschen-Rucksack«: Die schwersten Gegenstände sollten ganz vorn bei den Schulterblättern und weit, aber nicht ganz unten sitzen. Außen obenauf geschnallte Gegenstände müssen ganz leicht sein – etwa Isomatten eignen sich dafür.

Gegen Feuchtigkeit empfindliche Utensilien wie Hundefutter oder Kleidung sollten Sie immer in PLASTIKTÜTEN packen. Denn kein Packtaschen-Material ist wasserdicht, erst recht nicht das oft billig gefertigter Hundepacktaschen. Muss der Hund einmal durch einen Fluss waten, schwimmt das Wasser sowieso in den Taschen.

Achten Sie auf GUTEN SITZ der Packtaschen. Untersuchen Sie Ihren Hund nach längerem Tragen täglich auf Scheuerstellen. Ein stark strapazierter Scheuerpunkt ist der Ellbogen-Bereich der Vorderläufe. Gute Packtaschen sind aus diesem Grund vorn etwas angeschnitten, um den Ellbogen genügend Bewegungsfreiheit zu bieten.

Hundeschlitten

Die beiden gebräuchlichsten Schlittentypen sind der NOMESCHLITTEN und der TOBOGGAN. Die Toboggans ähneln den traditionellen Kamutit-Schlitten der Inuit und besitzen eine lange Ladefläche direkt auf den Kufen. Sie besteht aus dem gleichen Plastikmaterial wie die Kufenbeläge. Durch die große und tiefe Ladefläche sitzt der Schwerpunkt sehr niedrig. Diese Eigenschaft zeichnet den Toboggan für hohe Lasten aus und macht ihn sehr kippsicher – was sich besonders bei Hangfahrten bewährt. Andererseits wirkt bei Tiefschnee diese Ladefläche als »Riesen-Kufe«, die eine regelrechte Schneise in den Schnee pflügt und die Reibung dadurch deutlich erhöht.

Die Ladefläche des Nomeschlittens dagegen besteht aus einem Holzlattengerüst auf einer Höhe von rund 30 Zentimetern. Er erinnert an frühere Rodelschlitten und kann dank seiner Konstruktion deutlich leichter gebaut werden. Wegen des geringeren Gewichts und der geringeren Reibung fährt er sich im flachen Schnee »spritziger« als der Toboggan. Er reagiert in den Kurven schneller, kippt aber wegen des höheren Schwerpunkts leichter. Und wenn der Nomeschlitten bis zur Ladefläche im Schnee versinkt, kommt man mit ihm gar nicht mehr vorwärts.

Für einen einzelnen Hundeschlittenfahrer empfiehlt sich in Skandinavien daher wegen der unkalkulierbaren Schneemengen auf jeden Fall der Toboggan. Falls man mit mehreren Gespannen unterwegs ist, sollte das stärkste Gespann mit dem Toboggan eine Spur legen. Die nachfolgenden Musher können Nomeschlitten mit weniger Hunden im Gespann einsetzen.

Hundepulka

Eine Faustregel besagt, dass ein trainierter Hund bei schlechten Schneeverhältnissen etwa sein eigenes Körpergewicht ziehen kann. Für die Berechnung des Pulkagepäcks muss man nur das Eigengewicht der Pulka (ca. 6–7 kg) vom Körpergewicht des Hundes abziehen. Bei festgetretenem oder vereistem Schnee sieht das selbstverständlich anders aus: Da kann ein Hund gut und gern das Doppelte seines Körpergewichts ziehen.

Das Kapitel zur Ausrüstung geht ausführlich auf die Qualitätsmerkmale von Pulkas ein. Im Folgenden soll es noch darum gehen, worauf man beim Kauf einer speziellen Hunde-Pulka achten sollte.

ZUGSTANGEN aus gebogenem Manilarohr benutzt man heute wegen der Bruchgefahr kaum noch. Meist kommen Stangen mit einer Kombination aus Fiberglas und Metall zum Einsatz. Da auch die unter Extrembelastung brechen können, findet man in Norwegen manchmal Zugstangen mit zusätzlich eingeschlauften Flachbändern. Brechen die Stangen, kann der Hund die Pulka zwar bergab nicht mehr abbremsen, immerhin aber dank der Bänder noch ziehen.

Zugstangen sollten an beiden Seiten mit zwei Karabinern am Hundegeschirr befestigt werden. Der hintere Karabiner dient zum Ziehen, der vordere zum Fixieren der Zugstange auf der richtigen Höhe. Zur Not funktionieren auch weniger belastungsfähige Zugstangen mit nur einem Karabinerpaar.

A propos: Auf dem deutschen Markt erhältliche Karabiner vereisen leicht und schließen dann nicht mehr richtig; wer dem vorbeugen will, ersetzt sie gegen skandinavische ZANGENKARABINER, deren starke Feder unter Kälte sicherer schließt. Dafür klemmt man sich bei diesen rascher die Finger ein.

Die Packtaschen-Tipps gelten analog für die Gewöhnung eines Hundes an die Pulka. Beginnen Sie langsam, Ihren Vierbeiner mit dem ungewohnte Anhängsel vertraut zu machen, und steigern sie die Zuglast nur allmählich. Helfen Sie dem Hund bergab beim Abbremsen der Pulka – er wird sonst Angst vor Abhängen bekommen und womöglich die Lust verlieren.

Anhang

Adressen

LOKALE TOURISTENBÜROS, FJÄLLSTATIONEN, BEHÖRDEN

Bei Telefonaten innerhalb des Landes muss die Landeskennzahl weg gelassen werden. In Schweden wählt man dann stattdessen (wie bei uns) eine 0 vor der Ortsnetzkennzahl, in Finnland eine 9. In Norwegen gibt es keine Ortsnetzkennzahl; Sie wählen generell die achtstellige Telefonnummer, egal von wo aus.

IN SCHWEDEN

■ STF (Svenska Turistföreningen), Kungsgatan 2, S-10120 Stockholm, Tel. 0046-8-7903100, Fax 0046-8-201332.

■ Länsstyrelsens Fjällförvaltning (zuständig für die Hütten im Padjelanta Nationalpark), Industrivägen 10, S-96231 Jokkmokk, Tel. 0046-971-12780, Fax 0046-971-12628.

■ Jokkmokks Turistbyrå, Stortorget 4, S-96231 Jokkmokk, Tel. 0046-971-12140, Fax 0046-971-17289, Intern.: www.jokkmokk.se, E-mail: turist@jokkmokk.se. Nach meiner Ansicht das mit Abstand beste Touristenbüro für Fjälltouren zwischen Abisko und Hemavan. Wenn die Angestellten dort wirklich einmal passen müssen, fragen Sie bei den Fjällstationen nach oder rufen bei der Berginformation der Fjällförvaltning einige Straßen weiter an (siehe oben).

■ Arjeplog Turistbyrå, Torget, S-93090 Arjeplog, Tel. 0046-961-14270, Fax 0046-961-10595.

■ Arvidsjaur Turistbyrå, Garvaregatan 4, S-93332 Arvidsjaur, Tel. 0046-960-17500, Fax 0046-960-13687.

■ Gällivare Turistbyrå, Storgatan 16, S-98221 Gällivare. Tel. 0046-970-16660, Fax 0046-970 14781.

■ Kiruna Turistbyrå, Box 113 (Folkets Hus), S-98122 Kiruna, Tel. 0046-980-18880, Fax 0046-980-18286, Internet: www. lappland.se.

■ Abisko Turiststation (STF), S-98107 Abisko, Tel. 0046-980-40200, Fax 0046-98040140.

■ Kebnekaise Fjällstation (STF), S-98129 Kiruna, Tel. 0046-980-55042, Fax 0046-980-55048.

■ Saltoluokta Fjällstation (STF), S-98299 Gällivare, Tel. 0046-973-41010, Fax 0046-973-41013.

■ STF Ritsem, S-98299 Gällivare, Tel. 0046-973-42030, Fax 0046-973-42030.

■ Kvikkjokks Fjällstation (STF), S-96202 Kvikkjokk, Tel. 0046-971-21022, Fax 0046-973-21039.

■ Statens jordbruksverk, S-55182 Jönköping, Tel. 0046-36-155000, Fax 0046-36-155005.

■ Stina Isacsson, Brytaregatan 9, S-98134 Kiruna.

IN NORWEGEN

■ DNT (Den Norske Turistforening), Postboks 1963, N-0125 Oslo, Tel. 0047-2283 2550, Fax 0047-2283 2478.

■ Alta og Omegn Turlag (AOT), Postboks 1129, N-9501 Alta.

■ Troms Turlag (TT), Postboks 284, N-9001 Tromsø, Tel. 0047-7768 5175.

■ Narvik og Omegn Turistforening (NOT), Postboks 615, N-8501 Narvik, Tel. 0047-7694 3790.

■ Sulitjelma Turistforening (ST), Postboks 87, N-8230 Sulitjelma, Tel. 0047-7564 0401.

■ Statskog Troms, N-9220 Moen, Tel. 0047-7783 1400.

■ Nordland Fylkeskommune, kultur- og fritidsavd., Fylkeshuset, N-8000 Bodø, Tel. 0047-7553 1000.

■ Kautokeino Turistinformation, N-9520 Guovdageaidnu, Tel. 0047-7848 6500.

■ Triumfs Turistsenter, N-9520 Kautokeino, Tel. 0047-7848 6516.

■ Bjørn Klauer, Innset, N-9250 Bardu, Tel. & Fax 0047-7718 4503, Internet: www.huskyfarm.de und E-mail: info@huskyfarm.de.

■ Statens karantenestasjon for dyr, Verkseier Furulunds vei 44, N-0668 Oslo, Tel. 0047-2230 2590, Fax 0047-2230 1743.

IN FINNLAND

■ Finnlands Turistförbund (FTF), Box 776, SF-00101 Helsingfors 10, Tel. 00358-0-170 868, Fax 00358-0-654 358.

■ Kilpisjärvi Turisthotell/Matkailuhotelli, SF-99490 Kilpisjärvi, Tel. 00358-16-537 761, Fax 00358-16-537 767.

■ Kilpisjärvi Vandrarcentrum/Retkeilykeskus, SF-99490 Kilpisjärvi, Tel. 00358-16-537 771, Fax 00358-16-537 702.

Autor an Leser

Für Anregungen, Fragen und Korrekturen bin ich jederzeit dankbar:

Peter Bickel
E-mail:
info@nordskandinavien.de
Homepage:
www.nordskandinavien.de

Auf meiner Homepage finden sich stets aktualisierte Informationen zu diesem Buch, ebenso wie viele weitere meiner Artikel und Links zu Themen-verwandten Gebieten, zum Beispiel Online-Wettervorhersagen, skandinavische Musik etc.

Literatur

Eine Auswahl der besten, hilfreichsten und eigenartigsten Bücher über den skandinavischen Norden.

■ G. Austrup / U. Quack: *Norwegen.* Auch Wanderer finden in dieser Landeskunde viel Wissenswertes über Landschaft, Lebensweise, Umweltschutz oder auch Straßenbau. Autor Austrup hat übrigens einen ebenso lesenswerten Band über Schweden veröffentlicht.

■ Øivind Berg / Johan Christian Frøstrup / Rune Fensli: *Norsk Fjell Håndbok.* Skandinavische Handbücher für den Aufenthaslt im Gebirge gibt es reichlich. Dieses norwegische ragt aus der Masse heraus mit seinen Kapiteln über Fjell-Ökologie, Winterwandern, richtiges Ski-Wachsen und Informationen zu den norwegischenWanderregionen.

■ Klaus Betz: *Wanderwege in Skandinavien.* Trotz seines Alters (80er Jahre) noch immer das beste Wanderbuch über den hohen Norden. Betz beschreibt die »klassischen« Wanderreviere mit großer Sachkenntnis und ohne belehrenden Zeigefinger.

■ DNT: *Til fots i fjellet.* Dieses Verzeichnis des norwegischen Touristenvereins DNT erscheint jedes Jahr neu und enthält ein Verzeichnis aller Berghütten und möglicher Wanderwege. Das für die Tourenplanung hilfreiche Büchlein kann direkt beim DNT bestellt werden (siehe auf Seite 268 f. unter »Adressen«).

■ Felix Heidenberger: *Mit Skiern durch das weiße Lappland.* Der peinliche und vor allem gegenüber den Sami diskriminierende Erlebnisbericht einer Kungsleden-Tour. Auch wenn es so scheint: Dieses Buch ist kein Witz und eignet sich als Lehrbeispiel, wie man es nicht machen sollte. Der Autor lässt sich neben einer Frau in Sami-Tracht fotografieren, worauf diese Abbildung im Buch mit dem Untertitel »Mein Läppchen« erscheint – instinktloser geht's wohl nicht.

■ Reiner Höh: *Winterwandern. Mit Schlitten, Ski und Schneeschuh.* Obwohl in vielen Punkten schon veraltet, gilt das Buch unverändert und zu Recht als der Klassiker zum Thema Winterwandern.

■ Edwin Kaufmann: *Karte und Kompass.* Mehr grundlegende Informationen als im Kompass-Führer von Linke, dazu noch der Umgang mit Höhenmesser und GPS.

■ Bjørn Klauer: *Norwegen zu Fuß.* Spannende Erzählung einer 3.500 Kilometer langen Wanderung durch Norwegen, im Winter mit Husky und Pulka. Mitte der 80er Jahre durchgeführt, auch insofern interessant zu lesen.

■ Bjørn Klauer: *Mit Huskys durch Lappland.* Bericht einer einmonatigen Hundeschlittenfahrt durch die nordskandinavischen Nationalparks – nebenbei eines der wertvollsten Bücher für alle, die mit ihrem eigenen Gespann unterwegs sein wollen.

■ Angelika Lang, Sven Halling & Detlev Singer: *Reiseführer Natur – Nördliches Skandinavien mit Finnland.* Wer sich für nordische Flora und Fauna interessiert, ist mit diesem Buch bestens bedient. Der Naturführer dokumentiert das Pflanzen- und Tierleben aller wichtigen Nationalparks, mit vielen Abbildungen.

■ Wolfgang Linke: *Orientierung mit Karte und Kompass.* Recht detailliertes Buch zum Erlernen der Navigation mit dem Kompass. Manchen Wanderern mögen die Erläuterungen zu speziell sein.

■ Lars Monsen: *Villmarksboka – en håndbok i frilufstliv.* Schade, dass es die besten Wanderbücher nicht in deutscher Sprache gibt. Monsen, der ganz Norwegen und Alaska durchwanderte, gibt Tipps zum *friluftsliv* in extremer Kälte, zum Fischen und zur Wahl des richtigen Übernachtungsplatzes – leider eben nur auf norwegisch.

■ Bernhard Pollman & Thomas Keuchel: *Norwegen. Wandern in grandioser Urlandschaft.* Ein schöner Bildband, aber die Erlebnisberichte lesen sich langweilig, der Anhang mit Informationen zu den Wanderregionen ist konfus, die Gliederung und die schlechten Karten eignen sich kaum zur Tourenplanung.

■ STF: *Vandrarhem och Fjäll.* Wie das DNT-Büchlein erscheint dieses hilfreiche Verzeichnis aller schwedischen Berghütten und Jugendherbergen jährlich neu.

Register

Aufgenommen sind, neben Stichwörtern zu Sachthemen, vor allem Hütten und Schönheiten in der Natur, die in den Wegbeschreibungen mit Großbuchstaben markiert sind; als Orientierungshilfe (bei der Benutzung der Karten auch zur Vorbereitung) sind zudem Siedlungen und kleine Ortschaften aufgeführt, die sonst nicht von Interesse sind.

TOP-TITEL VOM ELCH – TOP-TITEL VOM ELCH – TOP-TITEL

Stockholm

1. Auflage 1998, 2. Auflage 1999, 3. Auflage 2000

Lofoten

Der Klassiker – aktualisierte Neuauflage 2001

Kanuwandern in Schweden

Der einzige überregionale Kanuguide – 50 Touren

Regenbogen Reiseführer

Edition Elch

NEU FRÜHJAHR 2000 – FRÜHJAHR 2000 – FRÜHJAHR 2000 NEU

Nordskandinavien – Der Wanderführer

Helsinki & Südfinnland

Südnorwegen / Oslo

NEU FRÜHJAHR 2001 – FRÜHJAHR 2001 – FRÜHJAHR 2001 NEU

Lofoten

Kopenhagen

Färöer-Inseln

Süd- und Mittelschweden

Kanuwandern in Schweden

Regenbogen Reiseführer

Edition Elch

In der Reihe *selbst entdecken* schreiben ausgewiesene Landeskenner für Individualtouristen:
kompetent, aktuell, zuverlässig – Ihre Skandinavien-Spezialisten

Schweden

Kanuwandern in Schweden (Schulte, Hrsg.)
Stockholm selbst entdecken (Schulte)
Südschweden selbst entdecken (Schulte)
Südwestschweden selbst entdecken (Schulte)
Süd- und Mittelschweden selbst entdecken (Schulte) *

Norwegen

Lofoten selbst entdecken (Möbius / Ster) **
Südnorwegen mit Oslo selbst entdecken (Geh)
Westnorwegen / Fjordland selbst entdecken (Geh)
Norwegen on the road selbst entdecken / Autoreiseführer (Stromer)

Dänemark

Kopenhagen selbst entdecken (Geh) **
Dänemark selbst entdecken (Geh)
Jütland selbst entdecken (Geh)
Dänische Inseln selbst entdecken (Geh)

Einzeltitel

Nordskandinavien – Der Wanderführer (Bickel)
Helsinki & Südfinnland selbst entdecken (Labonde / Kuehn-Velten)
Färöer-Inseln selbst entdecken (Wachter / Kazak) *

* Neuerscheinung in Vorbereitung ** akt. Neuauflage in Vorbereitung